八千代松陰中学校

〈収録内容〉

2024 年度 ……………… レッスンルーム学科推薦　（算・国）
IGS コース特待推薦（算・理・社・国）
一般 1/20（算・理・社・国）

※レッスンルーム学科推薦国語の大問三は、問題に使用された作品の著作権者が二次使用の許可を出していないため、問題を掲載しておりません。

2023 年度 ……………… 学科推薦（算・国）
一般 1/20（算・理・社・国）

2022 年度 ……………… 学科推薦（算・国）
一般 1/20（算・理・社・国・英）
※英語は解答のみ

DL 2021 年度 ……………… 学科推薦（算・理・社・国・英）
※英語は解答のみ

DL 2020 年度 ……………… 学科推薦（算・理・社・国・英）
※英語は解答のみ

便利な DL コンテンツは右の QR コードから
解答用紙
過去年度
国語の問題は紙面に掲載

JN101253

※データのダウンロードは 2025 年 3 月末日まで。
※データへのアクセスには、右記のパスワードの入力が必要となります。 ⇒ 804381

〈合格最低点〉

	学科推薦	一般	IGS特待推薦
2024年度	122点	176点	280点
2023年度	129点	165点	—
2022年度	118点	170点	—
2021年度	112点	157点	—
2020年度	128点	178点	—
2019年度	131点	183点	—

本書の特長

実戦力がつく入試過去問題集

▶ 問題 …………… 実際の入試問題を見やすく再編集。
▶ 解答用紙 …… 実戦対応仕様で収録。
▶ 解答解説 …… 詳しくわかりやすい解説には、難易度の目安がわかる「基本・重要・やや難」の分類マークつき（下記参照）。各科末尾には合格へと導く「ワンポイントアドバイス」を配置。採点に便利な配点つき。

入試に役立つ分類マーク

基本 確実な得点源！
受験生の 90%以上が正解できるような基礎的、かつ平易な問題。
何度もくり返して学習し、ケアレスミスも防げるようにしておこう。

重要 受験生なら何としても正解したい！
入試では典型的な問題で、長年にわたり、多くの学校でよく出題される問題。
各単元の内容理解を深めるのにも役立てよう。

やや難 これが解ければ合格に近づく！
受験生にとっては、かなり手ごたえのある問題。
合格者の正解率が低い場合もあるので、あきらめずにじっくりと取り組んでみよう。

合格への対策、実力錬成のための内容が充実

▶ 各科目の出題傾向の分析、合否を分けた問題の確認で、入試対策を強化！
▶ その他、学校紹介、過去問の効果的な使い方など、学習意欲を高める要素が満載！

解答用紙ダウンロード 解答用紙はプリントアウトしてご利用いただけます。弊社ＨＰの商品詳細ページよりダウンロードしてください。トビラのＱＲコードからアクセス可。

UD FONT 見やすく読みまちがえにくいユニバーサルデザインフォントを採用しています。

八千代松陰中学校

生徒数　687名
〒276-0028
千葉県八千代市村上727
☎047-482-1234
京成線・東葉高速鉄道勝田台駅、JR千葉駅、四街道駅、北総鉄道沿線、東葉高速鉄道八千代中央駅よりスクールバス

恵まれた教育環境・施設で学力と個性を伸ばす心豊かな人間教育

URL	https://www.yachiyoshoin.ac.jp

プロフィール

健康で心豊かな生徒を育てる

「さわやかな印象」「はつらつとした行動」「ひたむきな姿勢」の3つをモットーに、健康で、心豊かな生徒の育成を目指している。高校は1978年、中学は1982年創立の比較的新しい学校だが、パソコン学習をいち早く導入するなど、時代に即した教育体制で実績を上げている。また、海外5カ国にある姉妹校との交換留学など、国際交流も盛んだ。勉強だけでなく、人間形成のため、生徒会・クラブ活動を大いに奨励しているのも特色である。

環境

より快適な理想の教育環境を実現

四季折々の緑豊かな自然の中に、大学なみの広大なキャンパスがある。2007年に完成した校舎はすべて冷暖房完備。明るく広々としたメディアセンターなど、快適な学習環境が整っている。また、競技別の7つのグラウンド（そのうち2面は人工芝）、テニスコート15面（そのうち8面は人工芝）、2つの体育館など、スポーツ施設も充実している。

このほか創立者山口久太先生の業績をたたえて建てられた山口記念館には500名収容のホール、120席の自習室などがあり、多目的に利用できる。

校舎全景

カリキュラム

主要５科目は習熟度クラス編成

2024年度から中学に「IGS（6ヵ年特進）コース」を新設。高校IGSコースの生徒によるチューター制を導入し、放課後には特別講座を開講するなど、独自の教材とICTをフル活用した高度な学習環境を提供する。「レッスンルームコース」では、主要5科目で習熟度別クラス（レッスンルーム）編成を実施しており、得意科目を伸ばし、苦手科目を克服するため、きめ細かな指導が行われている。3学期からクラス分けし、高校の授業を先取りし、基礎学力を充実させ応用力を伸ばす。高校進学時にIGS・AEM・進学コースに分かれる。中学では放課後や長期休暇中を利用して、補習とは別に松陰セミナー（希望制）を行っている。開講講座はユニークで、知的好奇心を持って自らの学びの場を広げるものとして、人気を博している。高校では2年次より、生徒一人ひとりの進路・学力・適性に応じた多彩な選択科目が設置され、国公立・私立など各自の志望校・学部に合った科目が選択履修できる。大学進学に備え、放課後・長期休暇中の補習や衛星放送講座なども積極的に行われている。

IGS（特進）コースは、国際的な視野を持たせる中で難関大学合格を目指す特進クラス。徹底した学習指導を行い、学期末や長期休暇には特別講座や勉強合宿を実施し、進路決定に役立てている。2年次には海外語学研修（希望制）を実施。

AEM（特進）コースは英語・数学を中心にハイレベルな授業を展開し、2年次までに主要な受験科目の履修を終了して最難関大学を目指す。

学校生活

全国レベルのクラブ活動

松陰祭（文化祭・体育祭）など学校行事も多彩で、著名なアーティストを招いてのSHOINスペシャルステージも生徒会主催で年数回開催されている。

クラブ活動も盛んで、中学男子バスケットボール部は2021年度全国大会優勝。高校男子バスケットボール部はインターハイベスト8。他にもレスリング部、陸上競技部、新体操部など多くのクラブが全国大会出場の実績を誇り、演劇部や囲碁将棋部、合唱部、吹奏楽部、漫画部などの文化系の活動も活発。

進路

難関大学への合格者が増加

中学から高校へは原則として全員が進学できる。難関校への合格率も高く、東大、千葉大、筑波大などの国公立大をはじめ、早稲田大、慶應義塾大、上智大などの有名私立大にも合格者を出している。

2024年度入試要項

試験日　12/1（IGS特待・自己推薦）
12/2（学科推薦）
1/20、1/21、2/5（一般）

試験科目　国・算・理・社（IGS特待推薦・1/20）
基礎学力〈国・算〉＋面接（自己推薦）
国・算＋面接（学科推薦）
国・算・理・社（1/20）
国・算または国・算・理・社（1/21）国・算（2/5）

2024年度	募集定員	受験者数	合格者数	競争率
IGS特待	10	34	10	3.4
レッスン推薦 自己/学科	95	180/189	75/58	2.4/3.3
20日IGS	20	140	54	2.6
レッスン 20日/21日	85	76/70	32/34	2.4/2.1
レッスン5日	若干	31	5	6.2

過去問の効果的な使い方

① **はじめに**　ここでは，受験生のみなさんが，ご家庭で過去問を利用される場合の，一般的な活用法を説明していきます。もし，塾に通われていたり，家庭教師の指導のもとで学習されていたりする場合は，その先生方の指示にしたがって，過去問を活用してください。その理由は，通常，塾のカリキュラムや家庭教師の指導計画の中に過去問学習が含まれており，どの時期から，どのように過去問を活用するのか，という具体的な方法がそれぞれの場合で異なるからです。

② **目的**　言うまでもなく，志望校の入学試験に合格することが，過去問学習の第一の目的です。そのためには，それぞれの志望校の入試問題について，どのようなレベルのどのような分野の問題が何問，出題されているのかを確認し，近年の出題傾向を探り，合格点を得るための試行錯誤をして，各校の入学試験について自分なりの感触を得ることが必要になります。過去問学習は，このための重要な過程であり，合格に向けて，新たに実力を養成していく機会なのです。

③ **開始時期**　過去問との取り組みは，通常，全分野の学習が一通り終了した時期，すなわち6年生の7月から8月にかけて始まります。しかし，各分野の基本が身についていない場合や，反対に短期間で過去問学習をこなせるだけの実力がある場合は，9月以降が過去問学習の開始時期になります。

④ **活用法**　各年度の入試問題を全問マスターしよう，と思う必要はありません。完璧を目標にすると挫折しやすいものです。できるかぎり多くの問題を解けるにこしたことはありませんが，それよりも重要なのは，現実に各志望校に合格するために，どの問題が解けなければいけないか，どの問題は解けなくてもよいか，という眼力を養うことです。

算数

どの問題を解き，どの問題は解けなくてもよいのかを見極めるには相当の実力が必要になりますし，この段階にいきなり到達するのは容易ではないので，この前段階の一般的な過去問学習法，活用法を2つの場合に分けて説明します。

☆偏差値がほぼ55以上ある場合

掲載順の通り，新しい年度から順に年度ごとに3年度分以上，解いていきます。

ポイント1…問題集に直接書き込んで解くのではなく，各問題の計算法や解き方を，明快にわかるように意識してノートに書き記す。

ポイント2…答えの正誤を点検し，解けなかった問題に印をつける。特に，解説の 基本 重要 がついている問題で解けなかった問題をよく復習する。

ポイント3…1回目にできなかった問題を解き直す。同様に，2回目，3回目，…と解けなければいけない問題を解き直す。

ポイント4…難問を解く必要はなく，基本をおろそかにしないこと。

☆偏差値が50前後かそれ以下の場合

ポイント1～4以外に，志望校の出題内容で「計算問題・一行問題」の比重が大きい場合，これらの問題をまず優先してマスターするとか，例えば，大問[2]までをマスターしてしまうとよいでしょう。

理科

理科は[1]から順番に解くことにほとんど意味はありません。理科は，性格の違う4つの分野が合わさった科目です。また，同じ分野でも単なる知識問題なのか，あるいは実験や観察の考察問題なのかによってもかかる時間がずいぶんちがいます。記述，計算，描図など，出題形式もさまざまです。ですから，解く順番の上手，下手で，10点以上の差がつくこともあります。

過去問を解き始める時も，はじめに1回分の試験問題の全体を見通して，解く順番を決めましょう。得意分野から解くのもよいでしょう。短時間で解けそうな問題を見つけて手をつけるのも効果的です。くれぐれも，難問に時間を取られすぎないように，わからない問題はスキップして，早めに全体を解き終えることを意識しましょう。

社会

社会は[1]から順番に解いていってかまいません。ただし，時間のかかりそうな，「地形図の読み取り」，「統計の読み取り」，「計算が必要な問題」，「字数の多い論述問題」などは後回しにするのが賢明です。また，3分野（地理・歴史・政治）の中で極端に得意，不得意がある受験生は，得意分野から手をつけるべきです。

過去問を解くときは，試験時間を有効に活用できるよう，時間は常に意識しなければなりません。ただし，時間に追われて雑にならないようにする注意が必要です。“誤っているもの”を選ぶ設問なのに“正しいもの”を選んでしまった，“すべて選びなさい”という設問なのに一つしか選ばなかったなどが致命的なミスになってしまいます。問題文の“正しいもの”，“誤っているもの”，“一つ選び”，“すべて選び”などに下線を引いて，一つ一つ確認しながら問題を解くとよいでしょう。

過去問を解き終わったら，自己採点し，受験生自身でふり返りをしましょう。できなかった問題については，なぜできなかったのかについての分析が必要です。例えば，「知識が必要な問題」ができなかったのか，「問題文や資料から判断する問題」ができなかったのかで，これから取り組むべきことも大きく異なってくるはずです。また，正解できた問題も，「勘で解いた」，「確信が持てない」といったときはふり返りが必要です。問題集の解説を読んでも納得がいかないときは，塾の先生などに質問をして，理解するようにしましょう。

国語

過去問に取り組む一番の目的は，志望校の傾向をつかみ，本番でどのように入試問題と向かい合うべきか考えることです。素材文の傾向，設問の傾向，問題数の傾向など，十分に研究していきましょう。

取り組む際は，まず解答用紙を確認しましょう。漢字や語句問題の量，記述問題の種類や量などが，解答用紙を見て，わかります。次に，ページをめくり，問題用紙全体を確認しましょう。どのような問題配列になっているのか，問題の難度はどの程度か，などを確認して，どの問題から取り組むべきかを判断するとよいでしょう。

一般的に「漢字」→「語句問題」→「読解問題」という形で取り組むと，効率よく時間を使うことができます。

また，解答用紙は，必ず，実際の大きさのものを使用しましょう。字数指定のない記述問題などは，解答欄の大きさから，書く量を考えていきましょう。

算数　出題傾向の分析と 合格への対策

●出題傾向と内容

近年の出題数は，小問数にして学科推薦・一般・IGSコースも20～25問程度である。前半が小問群で，後半が平面図形・規則性の問題など応用問題になっている。

出題分野は，分類表の通り「数と計算」，「図形」，「速さ」，「割合と比」，「規則性」，「和と差」，「表とグラフ」を中心にして出題されているが，これまであまり出題されていなかった分野が登場することもあるので，気をつける必要がある。

各分野において，問題によっては難しい設問が含まれる場合もあるが，基礎力重視の内容になっているので，どの分野においてもあわてず問題の内容をしっかりととらえ，一つ一つていねいに解いていこう。

最近は，論理力，推理力を必要とする問題も出題されており，条件を整理して解く力が要求される。

✔学習のポイント

試験時間が40分と短めなので，ある程度の手際良さが必要である。基本をしっかり身につけて，一題一題，確実に解くこと。

●2025年度の予想と対策

年度によって重要なポイントとなる大問の内容は変わるが，過去問も利用して全体の傾向をつかんでおこう。今後，新分野から出題があるとしても，学習のポイントはまず，基本をしっかりと身につけるということである。計算以外の小問数が少ないため，分野をしぼった出題ではあるが，「図形」，「速さ」の分野を中心にして，かたよりなく基本問題全般について実力をつけておこう。各分野の基本問題を，確実に解けるようになるまでくり返し練習しよう。計算問題，単位の換算も重要な得点源となるので，一問も落とすことがないように練習しよう。

▼年度別出題内容分類表

※　よく出ている順に☆，◎，○の３段階で示してあります。

出題内容			2022年		2023年		2024年		
			推薦	一般	推薦	一般	推薦	一般	IGS
数と計算		四則計算	◎	○	○	○	○	○	○
		概数・単位の換算	○	☆	○	○	◎	○	○
		数の性質	◎		○	☆	◎	☆	○
		演算記号							
図形		平面図形	☆	☆	☆	☆	☆	☆	☆
		立体図形	○	☆		☆	○	☆	☆
		面積	◎	◎	◎	○	◎	○	☆
		体積と容積		◎		○	○	☆	○
		縮図と拡大図					○		
		図形や点の移動				○			
速さ		三公式と比	☆	○	◎	☆	◎		
	文章題	旅人算	○		○				
		流水算							
		通過算・時計算							
割合		割合と比	☆	☆	◎	◎	☆	☆	☆
	文章題	相当算・還元算		○					
		倍数算							
		分配算							
		仕事算・ニュートン算					○		
文字と式									
2量の関係(比例・反比例)									
統計・表とグラフ				☆		☆	☆	☆	☆
場合の数・確からしさ				○		○		○	○
数列・規則性			◎	○	◎	◎	☆	☆	☆
論理・推理・集合							○		☆
その他の文章題		和差・平均算		○		○	◎	◎	◎
		つるかめ・過不足・差集め算							○
		消去・年令算	○		○		○		○
		植木・方陣算		☆	◎				

八千代松陰中学校

算数 ——グラフで見る最近3ヶ年の傾向——

最近3ヶ年に出題されたすべての問題を内容別に分類・集計し，全体に対して何パーセントくらいの割合になっているかを示しました。

□……50校の平均　　■……八千代松陰中学校

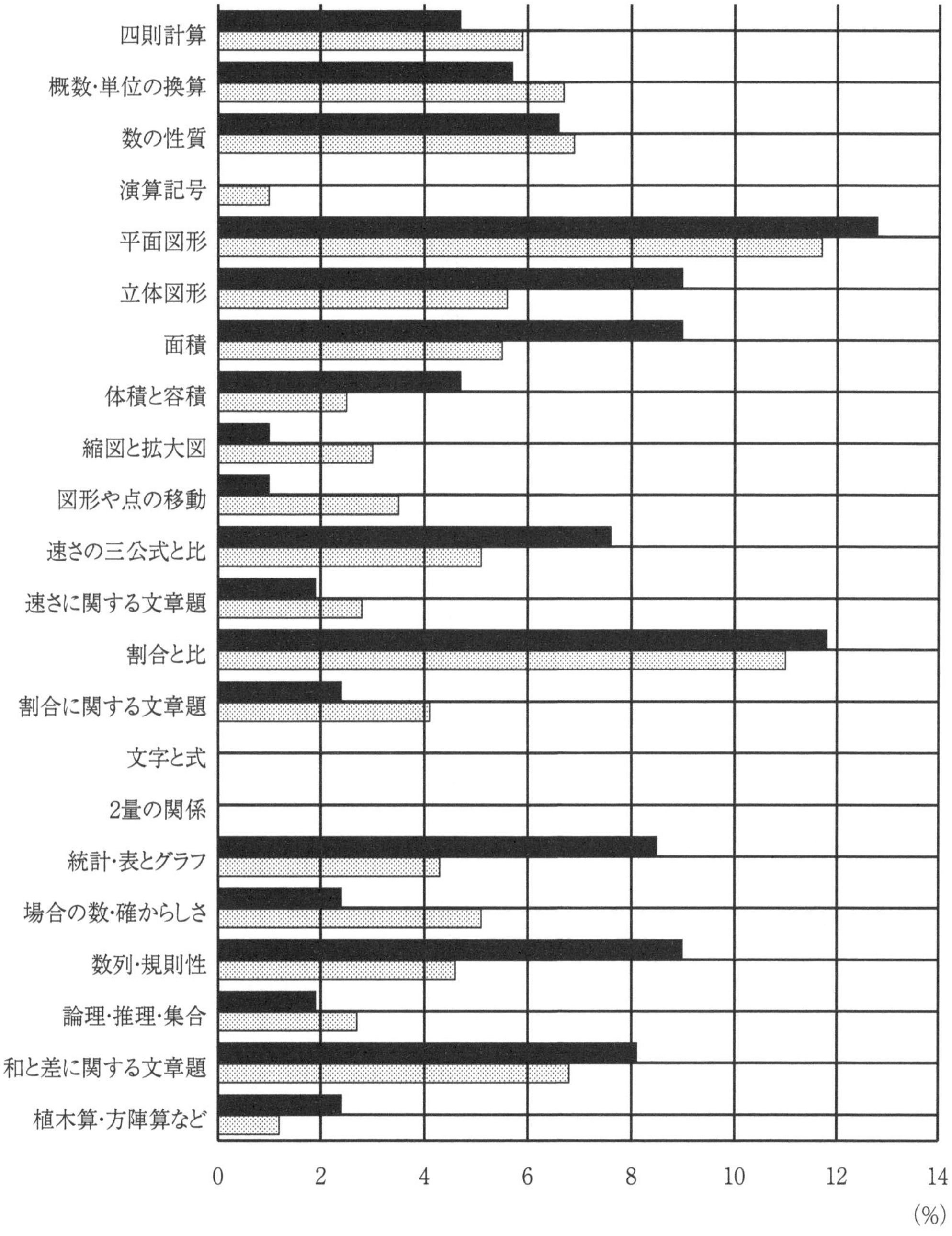

理科　出題傾向の分析と合格への対策

●出題傾向と内容

時間は35分で大問が5題であった。第1問は理科全般からの小問集合の問題であり，その他は理科4分野からの出題である。

問題のレベルは基本レベルで，大半が基礎知識を問う内容である。特に小問集合の問題は基本問題であるが数が多く，幅広い分野から出題される。また，実験や観察を題材にした問題が多く，実験から導かれる結論について論述させる問題が目立つ。計算問題も出題されている。

問題数に対して試験時間が短く，時間配分を気にしながら解ける問題から解くことが大切である。

✔学習のポイント

第1問の小問集合問題で得点することがカギとなる。実験に基づく問題にも注意すること。

●2025年度の予想と対策

小問集合問題は基礎的なレベルの問題であり，理科全般の幅広い知識が求められる。そのため，標準的なレベルの問題集などで演習をおこなっておくとよいだろう。ここでの得点が合否を左右する。

また，実験・観察をもとにした出題が多く，過去問を演習や，実験や観察を題材にした類題を問題集で解くことで練習しておきたい。

試験時間が問題数の割に短いので，典型的な計算問題などはすぐに解き方が思い出せるようになるまで演習を重ねたおきたい。

さらに，論述形式の問題も出題されるので，考えを短い文章にまとめる練習も必要である。

▼年度別出題内容分類表

※　よく出ている順に☆，◎，○の３段階で示してあります。

出題内容		2022年	2023年	2024年	
		一般	一般	IGS	一般
生物	植物	○	○	◎	○
	動物	○	☆	☆	○
	人体		○	○	☆
	生物総合	◎	○		
天体・気象・地形	星と星座	○			○
	地球と太陽・月				☆
	気象	☆		○	
	流水・地層・岩石	○	○	☆	◎
	天体・気象・地形の総合				
物質と変化	水溶液の性質・物質との反応	☆	○	○	○
	気体の発生・性質			☆	○
	ものの溶け方		○	○	
	燃焼	○	○		
	金属の性質			○	
	物質の状態変化				☆
	物質と変化の総合				
熱・光・音	熱の伝わり方				
	光の性質	○	○		☆
	音の性質	○			○
	熱・光・音の総合				
力のはたらき	ばね	○	☆	○	
	てこ・てんびん・滑車・輪軸				○
	物体の運動	☆	○		
	浮力と密度・圧力			○	○
	力のはたらきの総合				
電流	回路と電流	○			
	電流のはたらき・電磁石			☆	
	電流の総合				
実験・観察		○	◎	○	☆
環境と時事／その他		◎	○	○	◎

八千代松陰中学校

理科 ——グラフで見る最近3ヶ年の傾向——

最近3ヶ年に出題されたすべての問題を内容別に分類・集計し，全体に対して何パーセントくらいの割合になっているかを示しました。

……50校の平均　　……八千代松陰中学校

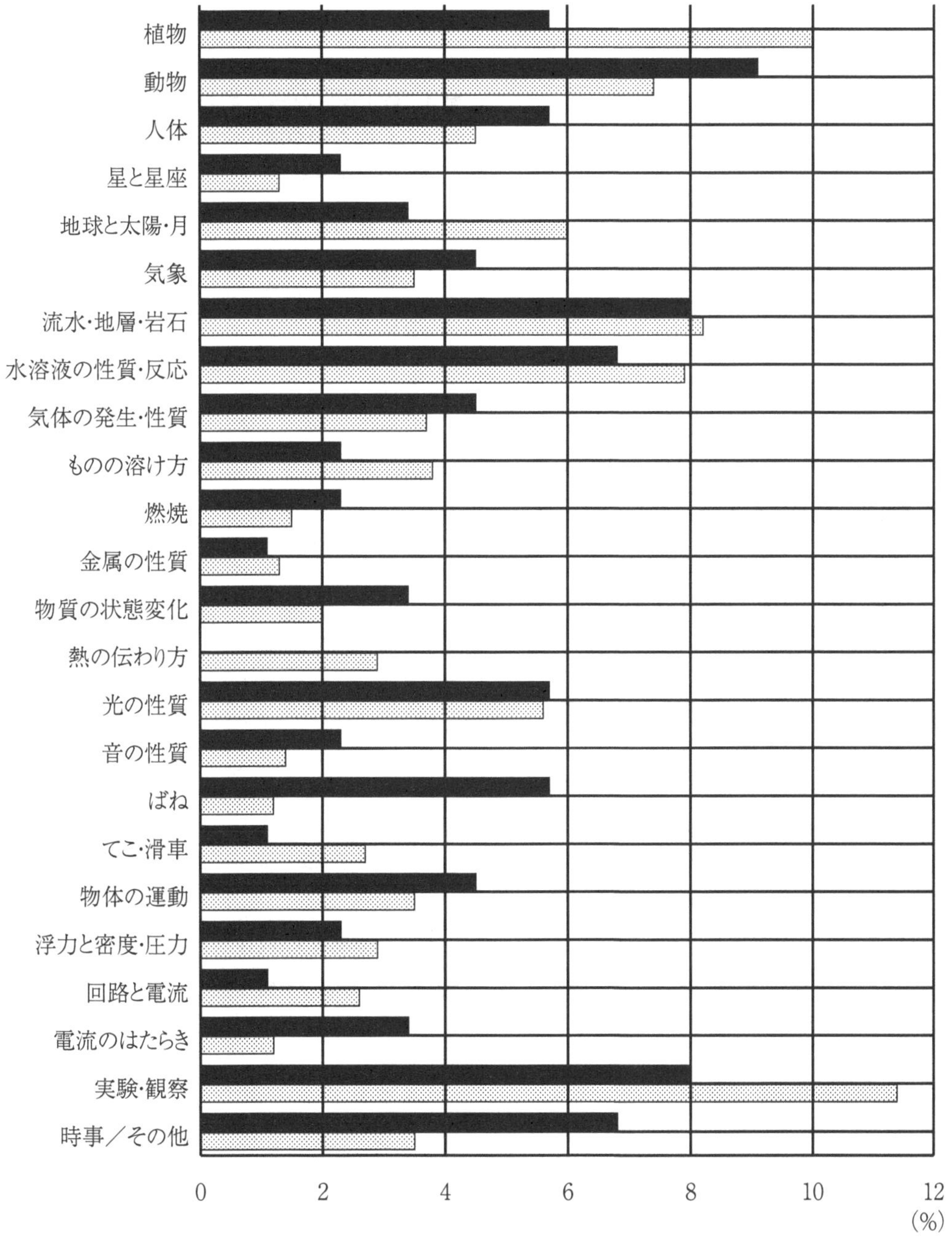

社会　出題傾向の分析と合格への対策

●出題傾向と内容

今年度は一般・IGS共に小問数が33問，解答形式は記号選択が7割で残りが語句記入，2行程度の記述問題も3問と内容・難易度ともに大きな差はみられない。

地理は世界地理の把握や各国のEEZ，日本国土と自然など視覚的な理解を問うものが多いので地図帳の活用がポイントとなる。歴史は古代から現代までの通史からの出題で，内容的には政治・社会・文化と多方面からの問いとなっている。政治はオリンピックや憲法についての生徒の会話からの出題で，人権や政治のしくみ，高齢化，国際社会などが問われている。各分野とも資料やグラフなどの読み取り問題が多い。

✔学習のポイント

地理：国や日本各地の地勢は完璧に！
歴史：主要な史料は必ず把握しておこう！
政治：世の中の動きには注意を払おう！

●2025年度の予想と対策

あくまで基本的なものが中心であるが，今後の出題傾向の変化には注意を払う必要がある。

地理は必ず地図帳を常に傍らに置いた学習習慣の確立が必要となる。自分で世界や日本の地図を描けるようにすることが基本であり，常に新しい統計資料にも目を通しておこう。歴史は政治史の流れを確実に把握することから始め，社会や外交，文化といった分野ごとのまとめをすることで大きな流れを確実につかもう。政治は毎日の生活がポイントとなる。ニュースなど世の中の動きに関心を持ち，わからないことは自分で調べる習慣をつけること。そして，自分の考えを言えるようにすることも大切である。

▼年度別出題内容分類表
※　よく出ている順に☆，◎，○の３段階で示してあります。

出題内容			2022年	2023年	2024年	
			一般	一般	IGS	一般
地理	日本の地理	地図の見方	○			
		日本の国土と自然	○	○	◎	◎
		人口・土地利用・資源	○			
		農業		○	○	◎
		水産業		○		○
		工業	○		◎	○
		運輸・通信・貿易	○			○
		商業・経済一般				
	公害・環境問題		◎			
	世界の地理		◎		○	○
日本の歴史	時代別	原始から平安時代	◎		◎	◎
		鎌倉・室町時代	◎	☆	○	○
		安土桃山・江戸時代	○		◎	◎
		明治時代から現代	○		◎	◎
	テーマ別	政治・法律	◎	☆	◎	◎
		経済・社会・技術	◎	○	◎	◎
		文化・宗教・教育	◎		◎	○
		外交	○		◎	◎
政治	憲法の原理・基本的人権		◎	○	○	○
	政治のしくみと働き		○	◎	○	○
	地方自治			○	○	○
	国民生活と福祉		○		○	
	国際社会と平和		○		○	○
時事問題				○		
その他			○	○		

八千代松陰中学校

社会 ——グラフで見る最近３ヶ年の傾向——

最近３ヶ年に出題されたすべての問題を内容別に分類・集計し，全体に対して何パーセントくらいの割合になっているかを示しました。

……50校の平均　　　　……八千代松陰中学校

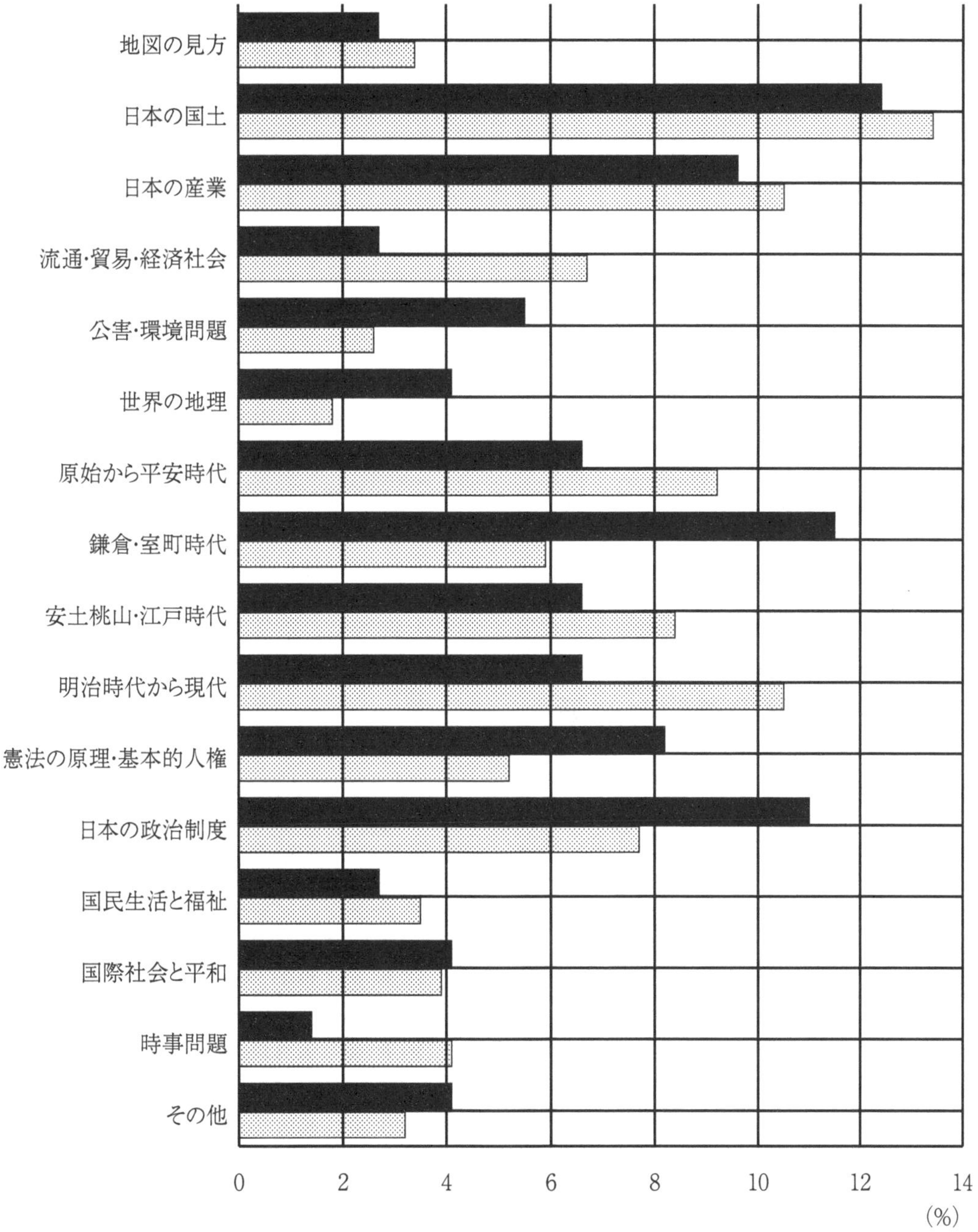

国語 出題傾向の分析と合格への対策

●出題傾向と内容

今年度の学科推薦は知識問題2題，詩と解説文が1題，小説・論説文をそれぞれ大問2題に分けての出題で，大問7題構成であった。一般と，今年度から導入されたIGSコースは知識問題2題，論説文と小説各1題の大問4題構成であった。

いずれの回も文学的文章では情景・心情を中心とした読解問題，論理的文章では空欄補充や細部の読み取りから要旨をつかむ読解問題が出題された。学科推薦ではテーマに沿って自分の経験を述べる記述問題も出題されている。IGSコースでは選択問題，記述問題の難易度も高く，深い読解力が求められている。

知識問題は漢字の読み書き，四字熟語，敬語など，出題範囲は幅広い。総合的な国語力を試される内容になっている。

学習のポイント

記述対策をしっかり行っておこう！
知識分野を幅広くおさえよう！

●2025年度の予想と対策

いずれの試験も論理的文章と文学的文章に，知識分野の独立問題の構成は今後も続くと見られる。

論理的文章では，テーマに対する筆者の考えを中心に，具体例を通して何を述べようとしているかを的確に読み取れるようにする。文学的文章では，主人公を中心とした情景や心情，また心情の変化を読み取れるようにしよう。指定字数以内に心情や要旨を端的にまとめられるようにするとともに，学科推薦では自分の経験を元にした記述も出題されているので，さまざまな形式の記述対策に慣れておきたい。

学科推薦では詩が出題される傾向にあるので，詩の基本的な知識とともに，漢字や四字熟語，文節や敬語など知識分野も着実に積み上げておこう。

▼年度別出題内容分類表

※ よく出ている順に☆，◎，○の３段階で示してあります。

出題内容			2022年		2023年		2024年		
			推薦	一般	推薦	一般	推薦	一般	IGS
内容の分類	読解	主題・表題の読み取り							
		要旨・大意の読み取り	○		◎	○	○	○	◎
		心情・情景の読み取り	☆	☆	◎	☆	☆	☆	☆
		論理展開・段落構成の読み取り	○		○		◎		
		文章の細部の読み取り	☆	☆	☆	☆	☆	☆	☆
		指示語の問題				○			
		接続語の問題			○		○		
		空欄補充の問題	☆	☆	☆	☆	☆	◎	○
	知識	ことばの意味	◎	◎	○			○	
		同類語・反対語	○			○			
		ことわざ・慣用句・四字熟語		○	◎	○	○	○	◎
		漢字の読み書き	◎	☆	☆	☆	☆	☆	☆
		筆順・画数・部首					○		○
		文と文節			○		○	○	○
		ことばの用法・品詞	○	○		○			
		かなづかい		○					
		表現技法	○		○		○		
		文学作品と作者				○		○	
		敬語		○		○			○
	表現	短文作成							
		記述力・表現力	◎	☆	☆	☆	☆	☆	☆
文の種類		論説文・説明文	○	○	◎	○	○	○	○
		記録文・報告文							
		物語・小説・伝記	◎	○	◎	○	○	○	○
		随筆・紀行文・日記							
		詩（その解説も含む）	○		○		○		
		短歌・俳句（その解説も含む）							
		その他							

八千代松陰中学校

国語

――グラフで見る最近３ヶ年の傾向――

最近３ヶ年に出題されたすべての問題を内容別に分類・集計し，全体に対して何パーセントくらいの割合になっているかを示しました。

……50校の平均　　……八千代松陰中学校

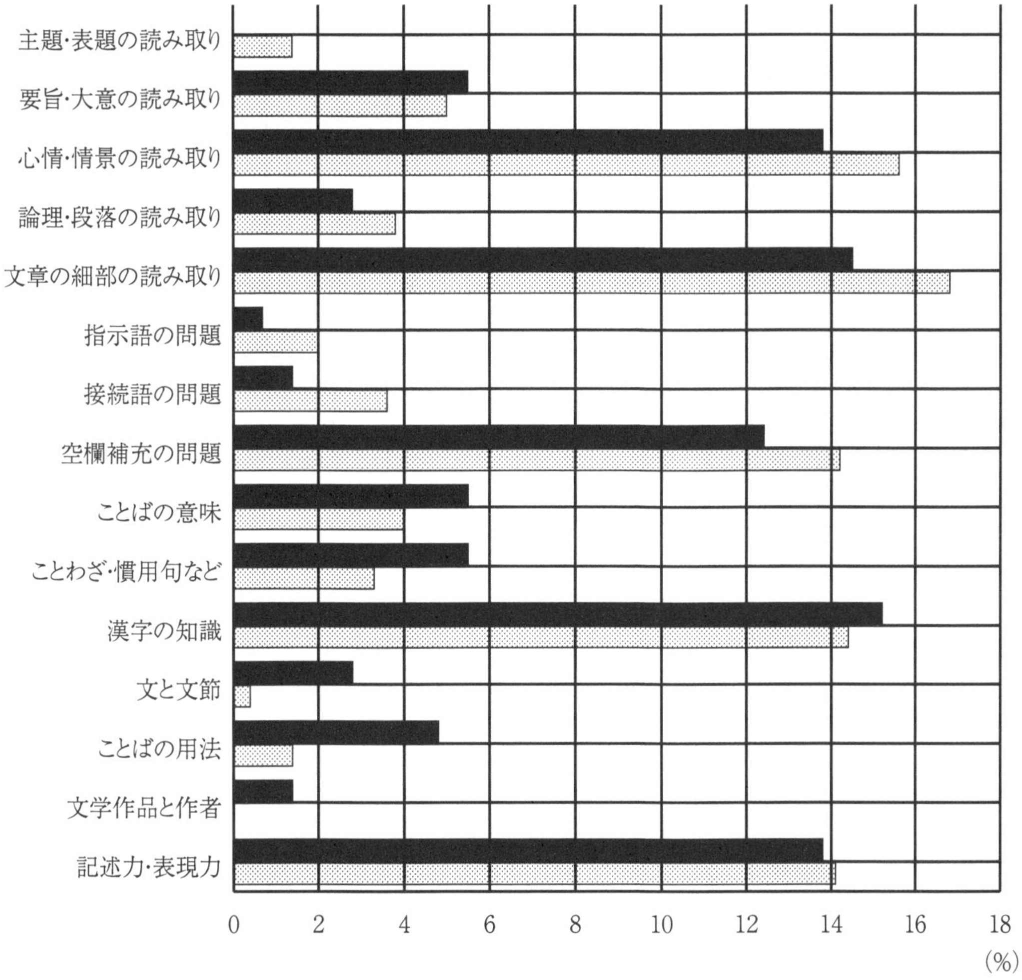

	論説文 説明文	物語·小説 伝記	随筆·紀行 文・日記	詩 （その解説）	短歌·俳句 （その解説）
八千代松陰中学校	40.0%	45.0%	0.0%	15.0%	0.0%
50校の平均	47.0%	45.0%	8.0%	0%	0%

2024年度　合否の鍵はこの問題だ!!

(レッスンルーム学科推薦)

算　数　3.(2)

難しくはないレベルの「立体図形」の問題であり，三角柱の「高さ」を求めるには,「表面積」と「底面積」をどのように利用するか，というのがポイントである。

【問題】

右図は，表面積が$120cm^2$の三角柱である。
この三角柱の体積は何cm^3か。

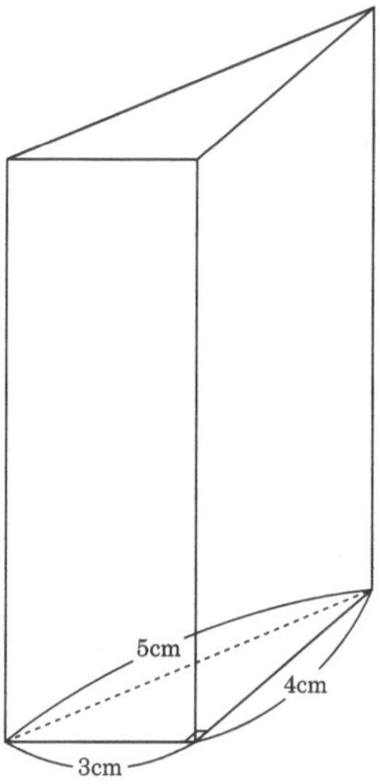

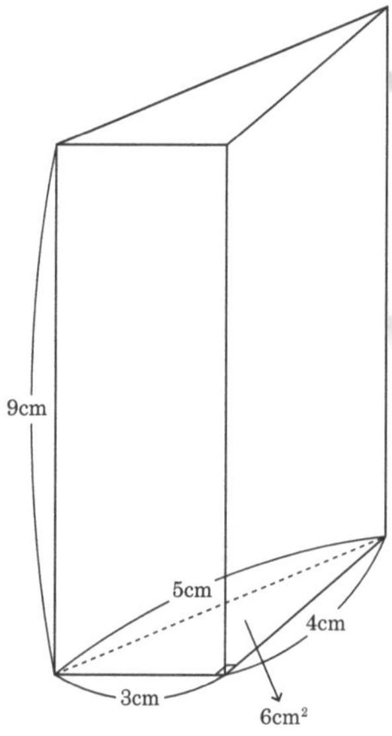

【考え方】

三角柱の側面積…$120-3\times4=108(cm^2)$

三角柱の高さ…$108\div(3+4+5)=9(cm)$

したがって，体積は$\underline{3\times4\div2}\times9=54(cm^3)$

↑
底面積

国語 四 問九

★合否を分けるポイント

この文章の内容について話している4人のうち，間違ったことを言っている人を選ぶ選択問題である。選択肢の説明が本文の要旨になっているかを的確に読み取れているかがポイントだ。

★選択肢の文脈を正しく読み取る

本文は，「経験重視，体力勝負の仕事」というのがあるが，そうした現場では技術系の資格試験を受けなければならないので，結局，高校までの知識を総動員して勉強しないといけなくなる→若いうちに学校で，しっかりとたくさんの知識を身につけておくことは，その知識を基盤にした新しい知識を得ることが可能になること，新しいことを学ぶ際の「学び方」が身につくこと，という二つの意味で人生に役立つ→ウェブの情報は便利だが，断片的で，体系性や系統性や累積性がないという問題点があり，しかも，ある程度の知識を持っていないと，まったく理解できない記事もたくさんある→ウェブ情報をうのみにしてしまい，思考や懐疑が欠落し，判断も危うい事態が生じるので，重要な質の高い情報をうまく使いこなすことは難しい→ウェブの情報を十分に使いこなすために，若いうちにしっかりと学校で勉強する必要がある，という内容になっている。これらの内容から，冒頭の「経験重視・体力勝負の仕事」は，そのような仕事をしていても，仕事に必要な資格試験などのために勉強しないといけなくなる，ということを述べるためのものであり，Cの「情報を正しく見極められなくなってしまう」ことはウェブ情報の問題点として述べているので，Cの説明は間違っているということになる。他のA・B・Dは，いずれも本文をふまえているので正しい。Cでは本文で述べていることを用いているが，「経験重視，体力勝負の仕事」と「情報を正しく見極められなくなってしまう」ことに関係はなく，A・B・Dは本文の語句そのままではないが要旨を述べている。この設問のような内容真偽の問題では，選択肢の説明の文脈を正しく読み取ることが重要だ。

MEMO

大切なことはメモしておこうネ！

2024年度

★★★★★★★★★★★★★★★★★★★★★★★★

入　試　問　題

2024年度

八千代松陰中学校入試問題
（レッスンルームコース学科推薦）

【算　数】（40分）　＜満点：100点＞

【注意】　＊分数は，それ以上約分できない分数で答えなさい。
　＊円周率は3.14とします。

1． 次の □ にあてはまる数を求めなさい。

(1)　$28-18\div 2\times 3=$ □

(2)　$1.4\div(3.5-0.7)\times 0.5=$ □

(3)　$3.14\times 1.73+3.14\times 0.27=$ □

(4)　$(11+$ □ $)\div 2-13=1$

(5)　$1.75\div 1.25+\left(1\frac{1}{5}-0.72\right)\times 1.25=$ □

(6)　◎と△は0より大きい整数で，◎×△＝36，△－◎＝16となります。このとき，2×△－◎×(△－◎) を計算すると □ になります。

2． 次の □ にあてはまる数を求めなさい。

(1)　ある灯油は1.2Ｌで0.96kgです。この灯油が5.8Ｌあるとき，重さは □ kgです。

(2)　㋐以上㋑以下の整数を百の位までのがい数で表すと2100になります。㋑－㋐を計算すると □ です。

(3)　次の表は，Ａ町とＢ町の人口と面積を表しています。面積に対して人口が多いのは □ 町です。

	人口（人）	面積（km^2）
Ａ町	48,986 人	14 km^2
Ｂ町	46,125 人	13 km^2

(4)　3人兄弟のＡさん，Ｂさん，Ｃさんがいます。ＡさんはＢさんの3歳《さい》年上で，3人の年齢《ねんれい》の和は28歳です。ＡさんとＢさんの年齢の和はＣさんの年齢の3倍になるとき，Ａさんの年齢は □ 歳です。

(5)　算数のテストで，潤《じゅん》くんと翔《しょう》くんの得点の平均は74点です。翔くんのほうが22点高いとき，翔くんの得点は □ 点です。

(6)　あるロボット32台で15日間かかる仕事があります。この仕事を8日間で終わらせるために必要なロボットは □ 台です。

3． 次の各問いに答えなさい。

⑴　右の図の三角形Bは三角形Aを拡大した図です。アの長さは何㎝ですか。

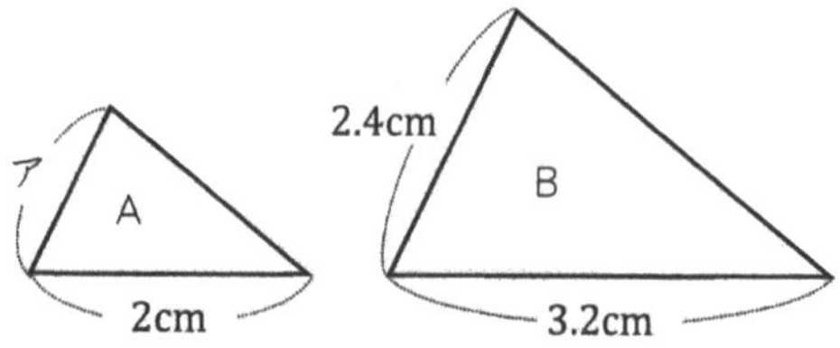

⑵　右の図は，表面積が120㎝^{2}の三角柱です。この三角柱の体積は何㎝^{3}ですか。

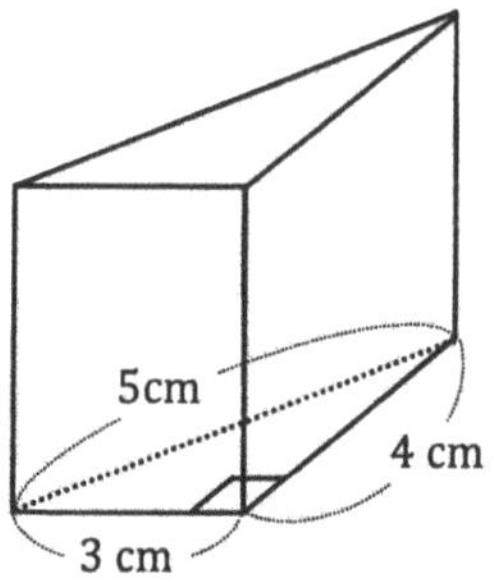

⑶　右の図の角イの大きさは何度ですか。

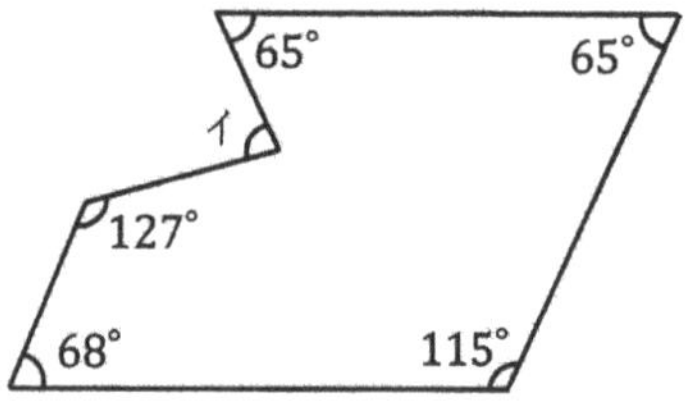

⑷　一辺が４ｍの正方形の犬小屋の角に，犬がリードで繋《つな》がれています。リードの長さが６ｍのとき，犬小屋の外で犬が動ける範囲《はんい》の面積は何ｍ^{2}ですか。

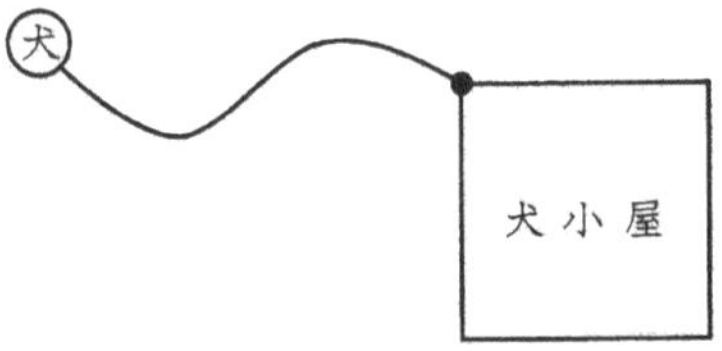

⑸　右の図は，点P，Q，Rを中心とする半径１㎝の円を互《たが》いにぴったりくっつけたものです。色のついた部分の面積は何㎝^{2}ですか。

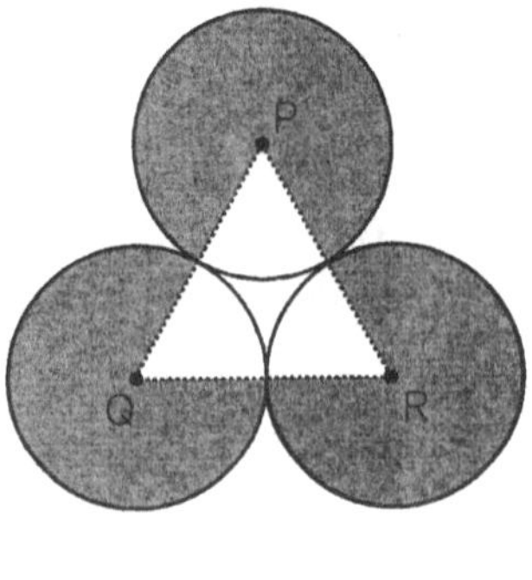

4． 次の図は，学校から18㎞離《はな》れたＢ地点まで行き，学校まで戻《もど》ってくる送迎《そうげい》バスの時刻と距離《きょり》の関係を表したものです。学校からＡ地点までとＡ地点からＢ地点までの距離の比は５：４で，Ａ，Ｂ地点では生徒を乗せるためにそれぞれ５分間停車します。このとき，後の各問いに答えなさい。ただし，バスの速さはそれぞれの区間で一定とします。

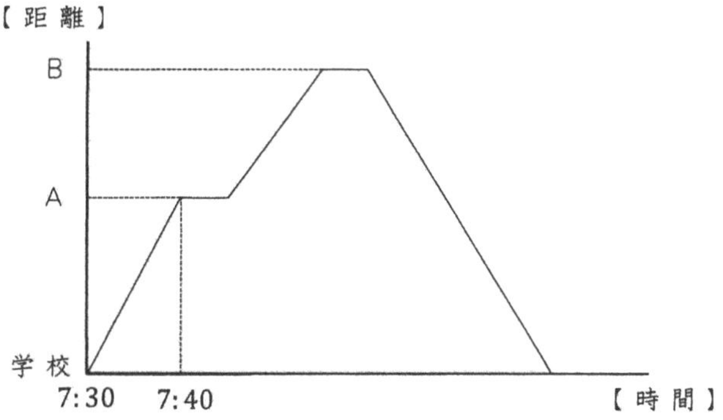

⑴ 学校を出発してからＡ地点までのバスの速さは時速何㎞ですか。

⑵ Ａ地点からＢ地点まで時速48㎞で移動し，８：20に学校に戻ります。このとき，Ｂ地点から学校まで戻るときのバスの速さは時速何㎞ですか。

5． 次の図のように，１段目には１を１つ，２段目には２を２つ，３段目には３を３つ，・・・と数字のピラミッドを作っていきます。このとき，後の各問いに答えなさい。

1
2 2
3 3 3
4 4 4 4
:
:

⑴ ２段目の和が４のように，その段の横に並んでいる数字をすべて足します。このとき，その和が2024を超えるのは何段目からですか。

⑵ ５段あるピラミッドについて，このピラミッドにある数字をすべて足すことを考えます。次の２人の会話文を読んで，［Ａ］，［Ｂ］には適切な数を，［Ｃ］には適切な言葉を答えなさい。

【会話文】

春菜《はるな》さん「この前先生から出された問題を解いて先生に見せたんだけど，『おしいっ』て言われて解き方を教えてもらえなかったの。結衣《ゆい》ちゃんはわかった？」

結衣さん「私は解けたよ！」

春菜さん「すごい！ねぇ，私に教えて。こうして，回転させたピラミットを２つ用意するんだよね。」

元のピラミッド	右に1回転	さらに右に1回転
1	5	5
2 2	5 4	4 5
3 3 3	5 4 3	3 4 5
4 4 4 4	5 4 3 2	2 3 4 5
5 5 5 5 5	5 4 3 2 1	1 2 3 4 5

「そして，それぞれの場所をたすと，すべて11になるよね。」

11

11　11

11　11　11

11　11　11　11

11　11　11　11　11

「そこで，1段目から5段目までに11は［ A ］個あるから，このピラミッドにある数字の合計は，11×［ A ］＝［ B ］で［ B ］になると思ったんだけど，どこがちがうのかな。」

結衣さん「そうだね。それは先生もおしいって思うよね。」

春菜さん「えぇ，なんで？教えて！」

結衣さん「春菜ちゃんが最後に，［ C ］からだと思うよ。」

春菜さん「そうか！なるほどね。ありがとう，すっきりしたよ。」

⑶　10段あるピラミッドの数字をすべて足すと，いくつになりますか。

問九　この文章のなかで何種類のパンの耳が登場しましたか。数字で答えなさい。

問十　この文章の内容の説明としてふさわしいものを、次のア～カの中から**二つ**選び、記号で答えなさい。

ア　和夫は子どものときから年下と関わることが好きで、大人になった今でも年下を甘やかすような付き合い方をしている。

イ　和夫はパン屋のおじさんを信用しなかったが、現在では人を疑うのはよくないと思い、人を信じることを大切にしている。

ウ　和夫は自分の経験から貧しい子供にもおいしいパンを食べてほしいと思い、おいしいのに安いパンを売っている。

エ　翔太が感じた香《こう》ばしいパンのかおりは、立派なパン職人になってやるという和夫の強い覚悟《かくご》を暗示している。

オ　パン屋のおじさんからの思いを、和夫が翔太に伝えることで、人から人へと思いは受けつがれることが表現されている。

カ　翔太のおじいちゃんのような有名なパン職人になるには、和夫のように若いころに苦労することが必要であると説かれている。

問十一　――線部⑧とありますが、あなたの将来の夢と、その夢の実現のためにしている努力を、具体的に百字以内で答えなさい。

それ以上何かを言うと、涙《なみだ》が止まらなくなりそうだ。

「お世話になりました」

そう言うのがやっとだった。

「パンの耳は、味付け次第でどんなお菓子にもなるんだよ……。人間と同じだ。工夫の仕方、努力の仕方次第で、どうとでもなる」

「じゃ、⑧僕も努力すれば、パン屋さんになれる？」

「なれるさ」

おじいちゃんはうれしそうに笑った。

おじいちゃんからは、香《こう》ばしいパンのかおりがした。

（『パンの耳』本校オリジナル文章）

＊ことばの意味

乾煎り……油をひかずに材料をいためる調理方法

お餞別……別れのときにわたすプレゼント

問一　この文章は現在から過去を回想する場面が描かれています。過去の場面はどこからどこまでですか。はじめとおわりの五字をそれぞれ答えなさい。

問二　――線部①の人物像を表すことばとしてふさわしいものを、次のア～エの中から一つ選び、記号で答えなさい。

ア　真面目　イ　おしゃべり　ウ　照れ屋　エ　短気

問三　次の文は、和夫が――線部②のようになった理由を述べたものです。【ア】～【ウ】に入るふさわしいことばを、文章中からそれぞれ指定された字数でぬき出しなさい。また、【エ】に入るふさわしいことばを指定された字数で答えなさい。

お店の人に【　ア　九字　】と言われた【　イ　四字　】を、自分たち兄妹は【　ウ　三字　】として買って食べていることが、【　エ　十字以内　】から。

問四　――線部③とありますが、この時のお店の人の思いとしてふさわしいものを、次のア～エの中から一つ選び、記号で答えなさい。

ア　子どもだからと和夫をからかってしまったので後ろめたい。

イ　和夫に失礼なことを言ってしまったようなのでつぐないたい。

ウ　パンの耳をあげることで自分の失敗をなかったことにしたい。

エ　明日からもこりずに来店してくれるようにサービスしたい。

問五　――線部④として考えられるものを、次のア～エの中から一つ選び、記号で答えなさい。

ア　「ショック」　イ　「ギャップ」

ウ　「ストレス」　エ　「プライド」

問六　――線部⑤として**ふさわしくないもの**を、次のア～エの中から一つ選び、記号で答えなさい。

ア　和夫が店の前に来た時にすぐに声をかけてくれたこと。

イ　和夫のためにパンの耳を調理して待っていてくれたこと。

ウ　調理したパンの耳を二十円から十円にまけてくれたこと。

エ　和夫が明日からも来店しやすいようにしてくれたこと。

問七　――線部⑥と同じ意味の熟語を、次のア～エの中から一つ選び、記号で答えなさい。

ア　機動　イ　機器　ウ　機会　エ　機能

問八　――線部⑦とありますが、これによって和夫に伝わった「おじさんの思い」とはどのようなことですか。四十字以内で答えなさい。

「……違《ちが》うのかい。悪いことを言っちゃったな」

「そんなことないです」

「③おわびに、一袋持って行きなよ」

「……いいです。お金出します」

タダでもらうわけにはいかないと思った。タダでもらうと、自分の中の④何かが崩《くず》れそうな気がした。

十円を払《はら》い足早に店を出た。

翌日、店の前で入ろうかどうしようか迷っていると、昨日のおじさんが飛び出してきた。

「もう来てくれないんじゃないかって思ってたよ。さあ、中に入って」

引っ張られるような形で、和夫は店内に入った。

「これを買ってもらおうと思ってさ。まずは食べてみて」

きつね色に揚《あ》げられて砂糖がまぶしてある細長いパンを手渡《てわた》された。

「どうだい？」

「おいしいです」

「それ、パンの耳なんだ。よかったら、買っていってよ」

レジの下から一袋取り出し、手渡された。いつもと同じ量だ。

「でも、二十円しか持ってません」

「十円でいいよ」

「えっ……」

「そのかわり、明日も来てよ」

おじさんは笑いながら、袋を手渡してきた。

次の日、パン屋に顔を出した和夫はおじさんに礼を言った。おいしかったこと。妹たちがとても喜んだこと。⑤おじさんの親切がうれしかったこと。おじさんは少し照れくさそうだった。

その日、和夫はおじさんに問われるまま、家のことやパン代のことを話した。

翌日から十円パンの中身が変わった。量も変わらず、パンの耳ではあるのだが、日によって味が違うのだ。

卵と牛乳と砂糖で味付けしたあと、焦《こ》げ目がつくまでフライパンで焼いたもの。フライパンでカリカリになるまで炒《いた》めたあと、砂糖をまぶしたもの。短めにカットしたものを＊乾煎《からい》りし、チョコレートをかけたものの等々。

和夫のパン屋通いは小学校を卒業するまで続いた。

和夫たち一家は、和夫が中学生になるのを⑥機に、お母さんの実家がある町へ引《ひ》っ越《こ》した。

引っ越し前日、パン屋にあいさつに行くと、和夫より先におじさんが話しかけてきた。

「和夫。元気でな。毎日、どんな味付けにしようか考えて、調理するのが楽しかった。和夫や妹さんたちのおかげだ。ありがとう。これは＊お餞別《せんべつ》」

そう言っておじさんはパンの耳を一袋差し出した。おじさんの目が少し赤い。

「今日のは⑦普通《ふつう》のパンの耳だ。どんな味にでも変わることができるパンの耳だ」

おじさんの思いが、伝わってくる。

「ありがとうございます」

という本を読みました。面白かった。高校のときに世界史を教えてくださった横山先生の顔を思い浮《う》かべて感謝しました。

問九　この文章の内容について話している4人のうち、**間違ったこと**を言っている人を選び、記号で答えなさい。

A　学校を卒業後に学校で学んできたことを必要とするときもあるから、学校で学ぶことを大事にしていくべきだね。

B　今は情報があふれている時代だけど、ウェブの情報だけで何かを学んでいくのはとても大変だし、時間がかかるから難しいよ。

C　「経験重視・体力勝負の仕事」をしていると情報を正しく見極《みきわ》められなくなってしまうことも筆者は心配しているね。

D　ウェブの情報には様々な問題点があることを知って、うまく利用できるようになるためにも学校の勉強は必要なんだね。

五　次の文章を読み、後の問いに答えなさい。

　翔太《しょうた》のおじいちゃんは、この辺りでは有名なパン職人だ。おいしいのに安いと評判で、わざわざ遠くから買いに来るお客さんも多い。

　翔太が好きなパンは、おじいちゃんの店のラスクだ。サクサクしていて甘《あま》くておいしい。そして何より安い。一袋《ひとふくろ》百円。子供に人気で、親子連れはだいたい買っていく。翔太の友達も時々一人で買いに来る。

「おじいちゃん、僕《ぼく》、おじいちゃんのラスクが一番好き。友達もおいしいって言ってるよ」

「そうかい。うれしいな。でも、翔太。おじいちゃんが食べたラスクの中で一番おいしかったのは、お前ぐらいの年に食べたパンの耳のラスクだよ」

「パンの耳？」

「そう、パンの耳。パンの耳は、味付け次第《しだい》でどんなお菓子《かし》にもなるんだよ」

　おじいちゃんはちょっと遠い目をした。

　昭和三十五年の秋。①小学校六年生の和夫《かずお》は学校帰りに空きビンを拾うのが日課だった。拾った空きビンを簡単に洗って酒屋や食料品店に持って行く。そうすると、空きビン一本につき、五円～十円がもらえるのだ。

　和夫にはお父さんがいない。三年前に仕事中の事故で亡《な》くなった。お母さんは女手一つで、四人の子供を育てている。

　和夫はビンを売ったお金で、パンを買う。おやつにするためだ。パンといっても、一袋十円のパンの耳だ。けっこうな量がある。それを妹たちと分けるのだ。

　パンの耳を買いに行きだして二週間がたったころ、お店の人から声をかけられた。

「いつもパンの耳を買ってくれるね。ウサギやブタのえさ用かい？　そうだったら、売り物にならないやつがあるから、タダで持って行っていいよ。」

　この時代、ブタを一、二頭飼っている家は珍《めずら》しくなかった。繁殖《はんしょく》させて売ったり、育てて精肉店に売ったりするためだ。えさは残飯などお金がかからないものがほとんどで、安価なパンの耳もえさの定番だった。

「……」

　②耳が赤くなるのが自分でもわかる。

たもの。

第２章……『学校はなぜ退屈でなぜ大切なのか』第２章「学校の目的と機能」のこと。

概念……大まかな意味や内容。

トピック……話題のこと。

断片的……ばらばらで、まとまりがないさま。

体系性……要素が他と関係しあってまとまること。

系統性……統一のあるつながりのこと。

累積性……重なって積もること。

懐疑……疑いを持つこと。

問一　――線部①の理由を三十字以内で答えなさい。

問二　Ａ に入ることばとしてふさわしいものを、次のア～エの中から一つ選び、記号で答えなさい。

ア　しかし　イ　たとえば　ウ　つまり　エ　または

問三　――線部②・③とありますが、筆者は「安全管理の責任者」や「作業責任者」になるために、何が必要だと考えていますか。文章中から三十一字でぬき出し、はじめの五字を答えなさい。

問四　――線部④とありますが、文章中に書かれている「新しい知識」を得る方法としてふさわしいものを、次のア～エの中から一つ選び、記号で答えなさい。

ア　自分で本やウェブを使って調べる。
イ　できるだけたくさんの人に話を聞く。
ウ　学校で習ったことを復習する。
エ　自分一人でわからない問題をじっくり考える。

問五　――線部⑤とありますが、このことはどのようなことを伝えようとしているのですか。「勉強」という言葉を使って、二十五字以内で答えなさい。

問六　――線部⑥とありますが、情報をうのみにした場合はどのような問題が起きますか。文章中から十八字でぬき出し、はじめの三字を答えなさい。

問七　次の文は、――線部⑦のように筆者が述べる理由を説明したものです。【ア】～【エ】に入るふさわしいことばを、文章中からそれぞれ指定された字数でぬき出しなさい。

ウェブでは、【　ア　五字　】からいろいろなことがわかる【　イ　二字　】な側面もあるが、ある程度の知識を持っていないと情報を【　ウ　二字　】し、正しい【　エ　二字　】をすることができないから。

問八　次の文Ⅰ・Ⅱが入るふさわしい箇所を、《ア》～《オ》の中からそれぞれ一つずつ選び、記号で答えなさい。

Ⅰ　**ＡＢＣも十分に修得しなかった人が、大人になって、「英語を始めよう」と思っても、ＡＢＣから始めるとしたら、結局、膨大《ぼうだい》な時間をかけてしまうことになります。平安時代も藤原氏も聞いたことがない人が「藤原道長」について検索したとしても、その記事に出てくる説明はさっぱりわからないでしょう。**

Ⅱ　**私はつい最近、生命の歴史を学びたくなって、『生命４０億年全史』という本を買って読みました。面白かった。生物を高校のときに学んでおいたのが役に立ちました。その少し後、イスラム世界について理解を深めたくなって、『イスラーム帝国のジハード』**

とはない、高校までの知識を総動員して勉強しないといけなくなったりするのです。

若いうちに学校で、しっかりとたくさんの知識を身につけておくことは、二つの意味でその後の人生に役立つと思います。《 ア 》

一つは、④その知識を基盤《きばん》にして、さらに新しい知識を得ることが可能になるということです。地球温暖化問題とか、脱炭素《だったんそ》技術とか、イスラム原理主義とか、何か気になったものがあると、本を買って読んだりウェブで検索《けんさく》したりして、自分で調べて勉強することができます。そのときには、テーマによって異なりますが、化学や物理、世界史など、高校までに学んだことの知識があるからこそ、理解が容易だったり興味を持てると思うことがたくさんあります。《 イ 》

もう一つは、*第2章でこの点はお話ししましたが、何年間も学校で勉強していくうちに、自分にとってまったく新しいことを学ぶ際の「学び方」が身についていく部分があるということです。私は中学・高校時代、自分なりの「学び方」の工夫を器用にあみ出しました。そのテーマに関する急所の*概念《がいねん》や説明をまず理解し、覚えること。自分でポイントを図や表にしてわかりやすくして覚えること。新しく学んだもの同士を相互《そうご》に結びつけて全体の構図を理解していくこと、……。⑤こうしたことは、私が高校生のときに勉強していたやり方ですが、それを今でも新しい*トピックを学ぶときに実践《じっせん》しています。

ウェブの情報をどう考えるかという話も少しします。ウェブでキーワードを入れると、いろいろなことがわかる時代になり、とても便利になりました。私なんかも仕事でずいぶん使っています。《 ウ 》

しかし、ウェブの情報の大きな問題点は、*断片的で、*体系性や*系統性や*累積性《るいせきせい》がないということです。大事な情報もどうでもいい情報も、ばっと並んで出てきます。間違《まちが》いである情報も混じっています。何かのキーワードで、何千件もヒットしたりすると、本当に大事な情報にたどり着かない可能性があります。

しかも、ある程度の知識を持っていないと、まったく理解できない記事もたくさんあります。「その気になりさえすれば、ウェブでいつでも学べる」という見方もありますが、だからといって学校で学ばないでいいというのは、あまりにも非効率で困難な道です。《 エ 》

また、⑥十分な基本的知識をもたないでウェブ情報に頼《たよ》る場合の問題は、何よりも、「その情報をうのみにすることになってしまう」、ということです。知ったかぶりをして書かれたおかしな記事を信じ込《こ》んでしまったり、対立する見方がある問題で、最初にヒットした記事で自分の意見を決めてしまうとか、そんなことが起きます。どこかの記事をそのまま自分の意見にしてしまうことは、しばしば起きますが、そこでは思考や*懐疑《かいぎ》が欠落し、判断も危《あや》うい事態が生じます。《 オ 》

なので、一定程度のまとまった知識がないと、検索をしても重要な質の高い情報をうまく使いこなすことは難しいのです。

だから、子どもたちは、ウェブの情報があるから勉強しなくていいというのはなくて、⑦ウェブの情報を十分に使いこなすために、若いうちにしっかりと学校で勉強する必要があると思います。

（広田照幸《ひろたてるゆき》『学校はなぜ退屈《たいくつ》でなぜ大切なのか』）

*ことばの意味

筒井二〇〇八……筒井氏が二〇〇八年に「個別教育システム間での不整合―高等学校と中小零細企業《れいさいきぎょう》との関係を事例に」を執筆《しっぴつ》し

【国　語】（四〇分）〈満点：一〇〇点〉

【注意】＊字数制限がある問題は、原則として「、」や「。」も一字に数えます（ただし、指示のあるものはのぞきます）。

一　次の①～③の――線部のカタカナを漢字になおしなさい。ただし、送りがなが必要なものは、送りがなも正しく送りなさい。また、④～⑥の――線部の漢字の読みを答えなさい。

①　ねこがヤネの上にいる。
②　計画を実行にウツス。
③　選挙でトウヒョウする。
④　外国から来た子が編入する。
⑤　庭に植えた花が発芽した。
⑥　肥えた畑で育てる。

二　次の各問いに答えなさい。

問一　次の□に漢字を一字ずつ入れて、（　）内の意味を表す言葉をつくりなさい。

□を見て□を見ず。（細かい点に注意しすぎて大きく全体を見通さないこと。）

問二　次の文の（　）にあてはまることわざとしてふさわしいものを、後のア～エの中から一つ選び、記号で答えなさい。

新体操部の見事な演技に（　　　　）。

ア　味をしめる　　イ　大目に見る
ウ　舌を巻く　　エ　野に下る

問三　「鹿」の画数を数字で答えなさい。

問四　次の文の主語と述語をそれぞれぬき出して答えなさい。

わたしの　兄は　もらった　お守りを　先生に　見せた。

三　※問題に使用された作品の著作権者が二次使用の許可を出していないため、問題を掲載しておりません。

（出典：高橋順子《たかはしじゅんこ》）

四　次の文章を読み、後の問いに答えなさい。

「経験重視、体力勝負の仕事」というのがありますね。でも、そこでも、今の社会は大きな変化が生じています。面白《おもしろ》い研究があるので紹介《しょうかい》します。筒井美紀《つついみき》さんという法政大学の先生が、高校を卒業した若者の現業職のキャリアについて研究をしました（＊筒井二〇〇八）。高校を卒業して、土木建築の現業の職種、穴掘《あなほ》りとか土管つなぎとか、そういう仕事に入った若者たちはその後どうなるのかということを研究しました。面白いのは、①彼らはしばらくすると勉強しないといけなくなるんだというのです。いろいろな技術系の資格があるので、いろいろな資格を取っていきます。そのためには資格試験を受けないといけないというのです。

［A］、②安全管理の責任者になるために、安全管理系の資格を取ったりします。そのためには、危険な薬品とかがちゃんと理解できないといけないから、結局、化学の知識が必要になったりします。③作業責任者になるためには、法令を読みこなして理解したり、書類を作成したりするスキルが必要になったりします。だから、「高校までの勉強は要《い》らない、体力が勝負だ」とか言っていても、しばらくすると、何のこ

MEMO

大切なことはメモしておこうネ！

2024年度

八千代松陰中学校入試問題（ＩＧＳコース特待推薦）

【算　数】（50分）　＜満点：100点＞

【注意】　＊ただし，問題１，５，６は途中の式も書くこと。
　＊分数は，それ以上約分できない分数で答えなさい。
　＊円周率は3.14とします。
　＊消費税は，考えないものとします。

１． 次の □ にあてはまる数を求めなさい。（この問題は，途中の式も書く問題です。）

(1)　2023＋1988－723＝ □

(2)　$\frac{5}{8}+1.375-1=$ □

(3)　51÷1.7－1.4×15＝ □

(4)　5.23×3.5－2.23×3.5＝ □

(5)　$\left(2\frac{2}{9}-1\frac{5}{6}\right)\times\frac{12}{7}\div\frac{10}{27}=$ □

２． 次の □ にあてはまる数を求めなさい。

(1)　長さ８ｍで重さが３㎏の針金があります。この針金の重さが3.75㎏のとき，長さは □ ｍです。

(2)　３割の利益を見込《みこ》んで定価5200円で売り出したシャツがあります。このシャツを２割引きで１着売ったときの利益は □ 円です。

(3)　縦と横の長さの比が９：５の長方形があります。この長方形の周りの長さが56㎝のとき，その面積は □ cm^{2}です。

(4)　みおさんの学校の６年生全員が長いすに座ります。１脚《きゃく》に５人ずつ座ると，18人座れず，１脚に６人ずつ座ると，全員座ることができ，最後の１脚は１人分の席があまりました。このとき，みおさんの学校の６年生の人数は □ 人です。

(5)　タクシーは乗ってからしばらくの間は，基本の料金で乗ることができる「初乗り」という仕組みがあります。例えば，初乗り２㎞の料金が600円で200ｍごとに80円かかるタクシーの場合，2.3㎞乗ったときの料金は，２㎞を超えたときに80円が加算され，さらに2.2㎞を超えたときに80円が加算されるので，760円となります。

　ゆうかさんと友だち３人のあわせて４人で，Ａ駅から隣町《となりまち》のホールに一番安く行くことができる交通手段を考えています。ホールに行くには，Ａ駅から電車に乗り，Ｂ駅かＣ駅で降りて，そこからそれぞれバスか４人乗りのタクシーに乗ります。ただし，同じ区間は，全員同じ乗り物を使います。

　Ａ駅からホールに行くときの，４人の料金の合計が一番安いのは □ 円です。

（図は次のページにあります。）

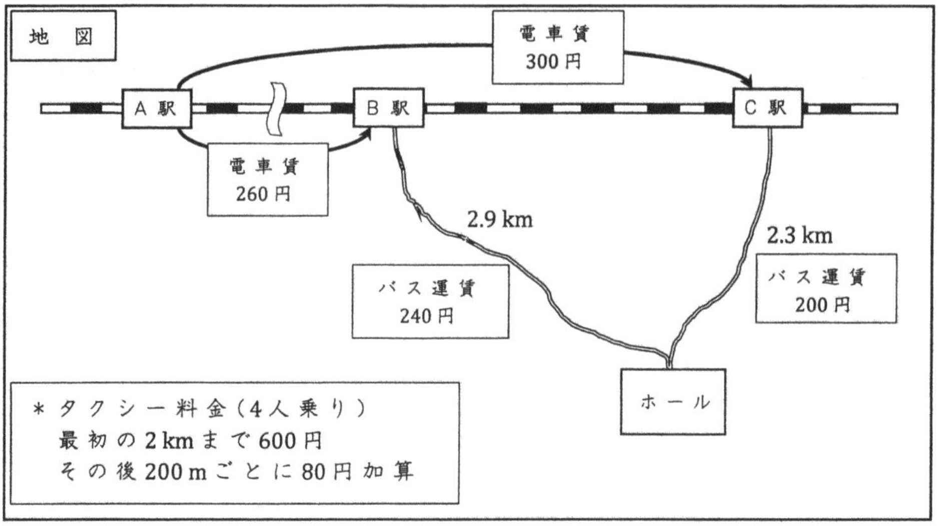

3． 次の各問いに答えなさい。

⑴　右の図は，正六角形と正方形を組み合わせたものです。このとき，角アの大きさは何度ですか。

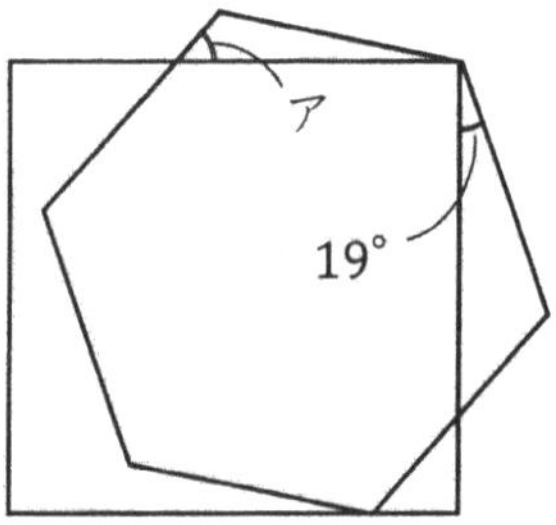

⑵　右の図は，直径８㎝の円と同じ直径の半円，長さ８㎝の直線を組み合わせたものです。このとき，色のついた部分の面積は何㎠ですか。

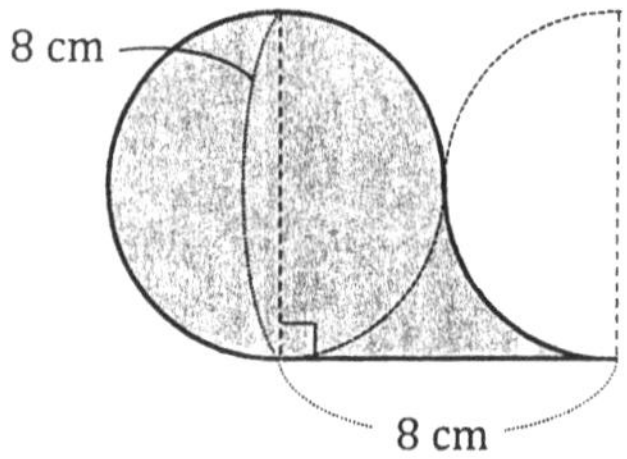

⑶　右の図は，長方形ＡＢＣＤと長方形ＡＥＦＣを組み合わせたもので，点Ｂは辺ＥＦ上の点です。このとき，辺ＣＦの長さは何㎝ですか。

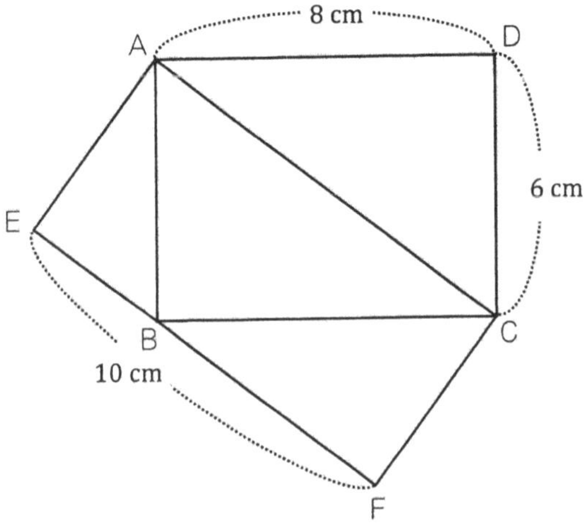

⑷　１辺の長さが１㎝の立方体の形をしている積み木を，右の図のように階段状に積み重ねてつくった立体があります。この立体の表面をすべて赤く塗《ぬ》ってから，積み木をバラバラにしました。このとき，後の各問いに答えなさい。

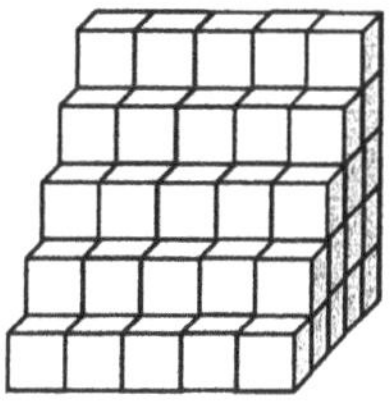

①　どの面も赤色に塗られていない積み木は，全部で何個ありますか。

②　赤色の面の数が１面の積み木と２面の積み木，４面の積み木の数の比を，最も簡単な整数の比で表しなさい。

4． 右の図のような，正三角形を６つ組み合わせてできた図形の辺上を，次のページのような【プログラム】にしたがって点を動かすゲームをします。

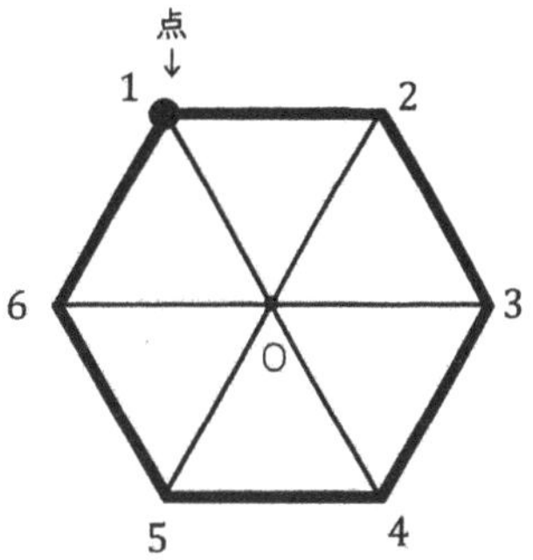

コインとさいころを投げて，コインの出た面とさいころの目の数で進み方が決まります。各頂点には１から６の数をつけ，点は１の頂点からスタートします。６つの正三角形が集まる中央の点にはＯをつけます。

コインやさいころを投げる動作と点を動かす動作を，それぞれ１回と数えます。【プログラム】の □ を１つ通るごとに回数が１回増えます。（例）では，①から⑩まで10回の動作をしています。このとき，次の各問いに答えなさい。

⑴　１の頂点を出発した点が，１の頂点にもどるまでに，コインで一度も裏が出なかったとすると，ゴールまでに何回の動作をすることになりますか。

⑵　１の頂点を出発した点が，ゴールするまでの動作の回数のうち，一番少ないのは何回ですか。

⑶　はるとさんのグループとりおさんのグループが，それぞれゲームをしました。次の２人の会話の中にある══線部ア，イのうちどちらかに間違《まちが》いがあります。間違っている方を選び，間違いである理由を説明しなさい。

はると「コインで５回も裏が出たから，うちのグループはゴールするまでに動作がア18回もかかっちゃったよ。」

りお「そんなにかかったの？わたしたちのグループは，コインの裏は１回しか出なかったから，ゴールするまでの動作はイ10回で済んだよ。」

【プログラム】

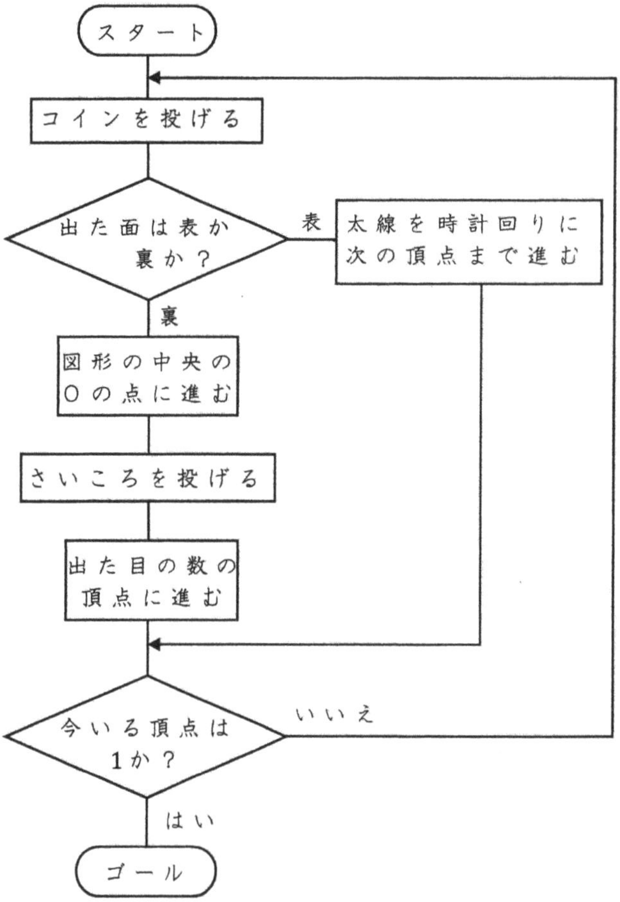

（例）

＜スタート＞

↓

① コインを投げる

↓（表が出る）

② 点を1から2に動かす

③ コインを投げる

↓（表が出る）

④ 点を2から3に動かす

⑤ コインを投げる

↓（裏が出る）

⑥ 点を3から0に動かす

⑦ さいころを投げる

↓（6が出る）

⑧ 点を0から6に動かす

⑨ コインを投げる

↓（表が出る）

⑩ 点を6から1に動かす

↓

＜ゴール＞

5．図1のように，貯水用のプールと，プールから水を抜《ぬ》くためのポンプが２台あります。このプールは，図２のように底にくぼみがあり，直方体を２つ組み合わせた形をしています。このプールの水を，ポンプを使って，全部抜こうとしています。最初は，ポンプＡだけを使って水を抜いていましたが，８時間で$60m^3$しか水を抜くことができなかったので，その後は，ポンプＡよりも強力なポンプＢを加えて，２台のポンプで水を抜くことにしました。次のページの図３は作業を開始してからポンプで水を抜いた時間と，プールのいちばん深いところから測った水面の高さの関係を表しています。ただし，グラフの⇩の

図１

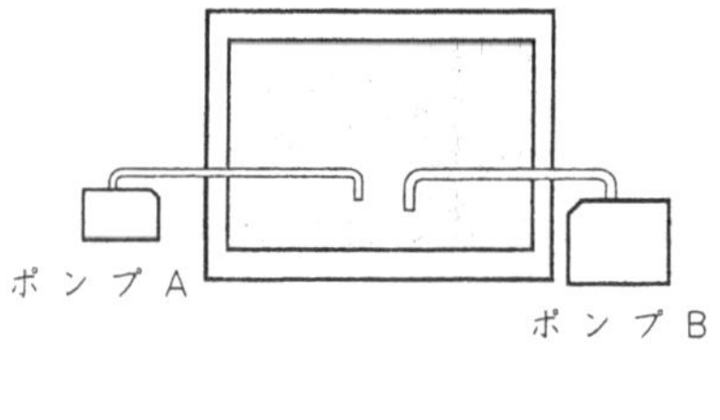

図２

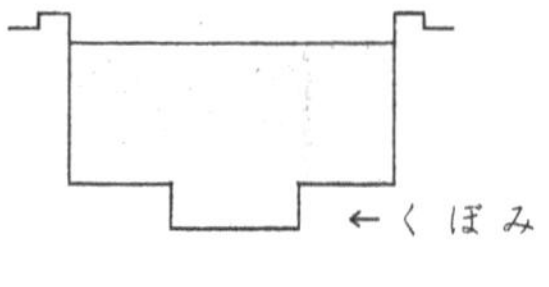

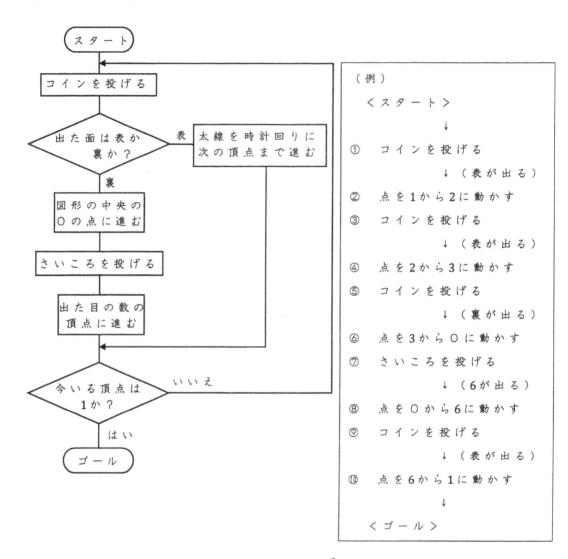

部分は，途中《とちゅう》でポンプを休めるためにいったん作業を中断したとき，雨が降ってしまい，水かさが増してしまったことを表しています。また，ポンプを止めていた時間はポンプで水を抜いた時間に含《ふく》めません。このとき，後の各問いに答えなさい。　　　（この問題は，途中の式も書く問題です。）

図３　　　ポンプで水を抜いた時間と水面の高さ

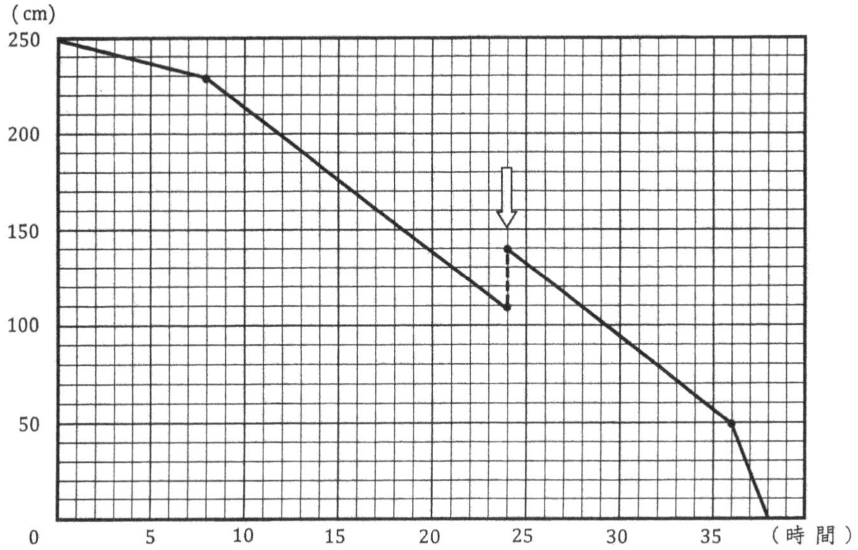

⑴　プールの水面の面積は何m^2ですか。

⑵　グラフの⇩のところで，もし雨が降らなかったとすると，水を全部抜き終わるまでにかかる時間（ポンプを止めていた時間は含めません）は何時間ですか。

⑶　プールの底のくぼみの部分にたまっていた水の量は何m^3ですか。

6． 商店街で行われるくじ引きの賞金について，先生とそうたさんが話しています。後の各問いに答えなさい。　　　（この問題は，途中の式も書く問題です。）

そうた「商店街のお祭りで，A店とB店がくじ引きを開催《かいさい》するのですが，どちらに参加するのがいいか迷っています。先生ならどちらのくじ引きに参加しますか。」

先　生「それぞれ右の表のような賞金額になっているんだね。それで，そうたさんは，どういう点が気になっているのかな。」

そうた「どちらに参加するほうが得なのか，それを知る方法はありますか。」

先　生「そうだね。それなら，『くじを１回引いたときに賞金がいくらもらえるか』の平均額がわかればいいんじゃないかな。」

そうた「なるほど。平均額が高いほうが，得をする可能性も高いということですね。」

A 店

	賞金額	本数
1等	10000円	3本
2等	3000円	10本
3等	1000円	30本
4等	500円	70本
はずれ	0円	137本

B 店

	賞金額	本数
1等	5000円	10本
2等	3000円	20本
3等	1000円	30本
4等	500円	40本
残念賞	100円	200本

先　生「そう。平均の求め方はわかるね。」

そうた「はい，やってみます。」

⑴　Ａ店，Ｂ店それぞれの賞金のくじ１本あたりの平均額はいくらですか。

⑵　そうたさんが実際にくじ引きをしに行ったとき，すでにどちらの店も50人ずつが挑戦《ちょうせん》したあとで，Ａ店で残った賞金は右のようになっていました。Ｂ店では，すでに１等が２本，２等が８本出ていたので，２つの店の賞金のくじ１本あたりの平均額は，ちょうど同じになっていました。Ｂ店の３等と４等をあわせた賞金の総額が，残念賞の総額のちょうど2倍であるとき，残りの３等と４等の本数はそれぞれ何本ですか。

Ａ 店

	賞金額	本数
1等	10000円	3本
2等	3000円	8本
3等	1000円	24本
4等	500円	52本
はずれ	0円	113本

【理　科】（35分）　＜満点：75点＞

【注意】　＊割り切れない答えは，四捨五入して小数第１位まで求めなさい。

１．次の⑴～⒁に答えなさい。

⑴　アルミニウムの性質として正しいものを，次のア～エの中からすべて選び，記号で答えなさい。

ア．磁石に引きつけられる。　　イ．熱を伝えやすい。

ウ．電気を通さない。　　　　　エ．みがくと特有の光沢《こうたく》が見られる。

⑵　赤色リトマス紙を青色に変えるのは何性の水溶液《すいようえき》か答えなさい。

⑶　水160ｇに食塩を溶《と》かして濃度20％の水溶液をつくりたいとき，何ｇの食塩を溶かせばよいか答えなさい。

⑷　次の文の □ に入ることばを答えなさい。

不法投棄《とうき》されたプラスチックごみが，風雨にさらされたり，紫外線《しがいせん》で分解されたりして細かくなり，大きさが５㎜以下になったものを □ プラスチックといいます。これらは，最終的に海に流れこみ，海の環境《かんきょう》を汚染《おせん》していると言われています。

⑸　被子《ひし》植物の胚珠《はいしゅ》は何に包まれているか答えなさい。

⑹　ステージ上下式顕微鏡《けんびきょう》の視野の明るさを調節するときに使用する部分を次のア～エの中から２つ選び，記号で答えなさい。

ア．反射鏡　　イ．調節ねじ　　ウ．レボルバー　　エ．しぼり

⑺　骨と骨のつなぎめで曲がる部分を何というか答えなさい。

⑻　植物の葉にある，気体が出入りするすき間を何というか答えなさい。

⑼　短時間に強い雨を降らせ，雷をともなうこともある雲の名前を，次のア～エの中から１つ選び，記号で答えなさい。

ア．乱層雲　　イ．高積雲　　ウ．巻積雲　　エ．積乱雲

⑽　火成岩のつくりで，結晶化せずに固まった小さな鉱物の中に，結晶化した大きな鉱物がある岩石のつくりを何組織というか答えなさい。

⑾　マグニチュード6.0の地震《じしん》が放出したエネルギーは，マグニチュード4.0の地震が放出したエネルギーの約何倍でしょうか。正しいものを，次のア～エの中から１つ選び，記号で答えなさい。

ア．1.5倍　　イ．10倍　　ウ．100倍　　エ．1000倍

⑿　図のように，せんぬきを使っているとき，支点はどこか。図のア～ウの中から１つ選び，記号で答えなさい。

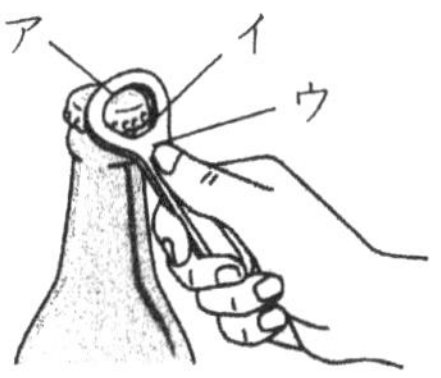

⒀　50ｇのおもりをつるしたとき22.0㎝の長さになり，70ｇのおもりをつるしたとき23.6㎝の長さになるばねがあります。このばねに30ｇのおもりをつるしたとき何㎝の長さになるか答えなさい。

⒁　次の文の □ に入ることばを答えなさい。

物質を構成する原子などのミクロの世界の物理法則にもとづいて計算を行うコンピュータの国産初の試作機の利用が，2023年３月に開始されました。このようなコンピュータを一般《いっぱん》に □ コンピュータといいます。

2． 次の文章を読んで，あとの⑴～⑸に答えなさい。

次の実験１～４を行い，気体Ａ～Ｄを発生させました。

＜実験１＞

アルミニウムにうすい塩酸を加えたところ，気体Ａが発生しました。

＜実験２＞

二酸化マンガンにうすい過酸化水素水（オキシドール）を加えたところ，気体Ｂが発生しました。

＜実験３＞

石灰石《せっかいせき》にうすい塩酸を加えたところ，気体Ｃが発生しました。

＜実験４＞

塩化アンモニウムと水酸化カルシウムを混ぜたものを加熱したところ，気体Ｄが発生しました。

⑴　気体Ａ，Ｂに共通する性質として正しいものを，次のア～クの中からすべて選び，記号で答えなさい。

ア．ものを燃やすはたらきがある。　イ．可燃性がある。　ウ．空気よりも軽い。

エ．空気よりも重い。　オ．特有のにおいがある。　カ．においがない。

キ．水に溶けやすい。　ク．水に溶けにくい。

⑵　気体Ｃを石灰水にくぐらせると石灰水は白くにごりました。この白色は何という物質の色ですか。次のア～エの中から１つ選び，記号で答えなさい。

ア．水酸化カルシウム　イ．炭酸カルシウム

ウ．水酸化ナトリウム　エ．炭酸ナトリウム

⑶　下の図は，気体の集め方を表しています。気体Ｃは，①または③の方法で集めることができます。①と③の方法を比較《ひかく》し，①の方法の利点を簡潔《かんけつ》に答えなさい。

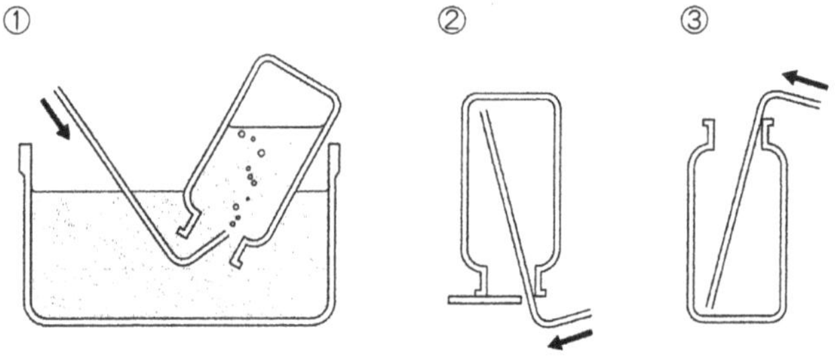

⑷　ベーキングパウダーに，液体Ｘを加えると気体Ｃが発生しました。液体Ｘにあてはまるものを，次のア～エの中から１つ選び，記号で答えなさい。

ア．砂糖水《さとうみず》　イ．重曹水《じゅうそうすい》　ウ．エタノール水　エ．食酢《しょくす》

⑸　すべての物質は約120種類の元素の組み合わせでできています。このことをふまえて，気体Ａ～Ｄを２つのグループに分けたところ，ＣとＤが同じグループになりました。ＣとＤを同じグループとした根拠《こんきょ》を簡潔に答えなさい。

3． たくみさんとあおいさんが身のまわりの動物について話しています。会話文を読んで，あとの⑴～⑷に答えなさい。

たくみさん　池のオタマジャクシがカエルになっていたよ。

あおいさん　ほんと？　カエルって，A水中に卵をうんで，卵からかえると，Bオタマジャクシのう

ちは水中ですごすけど，あしがはえてカエルになったら陸上でもすごすようになるね。

たくみさん　うん。あっ，そうだ，林のクヌギの木にカブトムシがとまっていたからつかまえてきたよ。

あおいさん　わぁ，大きなカブトムシだね。そういえば，カブトムシも卵からかえったあと，成虫になるまでに，Cすがたを変えるよね。

たくみさん　そういうところは，カエルとカブトムシは似てるかも。

あおいさん　カエルもカブトムシも，D動物であるという点では同じだけど，細かく見ていくと，ちがうグループに分類されるね。

(1)　下線部Aについて，水中に卵をうむ動物を次のア～オの中からすべて選び，記号で答えなさい。

ア．ニワトリ　　イ．イモリ　　ウ．ヤモリ　　エ．カメ　　オ．サンショウウオ

(2)　下線部Bについて，オタマジャクシとカエルでは，生息場所により，呼吸のしかたにちがいがあります。どのようなちがいか簡潔に答えなさい。

(3)　下線部Cについて，カブトムシの成長途中《せいちょうとちゅう》のすがたの変化と，カブトムシと同じ変化をする動物の組み合わせとして正しいものを，次のア～カの中から１つ選び，記号で答えなさい。

	すがたの変化	動物
ア	卵→よう虫→さなぎ→成虫	トンボ
イ	卵→よう虫→さなぎ→成虫	セミ
ウ	卵→よう虫→さなぎ→成虫	チョウ
エ	卵→よう虫→成虫	トンボ
オ	卵→よう虫→成虫	セミ
カ	卵→よう虫→成虫	チョウ

(4)　下線部Dについて，動物は，「界《かい》」を最も大きな分類群として，以下「門《もん》」「綱《こう》」「目《もく》」「科《か》」「属《ぞく》」「種《しゅ》」で分類されます。例えば，ヒトは，動物界・脊椎《せきつい》動物門・哺乳《ほにゅう》綱・サル目・ヒト科・ヒト属・ヒトとなります。

①　カエルとヒトは，動物の分類上，どこまで同じ分類群に属していますか。次のア～キの中から１つ選び，記号で答えなさい。

ア．界　　イ．門　　ウ．綱　　エ．目　　オ．科　　カ．属　　キ．種

②　カブトムシは，次のように分類されることがわかりました。

動物界・□門・□綱・コウチュウ目・コガネムシ科・カブトムシ属・カブトムシ

カブトムシの門と綱にあてはまるものを，次のア～クの中から１つずつ選び，記号で答えなさい。

ア．節足動物　　イ．環形《かんけい》動物　　ウ．脊椎動物　　エ．は虫

オ．両生　　カ．昆虫《こんちゅう》　　キ．クモ　　ク．カブトガニ

4． 次の文章を読んで，あとの⑴～⑸に答えなさい。

右の図は，ある地域の地点Ａ～Ｃにおける地層の重なり方を表したものです。この地域では，すべての地層は水平に一定の厚さで積み重なっていて，凝灰岩《ぎょうかいがん》の層は一つしかありません。

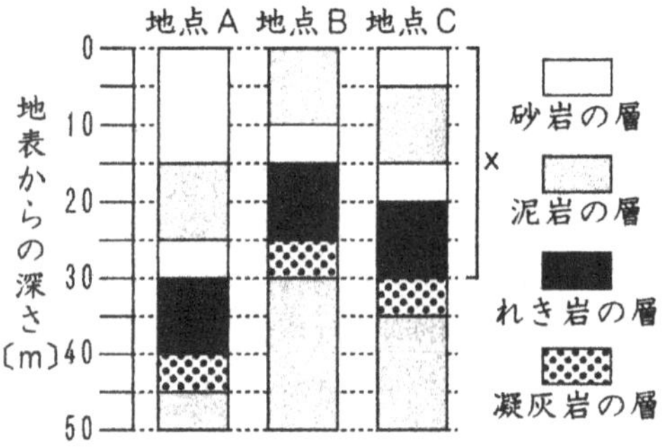

⑴　砂岩，泥《でい》岩，れき岩，凝灰岩はいずれも堆積《たいせき》岩の一種です。次のア～エの中から堆積岩を１つ選び，記号で答えなさい。

ア．花こう岩　　イ．玄武《げんぶ》岩　　ウ．石灰岩　　エ．安山岩

⑵　地点ＣでＸの部分の地層が積み重なっていった期間，地点Ｃの海岸からの距離《きょり》はどのように変化していったと考えられますか。次のア～エの中から１つ選び，記号で答えなさい。

ア．海岸からはなれていった。

イ．海岸に近づいていった。

ウ．海岸から一度はなれていったあと，海岸に近づいた。

エ．海岸に一度近づいていったあと，海岸からはなれた。

⑶　凝灰岩の層があることから，この地域では何が起こったと考えられますか。簡潔に答えなさい。

⑷　地点Ａ～Ｃを地表の標高が高い順に左から記号をならべなさい。

⑸　この地域で，地表の標高が160ｍである地点Ｄの地層を調べたところ，地表からの深さが35ｍの位置に凝灰岩の層の上面がありました。地点Ｂの地表の標高は何ｍか答えなさい。

5． 次の文章を読んで，あとの⑴～⑸に答えなさい。

導線を巻いたコイルの中に鉄心を入れて電磁石を作りました。図のように，電磁石と電源装置，電流計を接続して電流を流し，電磁石の磁力の強さを調べる実験を行いました。磁力の強さは，引きつけた鉄製のクリップの個数ではかりました。

ただし，鉄心は同じものを使い，導線全体の長さは変えないものとします。

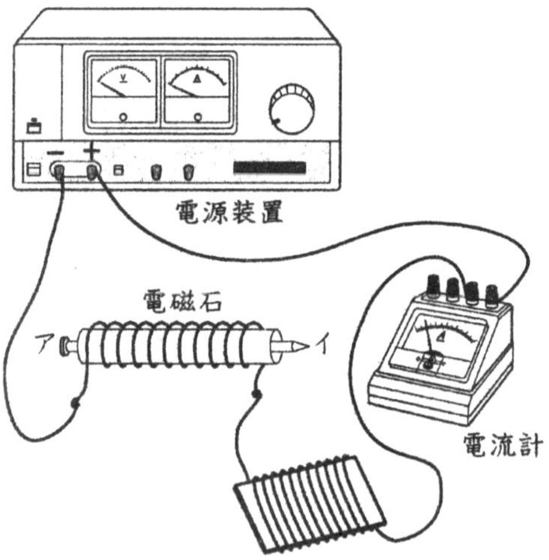

<実験>　コイルの巻き数が50回，100回，200回の３つの電磁石を用意し，それぞれ電圧を3.0Ｖ，

6.0V，12.0Vとして電流を流したところ，下の表のような結果が得られました。

巻き数〔回〕	電圧〔V〕	電流〔A〕	クリップの数〔個〕
５０	３．０	０．９	３
５０	６．０	１．８	６
５０	１２．０	３．６	１１
１００	３．０	０．９	６
１００	６．０	１．８	１２
１００	１２．０	３．６	２３
２００	３．０	０．９	１２
２００	６．０	１．８	２３
２００	１２．０	３．６	４５

⑴　図の回路に電流が流れているとき，ア，イのどちらが電磁石のＮ極になるか記号で答えなさい。

⑵　実験の結果から，次のように考えました。

> コイルの巻き数を多くすると電磁石の磁力が強くなるのは，流れる電流が大きくなるからである。

この考えは正しいですか。次のア，イから１つ選び，記号で答えなさい。また，その理由を簡潔に答えなさい。

ア．正しい。　　イ．正しくない。

⑶　実験の結果からいえることとして正しいものを，次のア～ウの中から１つ選び，記号で答えなさい。

ア．コイルの巻き数を２倍にするより，電圧を２倍にするほうが，電磁石の磁力を強くする効果が大きい。

イ．電圧を２倍にするより，コイルの巻き数を２倍にするほうが，電磁石の磁力を強くする効果が大きい。

ウ．コイルの巻き数を２倍にすることと電圧を２倍にすることは，電磁石の磁力を強くする効果が同じくらいである。

⑷　コイルの巻き数を150回，電源装置の電圧を9.0Vとしたとき，電磁石に引きつけられるクリップの数は何個になると考えられますか。最も適当なものを，次のア～エの中から１つ選び，記号で答えなさい。

ア．15　　イ．18　　ウ．24　　エ．27

⑸　⑷のとき，コイルに流れる電流は何Ａか答えなさい。

【社　会】（35分）　＜満点：75点＞

【注意】　＊答えを書くとき，漢字で書けるものは，すべて漢字で書きなさい。

１．次の問いに答えなさい。

⑴　次の【地図１】を見て，あとの問いに答えなさい。

【地図１】

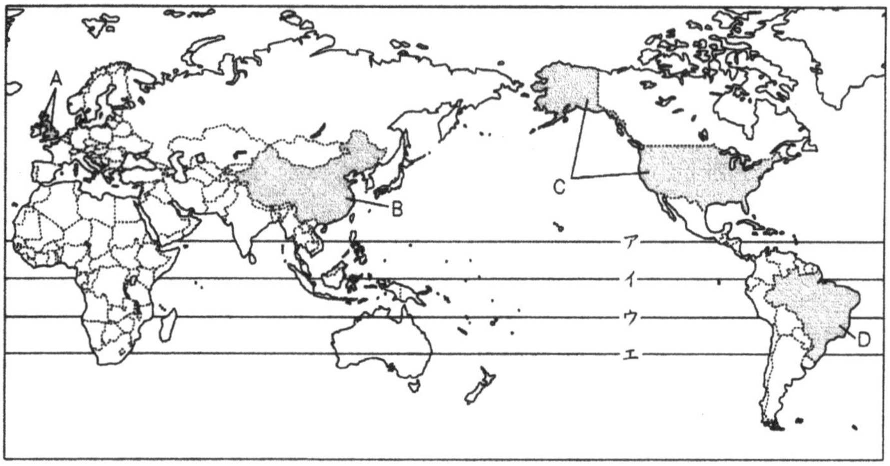

①　【地図１】中のア～エのうち，赤道にあたるものを一つ選び，記号で答えなさい。

②　次の文章は，【地図１】中のＡ～Ｄのいずれかの国について説明したものです。この説明にあてはまる国名を書きなさい。

> この国には，世界全体の約５分の１にあたる14億人あまりの人々が暮らしています。人口の９割が漢族（漢民族）ですが，それぞれ言葉や服装，文化，生活様式がちがう50以上の民族が住んでいます。

⑵　次のページの【地図２】を見て，あとの問いに答えなさい。

①　【地図２】中のＡ～Ｄについて述べた文として正しいものを次のア～エから一つ選び，記号で答えなさい。

ア．Ａは，東北地方の中央に連なる奥羽山脈を示している。

イ．Ｂは，関東地方にある日本最大の湖である霞ヶ浦《かすみがうら》を示している。

ウ．Ｃは，近畿地方に流れる信濃川を示している。

エ．Ｄは，九州地方に広がる宮崎平野を示している。

②　【地図２】中のＰに広がる工業地域名を書きなさい。

③　日本で最も輸出額が多い港を，【地図２】中のＷ～Ｚから一つ選び，記号で答えなさい。また，その港で最も輸出量が多い品目を生産する工業としてふさわしいものを次のア～エから一つ選び，記号で答えなさい。

ア．化学工業　　イ．金属工業　ウ．機械工業　　エ．せんい工業

【地図２】

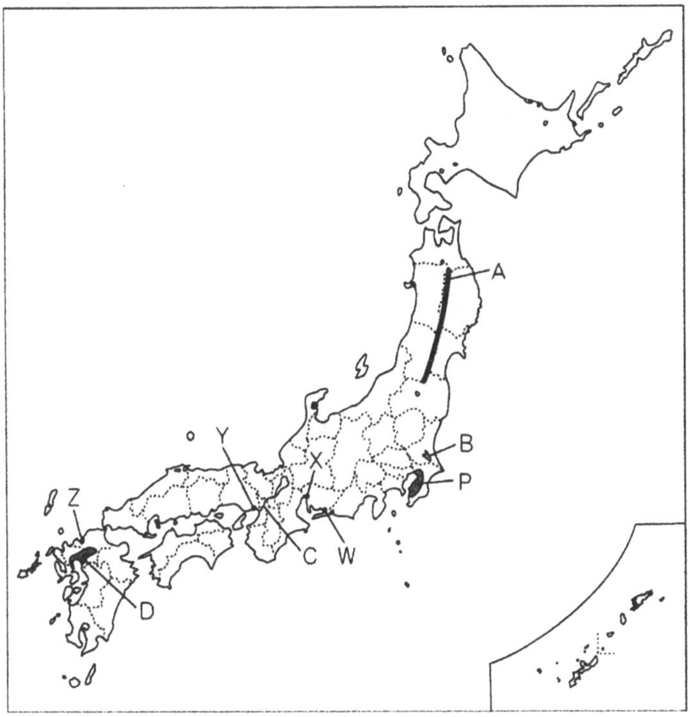

⑶　次の問いに答えなさい。

①　次の【グラフ１】中のア～エのうち，日本にあたるものを一つ選び，記号で答えなさい。

【グラフ１】

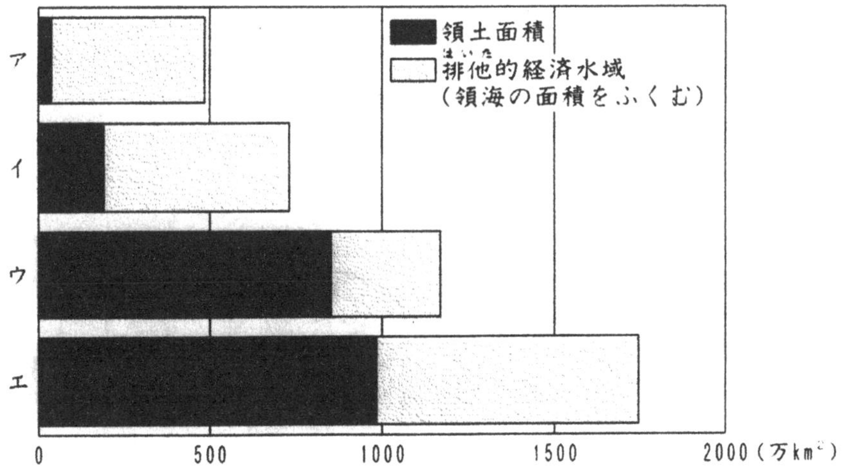

（「海洋白書」ほか）

②　次のページの【図】が示す島の説明としてふさわしいものをあとのア～エから一つ選び，記号で答えなさい。

ア．日本の最北端《さいほくたん》に位置し，北方四島のうち最大の面積をほこる。

イ．日本の最東端に位置し，火山の噴火により面積が拡大した。

ウ．日本の最南端に位置し，日本政府によって護岸工事が行われた。

エ．日本の最西端に位置し，多くの日本人が居住している。

【図】

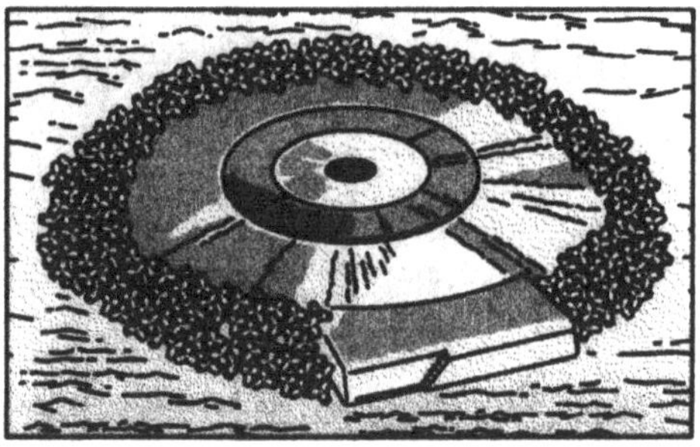

③　次の【地図３】中のＡの都市の気候を示した雨温図を，あとのア～エのグラフから一つ選び，記号で答えなさい。また，Ａの都市の気候の特徴《とくちょう》を【地図３】中のＸで示した風にふれながら説明しなさい。

【地図３】

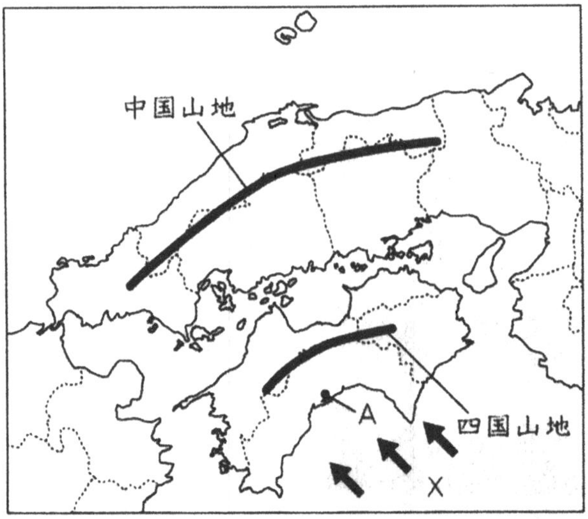

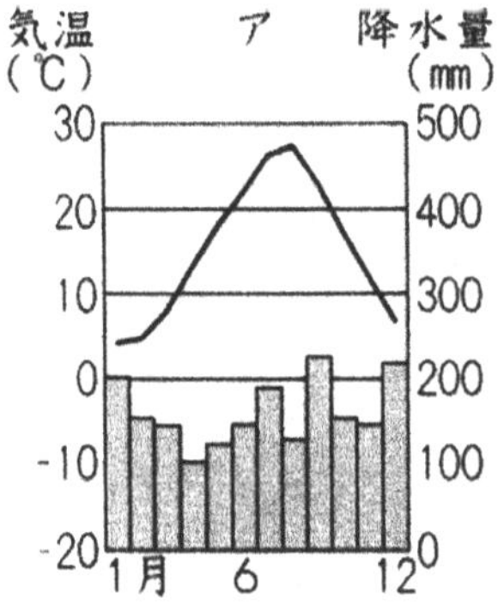

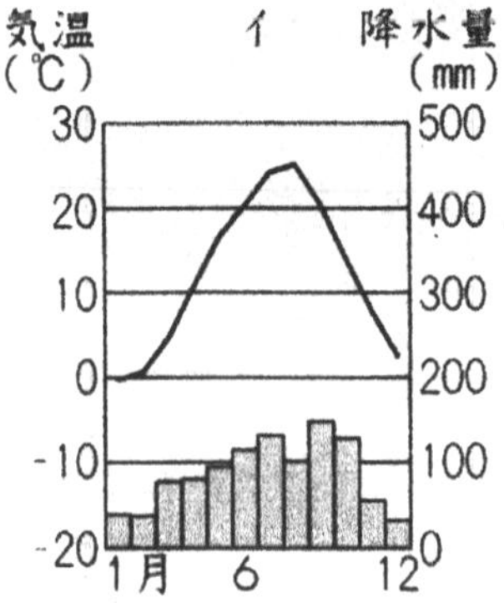

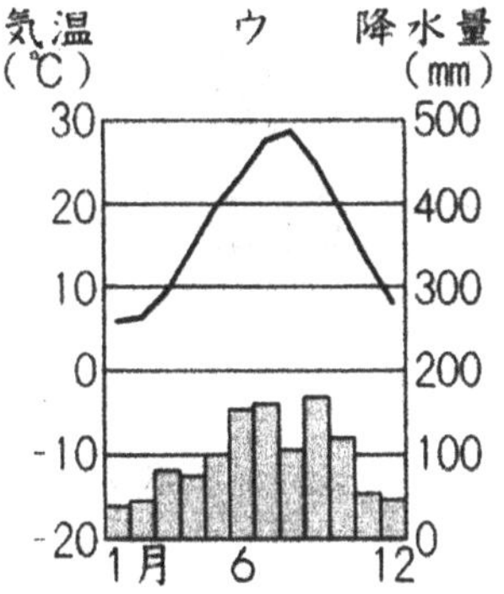

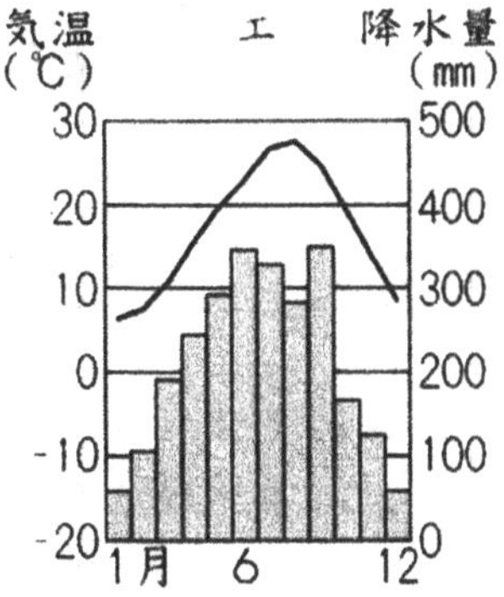

（気象庁）

④　次の【表】は，北海道，千葉県，高知県のいずれかの道県の統計を示したものです。【表】中のＡ～Ｃにあてはまる道県の組み合わせとしてふさわしいものをあとのア～カから一つ選び，記号で答えなさい。

【表】

	農業産出額の内訳（％）					海面漁業漁獲量（千ｔ）	製造品出荷額等（億円）
	米	野菜	果実	畜産	その他		
A	16.6	35.9	2.9	31.0	13.6	99	125846
B	10.2	63.9	10.0	7.4	8.5	65	5953
C	9.5	16.9	0.5	57.9	15.2	895	61336

（2020年、製造品出荷額等は2019年）

（農林水産省『生産農業所得統計』、『漁業・養殖業生産統計』、経済産業省『工業統計調査』）

ア．Ａ－北海道　　Ｂ－千葉県　　Ｃ－高知県
イ．Ａ－北海道　　Ｂ－高知県　　Ｃ－千葉県
ウ．Ａ－千葉県　　Ｂ－北海道　　Ｃ－高知県
エ．Ａ－千葉県　　Ｂ－高知県　　Ｃ－北海道
オ．Ａ－高知県　　Ｂ－北海道　　Ｃ－千葉県
カ．Ａ－高知県　　Ｂ－千葉県　　Ｃ－北海道

⑤　次の【グラフ２】は，ある果物の都道府県別の生産量の割合を示したものです。この果物の名前を書きなさい。

【グラフ２】

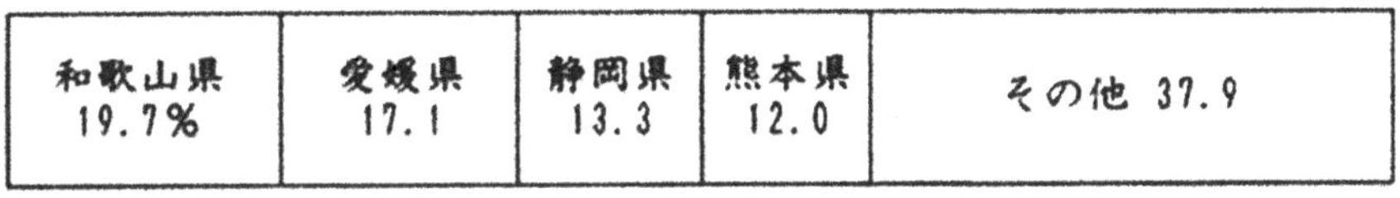

（2021年）　（農林水産省『果樹生産出荷統計』）

⑥　次の説明にあてはまる都道府県名を書きなさい。

> この都道府県は，一年を通してあたたかく，さんごしょうなどの美しい自然が残されています。また，ゴーヤーなどの特産物を使った料理や，「エイサー」などの踊《おど》りといった，この都道府県独自の文化にふれることができるため，多くの観光客がおとずれています。

2． 次の文章を読み，あとの問いに答えなさい。

日本は，古くから周辺の国々などとの関わりをもってきました。A．弥生時代のころには中国に使いを送った女王が現れました。B．古墳時代には，中国や朝鮮半島から日本列島へわたってくる渡来人が多くいました。C．奈良時代には，中国への使者が日本からたびたび送られました。鎌倉時代には，D．元の大軍が２度にわたって北九州へ攻《せ》めてきました。室町時代には，E．東アジアとの貿易がさかんに行われました。F．江戸時代には，G．鎖国とよばれる政策がとられましたが，19世紀半ばにはペリーの来航により，鎖国の状態が終わり，外国との貿易が始まりました。貿易に反対したH．長州藩や薩摩藩は，外国と戦ったことで力の差を実感したため，新しい政府をつくる運動を始めました。このような動きにおされた徳川慶喜は，政権を朝廷《ちょうてい》に返し，明治時代が始まりました。明治時代には，皇帝《こうてい》の権力が強い［ I ］の憲法を学んで帰国した伊藤博文が大日本帝国憲法をつくるのに力を注ぎました。大日本帝国憲法の制定後，日本は大陸に勢力をのばそうとして，日清戦争やJ．日露戦争などで外国と戦いました。さらに勢力をのばそうとした日本は，昭和時代になると，アメリカやイギリスなどの国々と対立し，K．太平洋戦争となりました。太平洋戦争が終わったあと，日本は連合国軍に占領《せんりょう》されましたが，サンフランシスコ平和条約の翌年に主権を回復し，1956年には，［ L ］への加盟が認められ，国際社会に復帰しました。M．これ以降，周辺の国々との国交が少しずつ正常化されていき，1978年には日中平和友好条約が結ばれました。

⑴　下線部Aの生活のようすとしてふさわしいものを次のア～エから一つ選び，記号で答えなさい。

ア．人々は，力を合わせて野山の動物や木の実などを手に入れていた。

イ．人々は，指導者を中心に力を合わせて米づくりを行った。

ウ．人々は，租・調・庸などの税を納めたり兵士の役を務めたりした。

エ．人々は，寝殿造のやしきでくらし，和歌やけまりなどを楽しんだ。

⑵　下線部Bの時代に古墳の上に並べられた，次の【資料１】の土製品の名前を書きなさい。

【資料１】

⑶　下線部Ｃの時代の【資料２】について述べた次の会話文の（　）にあてはまる内容を，【地図１】から読み取れることをもとに答えなさい。

【資料２】

出典：ColBase
(https://colbase.nich.go.jp)

【地図１】

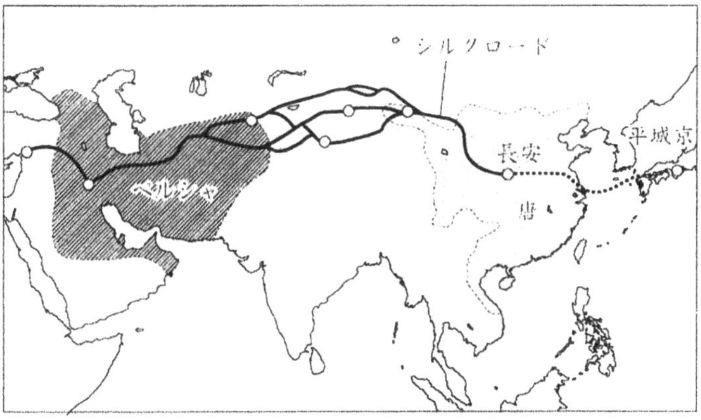

ひろし：【資料２】は，当時のペルシャから日本にわたり，正倉院におさめられたとされるガラスの器なんだよ。
たくや：そうなんだ。どのように西アジアの品物が日本にもたらされたのかな。
ひろし：(　　　　)と考えられているよ。
たくや：こんな昔から国際的な文化の交流がさかんだったんだね。

⑷　下線部Ｄのできごとによる影響《えいきょう》としてふさわしいものを次のア～エから一つ選び，記号で答えなさい。

ア．幕府は活やくした武士たちにご恩として新しい領地をあたえたために，武士たちは幕府に忠誠をちかった。

イ．幕府は活やくした武士たちにご恩として新しい領地をあたえたが，武士たちは幕府に不満をもつようになった。

ウ．幕府は活やくした武士たちにご恩として新しい領地をあたえることができなかったが，武士たちは幕府に忠誠をちかった。

エ．幕府は活やくした武士たちにご恩として新しい領地をあたえることができず，武士たちが幕府に不満をもつようになった。

⑸　下線部Ｅについて，15世紀の東アジアの国々の位置を示した次のページの【地図２】中のＡ～Ｃとその国名の組み合わせとしてふさわしいものをあとのア～エから一つ選び，記号で答えなさい。

ア．Ａ－明　　Ｂ－朝鮮　　Ｃ－琉球王国
イ．Ａ－明　　Ｂ－元　　Ｃ－高麗
ウ．Ａ－清　　Ｂ－元　　Ｃ－高麗
エ．Ａ－清　　Ｂ－朝鮮　　Ｃ－琉球王国

【地図２】

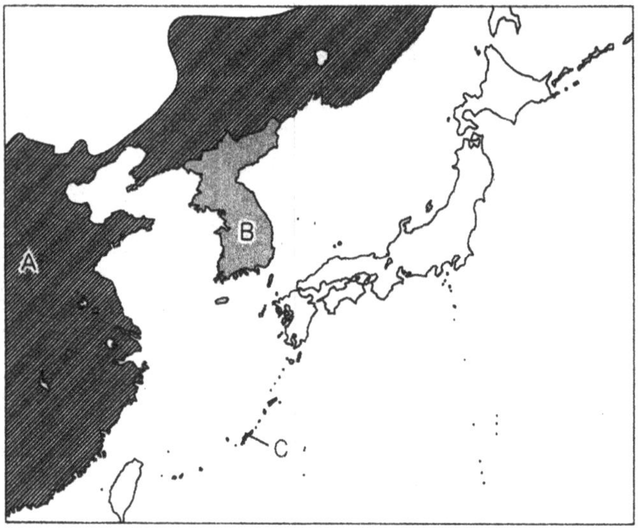

⑹　下線部Ｆについて，次の問いに答えなさい。

①　江戸時代が始まるまでにおこった次のア～エのできごとを年代の古い順に並べて，記号で答えなさい。

ア．織田信長が楽市・楽座を行った。　　イ．ポルトガル人が鉄砲を種子島に伝えた。

ウ．豊臣秀吉が検地を行った。　　　　　エ．今川義元が桶狭間の戦いで敗れた。

②　江戸時代の学問についての説明として，正しいものを次のア～エから一つ選び，記号で答えなさい。

ア．杉田玄白らは，英語の医学書をほん訳し，「解体新書」として出版した。

イ．伊能忠敬は，「古事記」の研究に全力を注ぎ，「古事記伝」という書物を完成させた。

ウ．本居宣長は，幕府の命令で全国を測量し，正確な日本地図を作成した。

エ．吉田松陰は，私塾《しじゅく》である松下村塾《しょうかそんじゅく》を開き，多くの有能な人材を育てた。

⑺　下線部Ｇの政策の内容として正しいものを次のア～エから一つ選び，記号で答えなさい。

ア．日本人が海外に行くことを認めた。

イ．アメリカとの貿易は，平戸の出島のみで行われた。

ウ．キリスト教を禁止し，信者を取りしまった。

エ．外国との貿易は朱印状をあたえた大名や商人のみに認めた。

⑻　下線部Ｈの位置にある現在の都道府県名を書きなさい。

⑼　［　Ｉ　］にあてはまる国の現在の国名を書きなさい。

⑽　下線部Ｊの説明としてふさわしいものを次のア～エから一つ選び，記号で答えなさい。

ア．朝鮮で内乱がおこったことをきっかけに始まった。

イ．東郷平八郎が日本軍を率いてロシア艦隊《かんたい》を破った。

ウ．日本はロシアから賠償金《ばいしょうきん》と樺太の南部を得た。

エ．日本は干渉《かんしょう》を受け，戦争で手に入れた領土の一部を返した。

⑾　下線部Ｋの際に，日本軍が攻撃《こうげき》した真珠湾《しんじゅわん》の場所としてふさわしいものを次のページの【地図

3】中のア～エから一つ選び，記号で答えなさい。

【地図３】

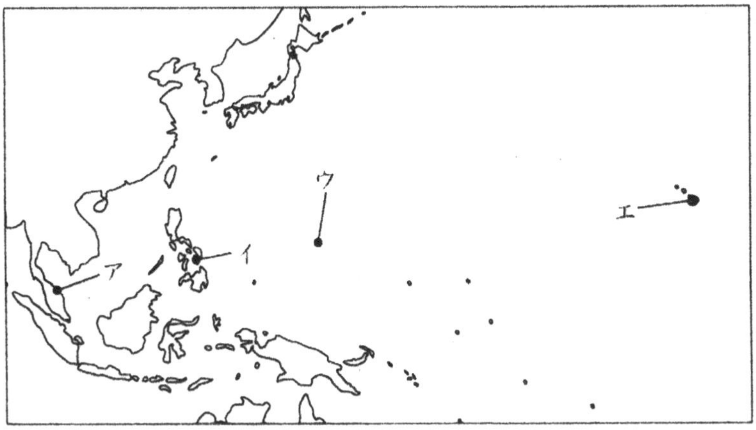

⑿　L　にあてはまる国際機関の名前を漢字４字で書きなさい。

⒀　次の【グラフ】は，下線部Ｍのころからの日本の経済成長率を示したものです。【グラフ】中のＸの時期の説明としてふさわしいものをあとのア～エから一つ選び，記号で答えなさい。

【グラフ】

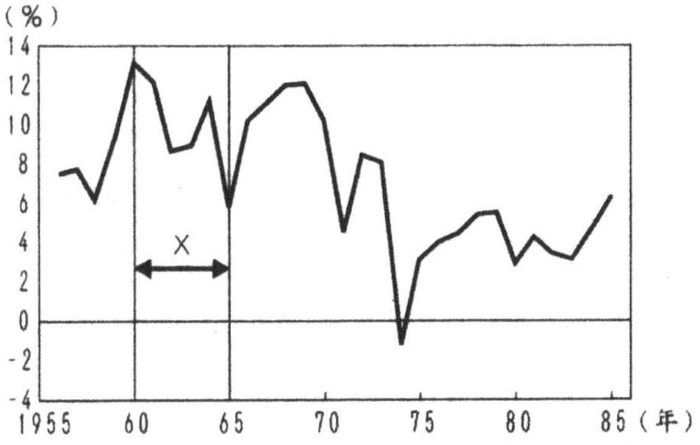

（内閣府「国民所得統計」）

ア．米や野菜，衣類などは，国が管理する配給制であった。
イ．土地などの価格が急激に高くなるバブル経済となった。
ウ．アジアで初となるオリンピックが東京で開かれた。
エ．西アジアでおきた戦争により石油危機がおこった。

３． 次の会話文を読み，あとの問いに答えなさい。

あかり：今日の社会の授業で，Ａ．日本国憲法について習ったね。

めぐみ：そうだね。日本国憲法を変えるためには，きびしい手続きが必要だから長い間変わらずにきたということを学んだよ。

あかり：とくに，平和主義については，Ｂ．国際社会でも評価されているみたい。

めぐみ：日本国憲法は，ほかに何について定められていたかな。

あかり：国の重要な役割を分担するＣ．国会・内閣・裁判所の働きについて定めているね。

めぐみ：私たちの身の回りのＤ．市区町村などについても定めているかな。

あかり：身近には感じにくいけれども，私たちのくらしにも日本国憲法が関わっていることがあるんだね。

⑴　下線部Aについて，次の問いに答えなさい。

①　日本国憲法についての説明として正しいものを次のア～エから一つ選び，記号で答えなさい。

ア．日本国憲法は1947年５月３日に公布された。

イ．基本原則の一つに，基本的人権の尊重がある。

ウ．天皇は日本の元首とされている。

エ．政治に参加する権利は生存権とよばれる。

②　日本国憲法で示された国民の義務についての説明として，ふさわしくないものを次のア～エから一つ選び，記号で答えなさい。

ア．保護者は，子どもに教育を受けさせなくてはならない。

イ．働くことは，義務であると同時に権利でもある。

ウ．税金の種類や対象者は法律によって定められている。

エ．成人は，選挙で必ず投票をしなくてはならない。

⑵　下線部Bについて，日本が国際社会に対して行ってきたＯＤＡの説明としてふさわしいものを，次のア～エから一つ選び，記号で答えなさい。

ア．各国の政府などから独立した民間の団体が行う活動である。

イ．政府により資金や技術を他国に提供する国際協力の活動である。

ウ．すべての人にとって使いやすい形や機能を考える活動である。

エ．持続可能な17項目《こうもく》の開発目標を達成するための活動である。

⑶　下線部Cについて，次の問いに答えなさい。

①　次のページの【資料１】中のＸの矢印で示した働きの説明としてふさわしいものをあとのア～エから一つ選び，記号で答えなさい。

ア．法律が憲法に違反《いはん》していないかを調べる。

イ．内閣を信任しないことを決議する。

ウ．国会の召集《しょうしゅう》を決める。

エ．政治が憲法に違反していないかを調べる。

【資料１】

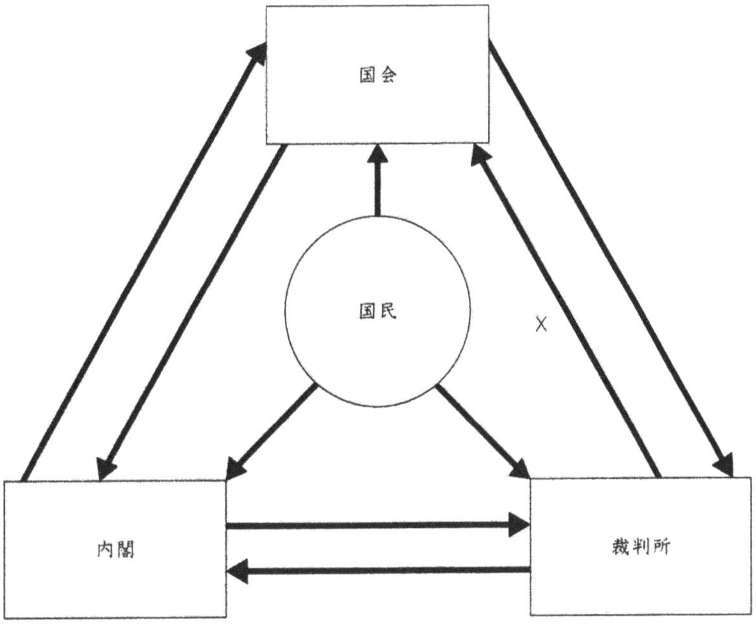

② 2023年に発足した内閣府の行政機関を次のア～エから一つ選び，記号で答えなさい。

ア．消費者庁　　イ．宮内庁《くないちょう》　　ウ．こども家庭庁　　エ．復興庁

⑷ 下線部Dについて，次の【資料２】は日本の市町村の歳出《さいしゅつ》の内訳を示している。このうち「福《ふく》祉《し》のための費用」は近年増加する傾向《けいこう》にある。その理由として考えられることを，【資料３】をもとに説明しなさい。その際，「福祉のための費用」の内容を明確にして説明すること。

【資料２】

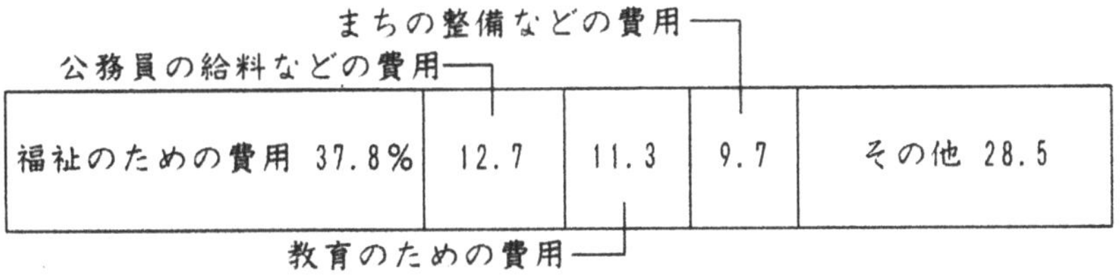

（2021年）　　（総務省　令和５年版『地方財政白書』）

【資料３】

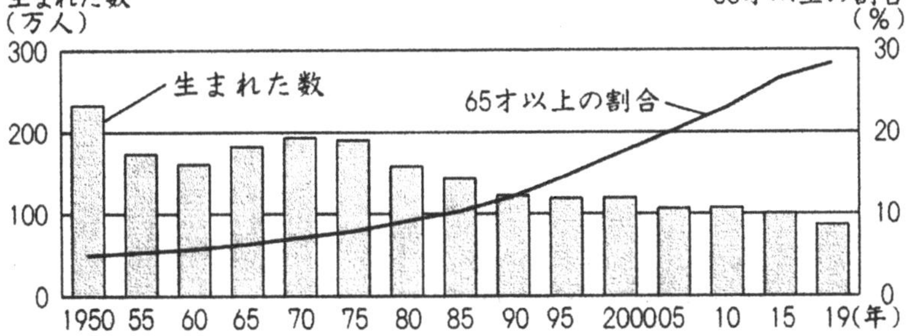

（厚生労働省資料ほか）

イ　海斗は、父の転職によって思い描《えが》いていたような生活を送れておらず、そのことについて真剣《しんけん》に考えることから逃げ、ごまかしつづけてきたが、健吾や倫太郎によって、今のままではよくないという思いに至り、問題に直面することを選んだ。

ウ　健吾は、一人っ子であり、親との結びつきが非常に強いことから、好きでもないサッカーをやらされたり、やめたあとも親に気を遣《つか》うなどしたりして気分が沈《しず》んでいたが、海斗や倫太郎の話を聞いて、気持ちを吹《ふ》っ切ることができた。

エ　健吾は、サッカーが好きな親のためにサッカーをしてきていたが、けがをしてサッカー部を辞めた後、親との間に距離《きょり》が生まれると、今までにない開放感を味わうことができたことから、父の仕事にこだわる海斗の気持ちが理解できない。

オ　倫太郎は、学校で苦労していることを打ち明けたことで海斗に対して恩を感じており、中学受験をあきらめることになったきっかけを作った父への複雑な思いを抱える海斗の気持ちに寄り添《そ》い、できるだけ力になってやろうとしている。

ア　親に恩を売り、うるさく干渉《かんしょう》されることを防ぐために、あえて熱心に弟の面倒を見るということ。

イ　弟を自分になつかせ、兄弟だけで自立して暮らしていくために、弟の面倒を見るということ。

ウ　父の勝手な振《ふ》る舞《ま》いを責め、母に不満をわかってもらうために、弟の面倒を見るということ。

エ　いろんなことがどうでもよくなり、単なる暇《ひま》つぶしで、目の前にいた弟の世話をしたということ。

オ　いやなことから目をそむけ、それらに向き合わないでいるために、自ら弟の面倒を見ていたということ。

問三　――線部③とありますが、それはなぜですか。〈　〉に入るふさわしいことばを、六十字以内で答えなさい。

・弟がいれば、〈　　〉と考えたから。

問四　――線部④とありますが、その理由としてふさわしいものを、次のア～オの中から一つ選び、記号で答えなさい。

ア　倫太郎も順調な日々を送っているわけではないということが、いい気味だと思ったから。

イ　倫太郎も苦労していることがあるという点で自分や海斗と同じであり、仲間意識を持ったから。

ウ　学校で苦労しているという倫太郎を、その問題を茶化すことで、なんとか励《はげ》ましたいと思ったから。

エ　自分や海斗と違《ちが》い、倫太郎が抱《かか》えている問題は大したことがないとからかってやりたかったから。

オ　自分だけが本音を明かしたことが急に照れくさくなり、倫太郎にも打ち明け話をさせたかったから。

問五　――線部⑤とありますが、このときの海斗の気持ちとしてふさわしいものを、次のア～オの中から一つ選び、記号で答えなさい。

ア　これまで怖《こわ》くて父に尋《たず》ねることができなかったが、仲のよい健吾と倫太郎にいっしょに来てもらうことで、父の仕事に関する本音を聞き出すことができるという気持ち。

イ　自分に弱みを見せた健吾と倫太郎なら、父の本当の仕事を明かしてもからかったり軽蔑《けいべつ》したりはしないだろうし、いざとなれば味方にもなってくれるだろうという気持ち。

ウ　健吾と倫太郎に話を聞いてもらって気持ちが晴れ、父に対するわだかまりも解けたため、何の仕事をしていてもいいが、その仕事を選んだ理由が知りたいという気持ち。

エ　本音を明かしてくれた健吾と倫太郎に、ありのままの自分を受け入れてもらえたことで、これまで正面から向き合うことをせずにきた父と話ができるという気持ち。

オ　健吾と倫太郎に本音を明かしたことで、父にも本音をぶつける決心ができ、父が今の仕事を選んだ理由に納得《なっとく》できなければ考え直してもらおうという気持ち。

問六　この話の登場人物たちの説明としてふさわしいものを、次のア～オの中から一つ選び、記号で答えなさい。

ア　海斗は、父が転職したために中学受験ができなかったことを今でも悔《く》いていて、父を恨《うら》む気持ちを誰《だれ》にも言えずに隠していたのだが、健吾や倫太郎が話を聞き出してくれたことによって、苦しみから解放されることができた。

だった。

次の電車に乗り換えると、今度はかなり混んでいて、もう話ができる感じではなかった。

三人がそれぞれ別の方向を向いて静かに立つ。

海斗は一人、くすりと笑った。

勇気を出していろいろ白状したわりに、二人の反応は思ったよりずっとあっさりしていて、海斗は必死に隠《かく》していたのがバカみたいだったなと思った。

そして今さら、どうして今日、自分がこの二人を誘《さそ》ったのかわかった気がした。

一人でわざわざ千葉まで出向くのは、憂鬱《ゆううつ》だった。途中《とちゅう》で怖《お》じ気《け》づいて逃げ帰ってしまうかもしれないという不安もあった。

そこで、二人がいればやっぱりやめたと逃げ帰らずにすむかもしれない。そんなストッパー的な存在になってもらいたいと考えていた。

だけど実は、もっと大きな役割を二人に期待していたのだ。

＊先に本音を白状してくれたこの二人になら、本当の話をしてもいい。いや、聞いてもらいたい。そう期待していたのだ。

誘えば来るような気がする、ではなく、二人にいっしょに来てほしかったのだ。そして、話を聞いてほしかったのだ。

そして、二人にバカにされたり、ひかれたりもせず、ありのままの自分を受け入れてもらった今、海斗は父さんにも本音をぶつけられる気がした。

なぜ、やりがいのある仕事をやめたのか、そして、なぜパン職人になりたいのか。

大丈夫《だいじょうぶ》。

ごまかさずに、勇気を出して、話ができそうだ。

海斗はそう気持ちをかためると、周囲にわからないように、⑤そっと細く息を吐いた。

（草野《くさの》たき『マイブラザー』）

＊ことばの意味

同窓会で総也が言ってた

……保育園の同窓会に連れて行った弟の総也が、父親のことを口走ったことを指す。

塾……倫太郎と海斗は同じ塾に通っていた。

健吾の言う通り

……ここより前の場面で、健吾が海斗に、総也を利用しているのではないかと指摘《してき》している。

サッカーやめた～つくらなきゃ

……健吾は足を痛めてサッカーをやめたのだが、両親の共通の趣味がサッカーであった。

先に本音を白状してくれたこの二人

……倫太郎と健吾は、ここよりも前の場面で、海斗に自分たちの現状について話をしている。

問一　――線部①とありますが、どのような「覚悟」ですか。〈　〉に入るふさわしいことばを、三十字以内で答えなさい。

・父親が〈　　　　〉という覚悟。

問二　――線部②とありますが、どのようなことを指してこのように言っているのですか。その説明としてふさわしいものを、次のア～オの中から一つ選び、記号で答えなさい。

ないよな」

「いや、それも違《ちが》ってさ」

海斗は弟の面倒は、その役割を担《にな》うことでいろんなメリットがあるからやっているだけで、親に頼まれてやってるわけではないことを話した。

「＊健吾の言う通りでさ。オレは総也の面倒を見ることで、いろんなことから逃《に》げてたんだよ。逃げるために、世話してきたんだよ」

「逃げるため？　そのために自ら総也の面倒、見つづけてるってこと？」

倫太郎も驚きで、さすがに声がでかくなる。

「そう、その通り！」

「なんか……②そんな面倒くさい逃げ方ってあるかよ。オレには、真似《まね》できないわ……」

倫太郎が、とうとう頭を抱《かか》え込《こ》む。

一方海斗は、健吾の顔をのぞきこんでつづけた。

「おまえ、いつから気づいてんだよ」

すると、健吾は気まずそうな顔で言った。

「いや、気づいてたっていうより、オレも総也みたいなのほしいなって思ってたからさ。気もまぎれるし、時間もつぶれて、いろんなことからうまく逃げられてうらやましく思ってたんだよ」

たしかに、健吾はよく③オレも弟がほしいと言っていた。

「一人っ子だと、親の期待も、絶望も全部背負うわけよ。だからこそ、＊サッカーやめたくらいで、オレが家族の新しい趣味《しゅみ》をつくらなきゃとか考えちゃうわけ。それが分散されるだけでも、兄弟がいるってうらやましいよ」

「おまえも相当、重症《じゅうしょう》だな」

海斗が呆れたように言うと、健吾は素直《すなお》に「まあな」とうなずいた。

「なあ、ちょっとさあ」

すると、話が見えない倫太郎が、不服そうに肘《ひじ》で健吾をどついた。

「健吾も重症って、なんだよ」

「いや、実はさ……」

健吾はそこで、サッカー部をやめた理由を、そのあとのギクシャクした家族のことなんかを手短に説明した。

「なんか……」

すると倫太郎がぼそりと言った。

「みんな、いろいろあるんだな……」

「そうだよ。海斗に聞いたぞ。おまえだって学校万苦労してんだろ？」

「まあな」

④なぜか嬉《うれ》しそうに突っ込む健吾に、倫太郎が素直にうなずく。

「まったくなんだよ。みんなそろいもそろって、オレたち中二病トリオかよ」

ウキウキとつづける健吾に、倫太郎が「嬉しそうに言うな」と肘でどつく。

「イテー！」

健吾が大袈裟《おおげさ》に痛がってみせると、倫太郎がハッとして立ち上がった。

「ヤベー、次、乗り換《か》えだ」

話に夢中になっていたせいか、ここまであっという間に到着《とうちゃく》した気分

の世界の見え方と脳の関係について筆者が述べようとしていることを、「脳の真価」という言葉を使って、六十字以内で答えなさい。

四

次の文章を読み、後の問いに答えなさい。

父親の転職で中学受験を断念した海斗《かいと》は、千葉にいる父に会いに行くのに、同じ保育園に通っていた倫太郎《りんたろう》と健吾《けんご》を誘《さそ》う。倫太郎は別の中学に通っているが、学校生活があまり充実《じゅうじつ》していない様子である。健吾は同じ中学に通っている。

朝早いせいか、まだ電車はあまり混んでいない。

窓から陽射《ひざ》しがさしこんで、海斗は眩《まぶ》しくて目を細めた。

三人でこうして並んで座《すわ》っているなんて初めてのことなのに、なぜか居心地《いごこち》の悪さや違和感《いわかん》は感じられない。

「お父さんとは、仕事の休憩《きゅうけい》時間にちょっと会うだけなんだろ?」

電車が出発してしばらくすると、倫太郎が言った。

「お父さん、土曜なのに仕事なの?」

①海斗は早速《さっそく》きたかと、覚悟《かくご》を決めて答えた。

「パン屋で働いてるから、土日のほうが忙《いそが》しいんだよ」

海斗は今日、父さんのことを聞かれたら、真実を話そうと決めていた。ごまかさず、本当のことを。

「えっ、パン屋?」

驚《おそろ》いた声をあげたのは、二人にはさまれて座っている健吾だった。

「*同窓会で総也《そうや》が言ってたのって、本当の話なのかよ」

「まだ、修行《しゅぎょう》中だけどな」

「そうなんだ……海斗の父さんって、会社でロボットが手術できるようにするための研究してるとか、そういう人じゃなかったっけ……」

一方、倫太郎はたいして驚く様子もなく、質問をつづけた。

「それは、*塾《じゅく》の自習室にいたよっちゃんだろ。うちの父さんは電気自動車を充電《じゅうでん》するための設備の研究とか、そういう類《たぐ》いの研究をしてたんだよ」

「ちょっと待て。それがなんでパン屋?」

健吾が信じられないという声で、たたみかけるように聞いてくる。

「だから、それを聞きに行くんだよ」

「今まで、聞かなかったのかよ」

「まあな」

健吾が呆《あき》れたように、息を吐《は》く。

すると、倫太郎がやっと納得《なっとく》できたという風な顔で言った。

「それで、海斗は受験あきらめたのか……」

「いや、受験はあきらめないでほしいって頼まれたけど、自分でやめたんだよ」

「なんで!」

驚きで健吾の声がまた、でかくなる。

「アタマにきたからだよ。突然《とつぜん》一流の格好いい仕事をやめて、家族を置いてパン職人を目指すヤツが自分の親だぞ。気持ちがぐれるだろ」

「それは……ぐれるな」

倫太郎が、大きくうなずく。

「そのうえ、弟の面倒《めんどう》も見ないといけなくなったんだもん、やってらん

文章中からぬき出しなさい。

ヒト

←　見えない

紫外線…〈　Ⅰ　六字　〉があるかどうかで見え方が変わる

→　見える＝紫外線は「〈　Ⅱ　三字　〉」

爬虫類・鳥類・昆虫など

問二　筆者の行った実験において――線部②にあたるものを、文章中から七字でぬき出しなさい。

問三　――線部③とありますが、このように述べるのはなぜですか。〈　〉に入るふさわしいことばを、三十字以内で答えなさい。

・私たちの身体が、〈　　　〉から。

問四　□に入る文としてふさわしいものを、次のア～オの中から一つ選び、記号で答えなさい。

ア　脳が巨大化すると、コストがかかるため、個々の神経細胞の成長が抑制されます

イ　脳が巨大化すると、コストの観点から、遠方の神経細胞と回路を築きにくくなります

ウ　脳が巨大化したため、コストがかからないように、近い神経細胞同士は回路を築きません

エ　脳が一定の大きさを超《こ》えると、コストがかからなくなり、神経細胞が活発化します

オ　脳の大きさにかかわらず、コストは一定なので、神経細胞はすみずみまで張りめぐらされます

問五　――線部④とありますが、それは何を確保するためですか。文章中から十八字でぬき出し、そのはじめの五字を答えなさい。

問六　この文章に書かれていることとして正しいものを、次のア～オの中から一つ選び、記号で答えなさい。

ア　ヒトは、体に備わっている感覚器官を用いることで豊かな世界を感じることができるが、哺乳類は一般的に他の動物たちよりも劣った感覚器官しか持っていないために、五感を駆使しても世界をありのままに感じることはできない。

イ　ヒトの感覚が他の動物よりも劣っているのは、脳の性能不足ではなく感覚センサーを持っていないためであるが、新たに手に入れた感覚器官を日常に活用できるかという実験でネズミを用いたのは、ネズミの感覚器官がすぐれているためである。

ウ　ヒトの脳は、無数の神経細胞によって複数のことを同時に行う並行処理が可能であるという点で、複数のデータを処理する際、一つひとつの演算を、高速ではあるが順番に処理することしかできないコンピューターの処理能力とは異なるものである。

エ　ヒトの脳は、高度な並行処理能力を備えており、その能力は同様の並行処理を行うことのできるネズミの能力を上回っているが、それはヒトの脳がネズミの脳よりも大きいためであり、体に占める脳の割合を考えれば、ヒトとネズミの脳の能力は同等である。

オ　ヒトの脳には、ネズミの脳にはない、神経細胞の成熟を抑止する役割を担《にな》うＳＲＧＡＰ２Ｃという遺伝子が備わっているが、この遺伝子についてはまだ解明されていないことが多く、ヒトの進化のためにはその謎《なぞ》を解き明かすことが必須《ひっす》となる。

問七　本文では、ヒトの世界の見え方について説明していました。ヒト

とえば、ワープロで作業しながら、別のウィンドウで計算処理ソフトを走らせることができます。しかし、それは表面上のことで、コンピューターの内部では、計算コアである中央演算処理装置（ＣＰＵ）が、一つひとつの演算を順番に処理しています。その逐次《ちくじ》処理があまりに高速なので、あたかも「同時」に処理しているように、ヒトには感じられるのです。

脳回路は並行処理しています。無数の神経細胞《さいぼう》が同時に一斉《いっせい》演算をしています。ラジオを聴《き》きつつ料理をし、その裏では転ばないように足や体躯《たいく》の筋肉を制御《せいぎょ》し、さらに肺で呼吸しながら血圧も調節する、などという、とんでもない曲芸が可能なのは、脳の高度な同時並行情報処理のおかげです。

並行処理は、ネズミの脳でもヒトの脳でも行われていますが、ヒトの並行処理能力は飛《と》び抜《ぬ》けています。ただし「だからヒトのほうが進化している」と言い切れない側面もあります。なぜなら並行処理は、脳のサイズが大きいことの必然的な帰結だからです。

脳が大きければ、当然、神経回路の配線にコストがかさみます。遠くの神経細胞とつながるためには長い線維《せんい》を伸《の》ばさねばなりませんし、配線のためのスペースやパーツ素材も確保しなくてはなりません。もちろん維持費《いじひ》もかかります。つまり、［　　］。

結局、物理的な制約から、ヒトの脳の神経結合は、近い細胞同士がつながった「局所回路」がメインとなります。だからヒトの脳では中央政権の統制力が弱まり、各領域が独立しがちになります。幸か不幸か、この構造的な限界から、並行処理が発達したというのが実情です。

ところで、局所回路という名称《めいしょう》は誤解を招きがちです。「局所」とは言いますが、ヒトの局所回路は、ネズミの脳全体のサイズよりも大きいほどです。つまり、微細なレベルでみれば、ヒトの脳では、ネズミに比べ、やはり遠方の神経細胞とつながっている率が高いともいえます。

実は、これもまた一筋縄ではいかない事実を突《つ》きつけます。ネズミの脳は発達が速く、受精から1か月弱で大人のサイズの脳になります。ですから、神経細胞が分裂増殖《ぶんれつぞうしょく》したら、すぐに周辺の神経細胞とシナプス結合を作ることができます。しかし、④ヒトの脳は何年もかけて成長します。神経細胞も長い時間をかけて徐々《じょじょ》に生まれてきますから、早く生まれた細胞同士が手っ取り早く回路を作ってしまったら、後から生まれた細胞が組み込まれる余地がなくなります。

このため、ヒトの脳では、神経細胞が生まれてもすぐに成熟しないように、抑制《よくせい》する機構が備わっています。ＳＲＧＡＰ２Ｃという遺伝子《いでんし》がそれです。この遺伝子が働くと、シナプスは「未熟」なまま、しばらく留まることができます。

ネズミにはＳＲＧＡＰ２Ｃがありません。では進化の過程で、いつＳＲＧＡＰ２Ｃが誕生したのでしょうか。緻密《ちみつ》な調査が行われた結果、約３４０万年前だと推測されました。ヒトの祖先アウストラロピテクスの時代です。この時期を境に、高等霊長目《こうとうれいちょうもく》の巨大《きょだい》な脳は、手当たり次第《しだい》に近隣《きんりん》回路を作ることなく、じっくりと丁寧《ていねい》に脳を育てるという戦略に変化しました。ＳＲＧＡＰ２Ｃは、いわばヒトの「大器晩成」を実現する遺伝子なのです。（池谷裕二《いけがやゆうじ》『脳はすこぶる快楽主義　パテカトルの万能薬《ばんのうやく》』）

問一　――線部①とありますが、次の図は、「ヒトの感覚」が「劣っている」と言えることについて、紫外線の見え方を他の生物と比べたものです。〈Ⅰ〉・〈Ⅱ〉に入るふさわしいことばを、指定された字数で

わずかに外れると、紫外線《しがいせん》や赤外線となり、目で見ることができません。一方、耳に聞こえる音は「可聴音」です。これより短波の音は超音波《ちょうおんぱ》と呼ばれ、やはり聞こえません。

ただし可視光や可聴音は、あくまで「ヒトにとっては」という限定的な定義です。たとえば紫外線は、爬虫類《はちゅうるい》や鳥類や昆虫《こんちゅう》など多くの生物には見えます。つまり動物界の大半において、紫外線は「可視光」なのです。可聴音も同じです。超音波でコミュニケーションする動物は、イルカやコウモリやネズミなど、哺乳類《ほにゅうるい》ですら珍《めずら》しくありません。

ヒトの「彩り豊か」な世界は、実は動物たちから見たら、とんでもなく色褪《いろあ》せたモノクロ世界でしょう。

では、①どうしてヒトの感覚はこれほど劣《おと》っているのでしょうか。脳の性能不足でしょうか。紫外線や超音波を扱《あつか》う動物の脳を見ても、ヒトよりも特段優《すぐ》れているようには思えません。おそらく感覚の能力を決定するのは、脳の性能ではなく、身体に感覚センサーを持つか持たないかでしょう。

しかし、これを証明した研究はありません。そこで、私たち自身で試《ため》してみることにしました。②新しい感覚器官が与《あた》えられたら、脳は柔軟《じゅうなん》に新たな感覚情報を読み解き、日常に活用できるでしょうか。

たとえば、私たちは地磁気《ちじき》を感じません。コンパスがなければ東西南北を知ることができません。では、地磁気センサーの電子チップを脳に移植したら、脳はこれを理解できるでしょうか。

ヒトは東西南北という方角の知識を、勉学を通じてすでに習得してしまっているので、研究対象としては不向きです。そこで私たちはネズミを用いました。2・5グラムの微小《びしょう》インプラントを独自に開発し、ネズミの脳に搭載《とうさい》すると、答えはすぐに判明しました。ネズミは方角の「意味」を解読し、これを活用してエサを探し出すことができたのです。

私たち自身でさえ、驚いたポイントが二つあります。一つは、目の見えないネズミに移植すると、あたかも見えているかのように自在に迷路《めいろ》を探索《たんさく》できたことです。おそらくヒトでも、視覚障害者の街歩きを磁気コンパスで補助できることでしょう。一例として白杖《はくじょう》に方位磁針を装着《そうちゃく》するなどの応用が考えられます。

もう一つは、「大人」のネズミの脳でも、わずか2日間の訓練で、地磁気感覚を習得できたという点です。幼少期からの訓練は不要でした。脳の計り知れない潜在能力《せんざいのうりょく》は、年をとってからでも拓《ひら》くことができるのです。

私たちは現在、脳をどれほど効果的に使いこなしているでしょうか。脳のリミッターは脳そのものではありません。能力を制限しているのは身体です。いま所有している五感センサーを利用している限りは、脳の真価は発揮できないでしょう。偏光《へんこう》、ラジオ波、気圧、放射線、湿度《しつど》、二酸化炭素――どれも私たちの身体はセンサーを備えていませんから感じることができません。こうした未知なる情報を知覚することができたら世界はどんなふうに見えるでしょう。③私たちの住む世界は、私たちが感じている以上に彩り豊かにちがいありません。

脳とコンピューターの差について、しばしば工学系の研究者は「コンピューターとは違《ちが》い、脳は高次な並行《へいこう》処理ができる」と指摘《してき》しています。並行処理とは複数のデータを同時に扱うことです。

日常に使うコンピューターも並行処理をしているように見えます。た

【国　語】〈五〇分〉　〈満点：一〇〇点〉

【注意】＊字数制限がある問題は、原則として「、」や「。」も一字に数えます（ただし、指示のあるものはのぞきます）。

一　次の①～⑥の――線部のカタカナを漢字になおしなさい。ただし、送りがなが必要なものは、送りがなも正しく送りなさい。また、⑦・⑧の――線部の漢字の読みを答えなさい。

①　物語のドウニュウ部分を読む。
②　マズシイ暮らしをぬけ出す。
③　ごみを分別してステル。
④　新聞をインサツする。
⑤　キケンな場所をさける。
⑥　北国のキコウを調べる。
⑦　効率がよい方法を選ぶ。
⑧　美術館で展示された絵を見る。

二　次の問いに答えなさい。

問一　次の――線部のことばを、ふさわしい敬語表現になおしなさい。

（１）母がお出しした果物をお客さまがおいしそうに食べた。
（ひらがな六字）

（２）先生からお借りした本を、家に帰ってさっそく見た。
（四字）

問二　次の文はいくつの文節からできていますか。算用数字で答えなさい。

きのう、家の庭に小鳥が来て、さわがしく鳴いた。

問三　次の□に漢字を一字ずつ入れて四字熟語を完成させなさい。

（１）□拳□得（一つのもので二つの利益を得ること）
（２）□刀□入（いきなり本題に入ること）

問四　次の慣用句の意味を、後のア～オの中から一つずつ選び、記号で答えなさい。

（１）根も葉もない　　（２）油を売る

ア　頭の回転が速いこと。　　イ　努力を重ねること。
ウ　何の根拠《こんきょ》もないこと。　　エ　まったく関心がないこと。
オ　仕事をなまけること。

問五　次の――線部の漢字と同じ部首の漢字を、後のア～オの中から一つ選び、記号で答えなさい。

彼《かれ》は探検のすえ、すばらしい財宝を手に入れた。

ア　材　　イ　眼　　ウ　見　　エ　貯　　オ　具

三　次の文章を読み、後の問いに答えなさい。

ヒトには「五感」があります。視覚、聴覚《ちょうかく》、嗅覚《きゅうかく》、味覚、そして温・冷・圧・痛などの皮膚《ひふ》内臓感覚の全5種の身体感覚です。体の感覚器官が、こうした情報を、驚《おどろ》くほどに巧妙《こうみょう》なしくみで感受してくれるおかげで、彩《いろど》り豊かな世界を感じることができます。

一方、私たちの感覚世界とは、そもそも一体何なのだろうかと不思議な気持ちも拭《ぬぐ》えません。たとえば鳥や虫は、ヒトと似た世界を感じているでしょうか。

光の中で、目に見える波長を「可視光」と呼びます。この波長範囲《はんい》を

2024年度

八千代松陰中学校入試問題（一般）

【算　数】（50分）　＜満点：100点＞

【注意】　＊ただし，問題１，５，６は途中《とちゅう》の式も書くこと。
　　＊分数は，それ以上約分できない分数で答えなさい。
　　＊円周率は3.14とします。

１． 次の □ にあてはまる数を求めなさい。（この問題は，途中の式も書く問題です。）

⑴　$64-4\times7+35=$ □

⑵　$9\times3.14+9\times6.86=$ □

⑶　$\left(\frac{2}{3}-\frac{1}{5}\right)\times20-\frac{1}{3}=$ □

⑷　$2\frac{5}{8}\div1.25-0.75\div\frac{3}{8}=$ □

⑸　$39+$ □ $\div8-12=34$

２． 次の □ にあてはまる数を求めなさい。

⑴　320㎞の道のりを走るのにガソリンを28Ｌ使う車があります。この車が24㎞の道のりを走るのに必要なガソリンは □ Ｌです。

⑵　ある図書館に置いてある本の種類を調べたところ，全体の６割が物語で，さらにその３割が洋書でした。この洋書が27冊あるとき，図書館の本は全部で □ 冊です。

⑶　ＡからＦの６人が10点満点の算数のテストを受けました。ＡからＤの４人の平均点は6.5点で，ＥとＦをあわせた６人の平均点はちょうど７点でした。また，ＥはＦより４点高い点数を取りました。このとき，Ｆの点数は □ 点です。

⑷　ある駅から，15分ごとに電車が，18分ごとにバスが出発しています。午前７時に電車とバスが同時に出発したとき，午前８時から午後８時までに電車とバスが同時に出発するのは □ 回です。

⑸　右の図１のように，正三角形を●の周りに並べると，正六角形ができます。図２のような二等辺三角形を，同じように●の周りに並べて正多角形を作るとき，出来上がる多角形は正 □ 角形です。

図１

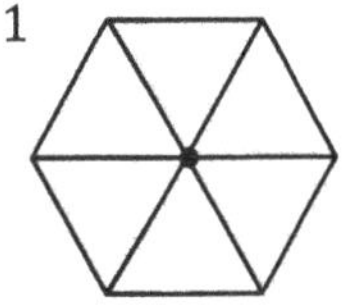

図２

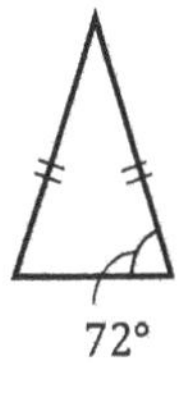

3． 次の各問いに答えなさい。

⑴　右の図で，四角形ＡＢＣＤはひし形です。 このとき，角アの大きさは何度ですか。

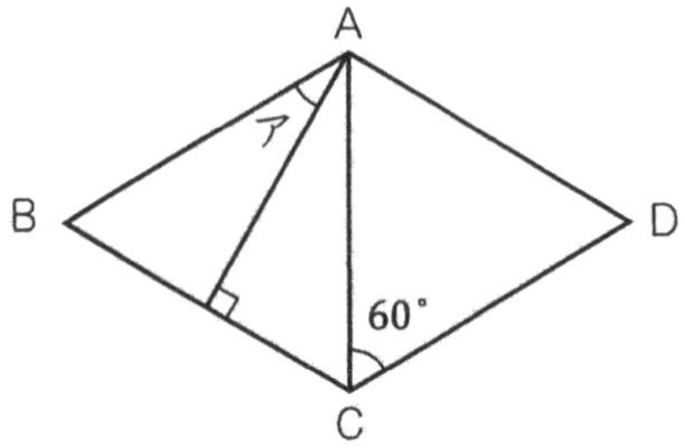

⑵　下の図のように，１から６までの数字が書かれている立方体のさいころを作ります。１の裏《うら》に６，２の裏に５，３の裏に４がくるようにして，それぞれの反対側の面の数字は上下逆さまになるようにします。このさいころの展開図を作るとき，4はどの面にあり，どのような向きになりますか。解答用紙にある展開図に書き入れなさい。

図１

図２　図１の矢印の方から見た図

⑶　右の図は，１辺が８㎝の正方形と，直径８㎝の円，半径８㎝の円の一部を組み合わせたものです。このとき，色のついた部分の面積は何㎠ですか。

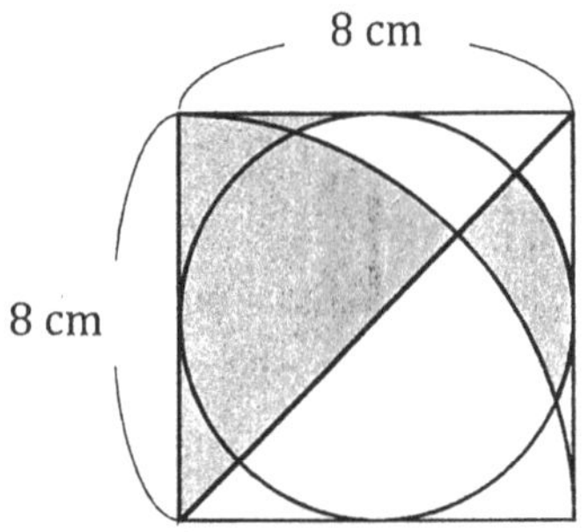

⑷　下の図は，直方体を２つ組み合わせてできた立体で，表面積が222㎠です。このとき，この立体の体積は何㎤ですか。

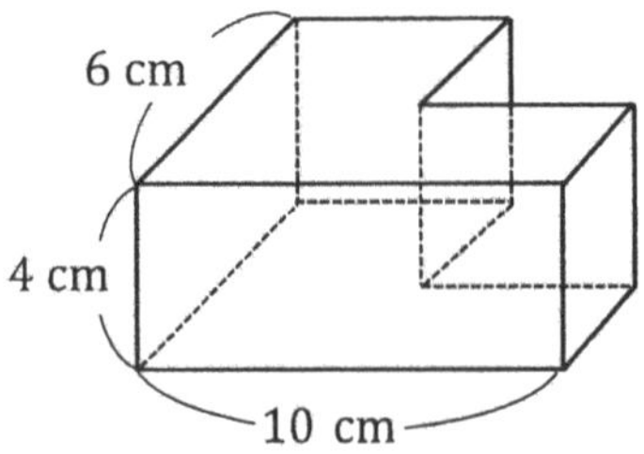

4． 右の図のような，中央に長方形の形をした仕切りが入った直方体の水そうがあり，右端《はし》に水そうと縦の長さが同じ直方体のおもりが置かれています。

この水そうの左側から一定の量の水を入れていきます。図1のグラフは，水を入れ始めてからの時間と水の高さを測った結果を表したものです。図2は，図1の ⬚ の部分を拡大して書き直したものです。このとき，次の各問いに答えなさい。

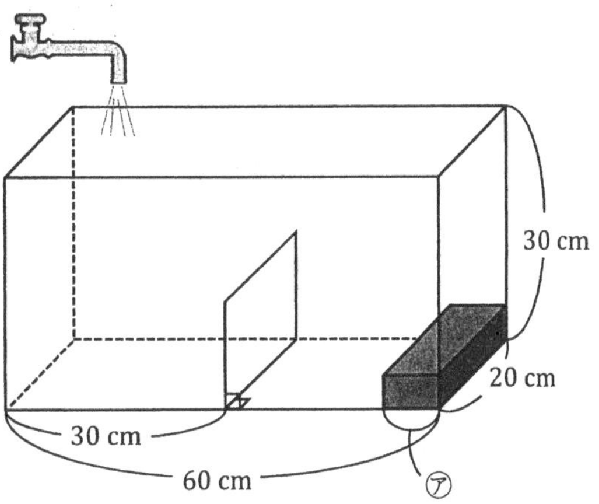

図 1

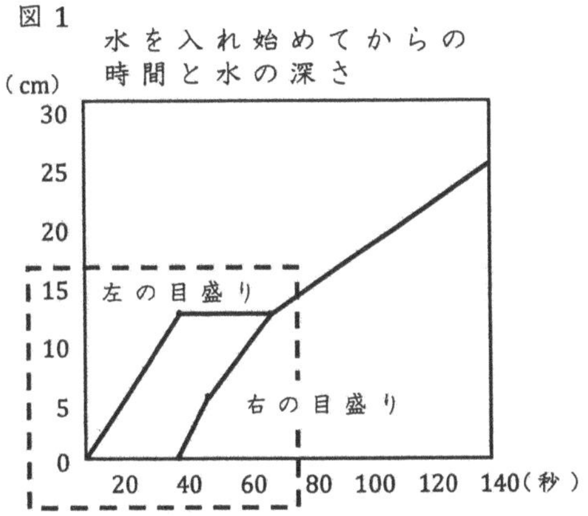

図 2

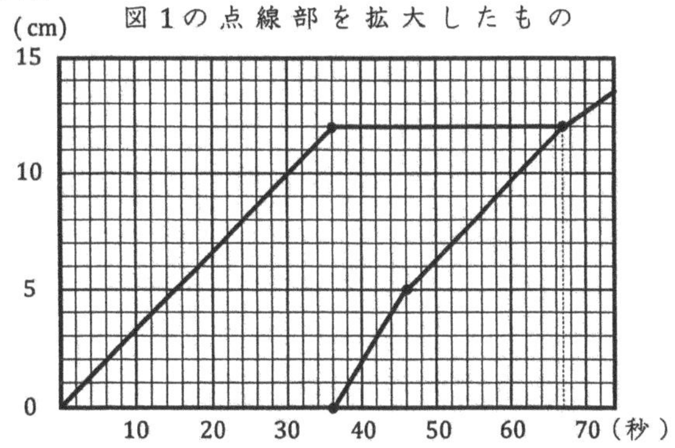

(1) 図2のグラフから，1秒間に入る水の量は何cm^3ですか。

(2) おもりの横の長さ（図の㋐の長さ）は何cmですか。

(3) この水そうがいっぱいになるのは，水を入れ始めてから何秒後ですか。

5． 下の図のように，ある規則にしたがって，数を並べていきます。このとき，次の会話文を読んで，後の各問いに答えなさい。（この問題は，途中の式も書く問題です。）

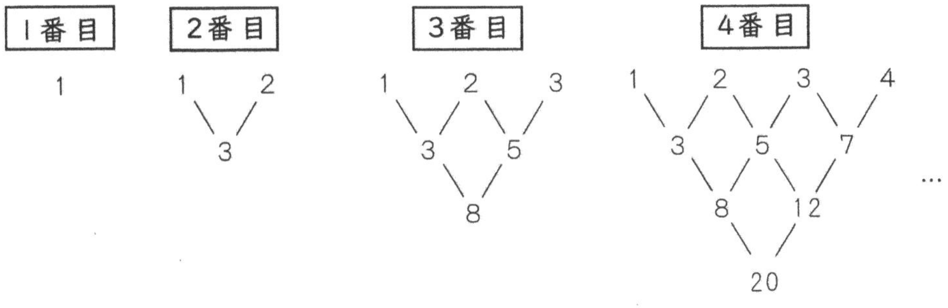

ゆうとさん「1段目に，1，2，3，……と数字が並んでいて，2段目からの数字は，左上と右上の2つの数の和になっているんだね。」

はるかさん「そうだね。その他にも，段ごとに数字の個数が違うね。7番目では，1段目に7個，

2段目に6個，3段目に5個，…と数字の個数が減っていって，7段目には数字が1個になる。つまり，7番目の図には全部で ［ア］ 個の数字があることになるね。」

ゆうとさん「それぞれの段の数字を見ると，1段目は1ずつ，2段目は2ずつ，3段目は4ずつ，4段目は8ずつ増えていって，6段目は，数字が ［イ］ ずつ増えていくはずだね。そうすると，『6段目の左から8番目の数』は，［ウ］ になるね。」

はるかさん「どの図も最後の段は数字が1つになるけど，この数は計算で求められないかな。」

ゆうとさん「それってつまり，左端《はし》に並ぶ数を求めることだよね。左端の数は1つ上の段の左端と左から2番目の数の和だから，それでわかるんじゃないかな。」

(1)　会話文にある ［ア］ ～ ［ウ］ にあてはまる数を答えなさい。

(2)　上から15段目に10個の数字が並ぶのは何番目の図ですか。

(3)　10番目の図のいちばん下の段の数を答えなさい。

6． 右の図のように，1辺が2cmの立方体の積み木を，縦，横，高さ方向に3個ずつ，全部で27個の立方体を並べてつくった大きな立方体から，積み木を取り除いてつくった立体があります。この立体の表面積が，168cm^2であるとき，次の各問いに答えなさい。

（この問題は，途中の式も書く問題です。）

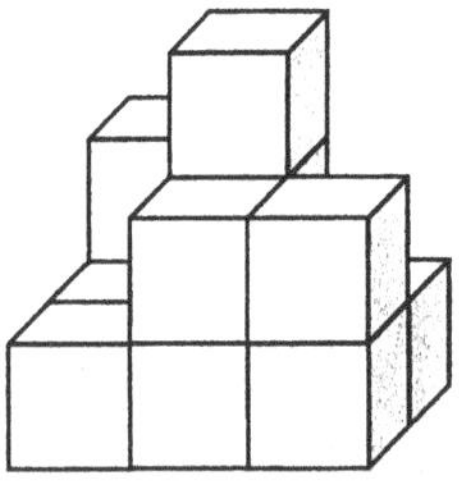

(1)　この立体の体積は何cm^3ですか。

(2)　この立体の表面積を168cm^2から変えないようにして，いくつかの積み木を積んでいきます。体積を最大にするとき，その体積は何cm^3ですか。

(3)　この立体にいくつかの積み木を積んだところ，右の図のようになりました。このような見え方をする積み木の積み方は全部で何通りですか。

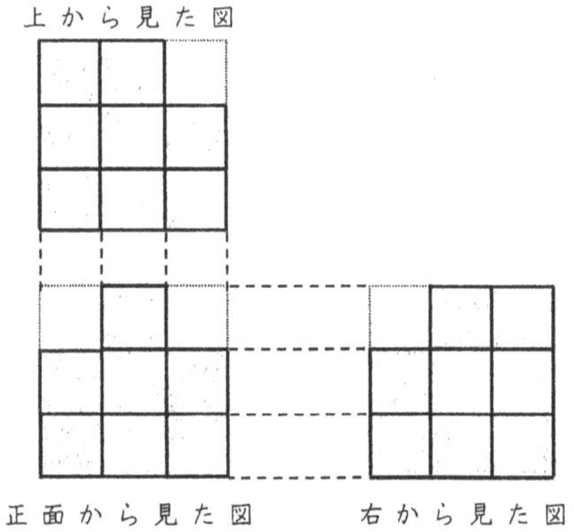

【理　科】（35分）　＜満点：75点＞

【注意】　＊割り切れない答えは，四捨五入して小数第１位まで求めなさい。

１．次の(1)～(14)に答えなさい。

(1)　窒素《ちっそ》について説明したものを，次のア～エの中からすべて選び，記号で答えなさい。

ア．無色で，においはない。　　イ．水にとけやすい。

ウ．空気の体積の約78％を占《し》めている。　　エ．空気より重い。

(2)　砂糖水は何性の水溶液《すいようえき》か答えなさい。

(3)　酸化銀を加熱すると発生する気体は何か答えなさい。

(4)　イヌやキツネは，セキツイ動物のうち何類か答えなさい。

(5)　種子をつくらない植物を次のア～エの中から１つ選び，記号で答えなさい。

ア．マツ　　イ．ソテツ　　ウ．イネ　　エ．イヌワラビ

(6)　昆虫《こんちゅう》の体にある呼吸のために空気を取り入れる穴を何というか答えなさい。

(7)　2024年に発行が予定されている日本の新紙幣《しんしへい》の肖像《しょうぞう》に採用された，破傷風を予防・治療《ちりょう》する方法を開発した微生物《びせいぶつ》学者の名前を答えなさい。

(8)　流れる水のはたらきについて，川の上流より下流のほうが大きいものはどれか，次のア～カの中から１つ選び，記号で答えなさい。

ア．堆積《たいせき》作用のみ　　イ．侵食《しんしょく》作用のみ　　ウ．運搬《うんぱん》作用のみ

エ．堆積作用と侵食作用　　オ．堆積作用と運搬作用　　カ．侵食作用と運搬作用

(9)　オリオン座にある１等星はリゲルと何か答えなさい。

(10)　アンモナイトが主に栄えた地質年代を，次のア～ウの中から１つ選び，記号で答えなさい。

ア．古生代　　イ．中生代　　ウ．新生代

(11)　2023年８月，月の南極付近への探査機の着陸を世界で初めて成功させた国はどこか答えなさい。

(12)　次のア～エの中で，音が伝わる速さが最も大きいものを１つ選び，記号で答えなさい。

ア．空気　　イ．水　　ウ．鉄　　エ．真空

(13)　ゴムなどがもつ，変形させられたものが，もとにもどろうとする性質を何というか答えなさい。

(14)　図のように，実験用てこの左うでの「４」の位置に10ｇのおもりを３個，右うでの「３」の位置に10ｇのおもりを２個つり下げました。このとき，右うでの「６」の位置に10ｇのおもりを何個つり下げれば，てこは水平につりあうか答えなさい。

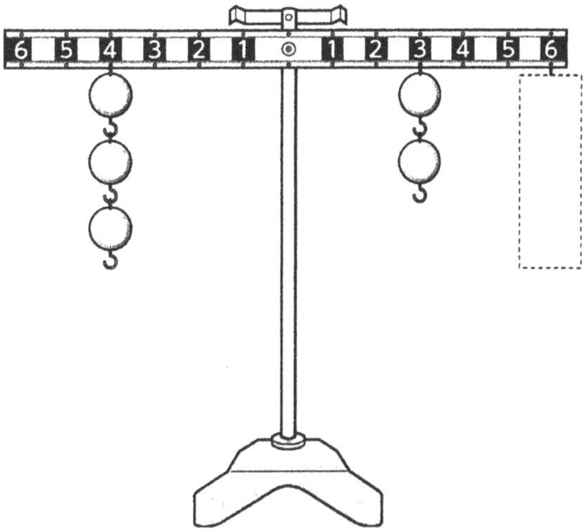

2． 次の文章を読んで，あとの⑴～⑷に答えなさい。

水の状態の変化について調べるために，ビーカーに100 g の氷を入れて，温度をはかりながら一定の強さで加熱しました。図は，このときの温度の変化をグラフで表したものです。

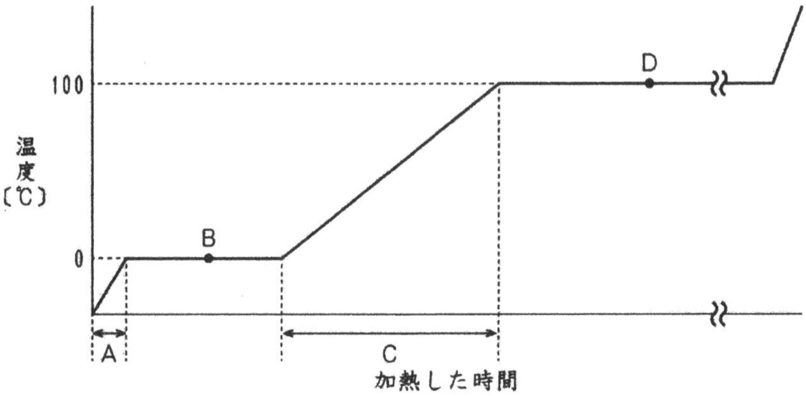

⑴　氷がとけて液体の水になり始める温度を何というか答えなさい。

⑵　図のDのときの水の状態を，次のア～オの中から１つ選び，記号で答えなさい。

ア．すべて固体である。　　イ．固体と液体が混ざっている。
ウ．すべて液体である。　　エ．液体と気体が混ざっている。
オ．すべて気体である。

⑶　加熱の強さを変えずに，氷の量を50 g にして実験を行ったとすると，温度の変化のグラフはどのように変わると考えられるか。次のア～エの中から１つ選び，記号で答えなさい。

ア．A，Cの時間が短くなる。　　イ．A，Cの時間が長くなる。
ウ．B，Dの温度が低くなる。　　エ．B，Dの温度が高くなる。

⑷　水は状態が変化すると，体積が変化します。これについて，次の①，②に答えなさい。

①　水の状態が変化すると体積が変化するのには，水をつくるつぶである水分子の運動が関係しています。水が液体から気体になるとき，水分子の運動はどのように変化するか。簡潔に答えなさい。

②　水が液体から気体（100℃の水蒸気）になると，体積は何倍になるか。次の【条件】を用いて計算し，この問題では四捨五入して整数で答えなさい。

【条件】

・液体の水の密度を１ g / cm^3 とする。
・水蒸気の体積は，０℃のときの密度を0.0008 g / cm^3 として，温度が１℃上がるごとに，０℃のときの体積の$\frac{1}{273}$ずつ増える。

3． 次の文章を読んで，あとの⑴～⑸に答えなさい。

たくみさんは，ヒトの消化についてまとめたあと，だ液のはたらきを調べるために実験を行いました。

<まとめ>

図１（次のページ）は，ヒトの消化に関わる体のつくりを表している。ヒトが食べた物は，①消化管を通るうちに②だ液や③胃液などの消化液で消化されて別の物質に変わり，最終的に④小腸か

ら吸収される。

図 1

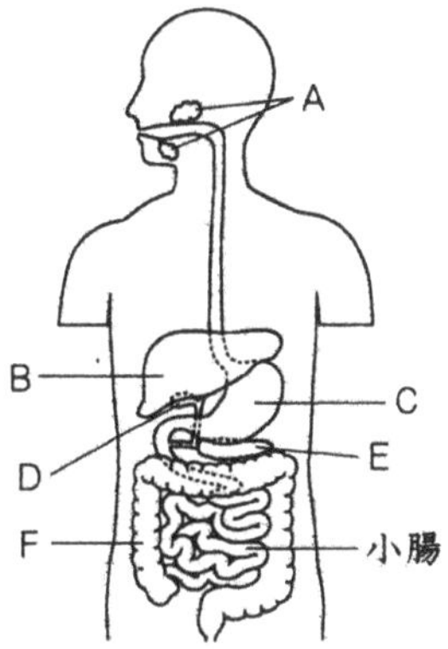

＜実験＞

試験管X，Yを用意し，それぞれの試験管に米のとぎ汁《じる》を10mL入れた。さらに試験管Xには水でうすめただ液を２mL，試験管Yには水を２mL入れ，図２のように，それぞれの試験管を40℃の湯につけて，しばらくあたためた。その後，それぞれの試験管にヨウ素液を加えたところ，⑤試験管Yの液は青紫色《あおむらさきいろ》にそまった。

図 2

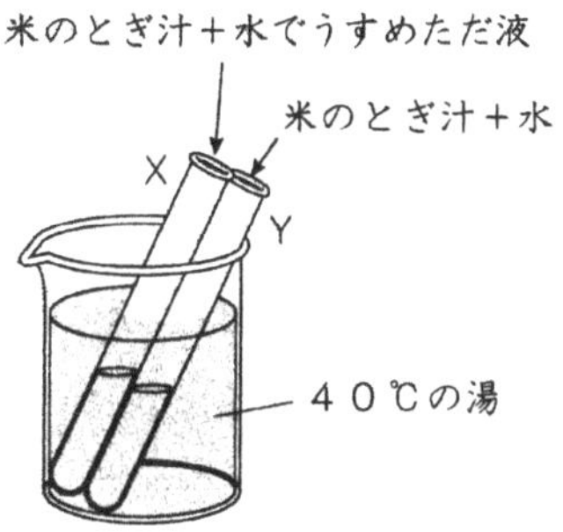

(1)　下線部①にあてはまる臓器を図１のＡ～Ｆの中からすべて選び，記号で答えなさい。

(2)　下線部②，③の消化液にふくまれる消化酵素《こうそ》を，次のア～オの中からそれぞれ１つずつ選び，記号で答えなさい。

ア．トリプシン　　イ．リパーゼ　　ウ．ペプシン　　エ．マルターゼ　　オ．アミラーゼ

(3)　下線部④について，小腸で吸収された養分の一部をたくわえるはたらきをもつ臓器の名称と，その臓器の別のはたらきの組み合わせとして正しいものはどれか。次のア～カの中から１つ選び，記号で答えなさい。

	名称	別のはたらき
ア	すい臓	アンモニアを尿素《にょうそ》に変える。
イ	すい臓	血液から不要な物質をこしとる。
ウ	肝臓《かんぞう》	アンモニアを尿素に変える。
エ	肝臓	血液から不要な物質をこしとる。
オ	腎臓《じんぞう》	アンモニアを尿素に変える。
カ	腎臓	血液から不要な物質をこしとる。

(4)　下線部⑤の変化から，試験管Yの液には何があることがわかるか答えなさい。

(5)　たくみさんが追加で行った実験について説明した次のページの文の（Ⅰ）～（Ⅲ）にあてはまるものを，あとのア～カの中からそれぞれ１つずつ選び，記号で答えなさい。

試験管をつける湯の温度を40℃にしたのは，口の中と同じくらいの温度にするためである。温度が低すぎたり高すぎたりすると，だ液にふくまれる消化酵素がはたらかない。

このことを確かめるために，たくみさんは試験管Ｚを用意し，米のとぎ汁10mLと（　Ⅰ　）２mLを入れ，試験管Ｚを80℃の湯につけて，しばらくあたためた。そのあと，試験管Ｚにヨウ素液を加えたところ，試験管Ｚの液の色は（　Ⅱ　）。この結果を，（　Ⅲ　）の結果と比べることで確かめられる。

ア．水でうすめただ液　　イ．水　　ウ．変化しなかった
エ．青紫色にそまった　　オ．試験管Ｘ　　カ．試験管Ｙ

４． あおいさんとたくみさんが天体観測を行ったときの会話文を読んで，あとの(1)～(5)に答えなさい。

あおいさん　太陽がしずんで暗くなってきたね。西の空では，A月の下の方に明るく光る星が見えるね。

たくみさん　あれは（　ｉ　）だね。夕方の西の空に見える（　ｉ　）は「よいの明星」ともよばれているよ。

あおいさん　（　ｉ　）は地球と同じB太陽系の惑星《わくせい》だね。ほかの惑星も見えるのかな。

たくみさん　あまり明るくはないけど，月の近くに（　ii　）が見えているよ。

あおいさん　本当だ。（　ii　）にはオリンポス山という火山があるらしいね。

たくみさん　太陽系には８つの惑星があるね。太陽系の天体の特徴《とくちょう》をまとめてみよう。

表＜太陽系の天体＞

天体	半径（km）	太陽からの距離《きょり》（億km）	自転周期（日）	公転周期（年）	大気の主成分	平均表面温度（℃）
太陽	696000	—	25.38	—	水素	6000
水星	2440	0.58	58.6	0.24	ほぼなし	170
金星	6052	1.08	243.02	0.62	二酸化炭素	460
地球	6378	1.50	0.997	1.00	窒素，酸素	15
月	（　iii　）	—	27.3	—	ほぼなし	－15
火星	3396	2.28	1.03	1.88	二酸化炭素	－60
木星	71492	7.78	0.41	11.86	水素，ヘリウム	－150
土星	60268	14.29	0.44	29.46	水素，ヘリウム	－180
天王星	25559	28.75	0.72	84.02	水素，ヘリウム	－215
海王星	24764	45.04	0.67	164.77	水素，ヘリウム	－215

⑴　会話文中の（ⅰ），（ⅱ）にあてはまる惑星の組み合わせを，次のア～カの中から１つ選び，記号で答えなさい。

ア．ⅰ　水星　　ⅱ　金星　　　イ．ⅰ　金星　　ⅱ　水星
ウ．ⅰ　金星　　ⅱ　火星　　　エ．ⅰ　火星　　ⅱ　金星
オ．ⅰ　火星　　ⅱ　水星　　　カ．ⅰ　水星　　ⅱ　火星

⑵　会話文中の下線部Ａについて，このときの月の見え方を，次のア～エの中から１つ選び，記号で答えなさい。

ア．満月　　イ．上弦《じょうげん》の月　　ウ．下弦《かげん》の月　　エ．三日月

⑶　会話文中の下線部Ｂについて，それまでは惑星とされていたが，2006年の国際天文学連合（IAU）の総会で，惑星ではないと決定された天体は何か答えなさい。

⑷　表の（ⅲ）にあてはまる数値（月の半径）を，次のア～エの中から１つ選び，記号で答えなさい。

ア．869　　イ．1737　　ウ．3474　　エ．6948

⑸　惑星の表面温度は太陽に近いほど高くなると予想されますが，金星の表面温度は水星よりずっと高くなっています。この原因と考えられることを，表の情報から簡潔に答えなさい。

５． 次の文章を読んで，あとの⑴～⑸に答えなさい。

あおいさんは，身の回りの光が関係する次の現象Ａ～Ｃについて考えました。

＜現象Ａ＞
虫めがねを通して新聞を見ると，文字が大きく見えた。

＜現象Ｂ＞
水が入ったカップの底にあるコインを見ると，コインがうき上がって見えた。

＜現象Ｃ＞
洗面所の鏡で自分の姿を見ると，頭のてっぺんからへその位置までがうつっていた。

⑴　現象Ａで見えている像についての説明として正しいものを，次のア～エの中から１つ選び，記号で答えなさい。

ア．実際に光が集まってできている実像であり，もとの物体と上下左右が同じである。
イ．実際に光が集まってできている実像であり，もとの物体と上下左右が逆である。
ウ．実際には光が集まっていない虚像《きょぞう》であり，もとの物体と上下左右が同じである。
エ．実際には光が集まっていない虚像であり，もとの物体と上下左右が逆である。

⑵　現象Ａについて説明した次の文の（①）にあてはまることばを答えなさい。また，（②）にあてはまるものを，あとのア～ウの中から１つ選び，記号で答えなさい。

　このとき，新聞は，虫めがねのレンズの（　①　）より近くにある。ここから，虫めがねを新聞に近づけていくと，文字の大きさは（　②　）。

ア．大きくなる
イ．小さくなる
ウ．変わらない

⑶　現象Ｂについて，コインの中央から出た光はどのような経路で目に入りましたか。次のページのア～エの中から１つ選び，記号で答えなさい。

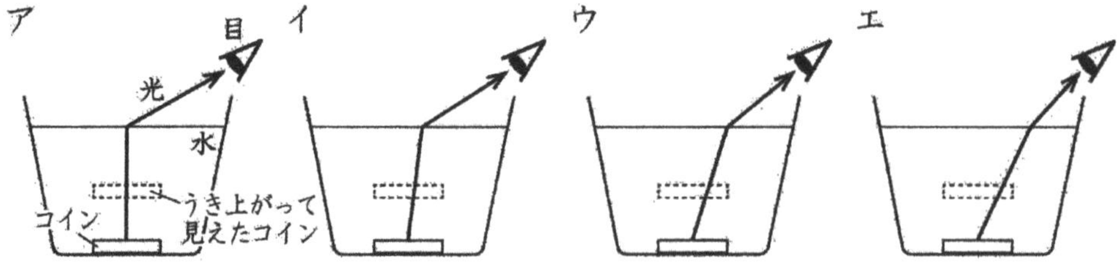

⑷　現象Cについて，あおいさんは，鏡に近づいたり，鏡から遠ざかったりして，鏡にうつる自分の体の範囲《はんい》がどう変わるかを調べました。その結果を簡潔に答えなさい。

⑸　あおいさんは，身長が150㎝で目線の高さが140㎝です。あおいさんの父は，身長が175㎝で目線の高さが165㎝，あおいさんの母は，身長が162㎝で目線の高さが152㎝です。この3人全員が，立った状態で全身を長方形の鏡にうつすためには，縦の長さが最低何㎝の鏡が必要か。また，その鏡の下端《かたん》が床《ゆか》から何㎝の高さになるように設置すればよいか。それぞれ答えなさい。

【社　会】（35分）　＜満点：75点＞

【注意】　＊答えを書くとき，漢字で書けるものは，すべて漢字で書きなさい。

１．次の問いに答えなさい。

⑴　次の【地図１】を見て，あとの問いに答えなさい。なお，【地図１】には経線と緯《い》線《せん》が15度ごとに引かれています。

【地図１】

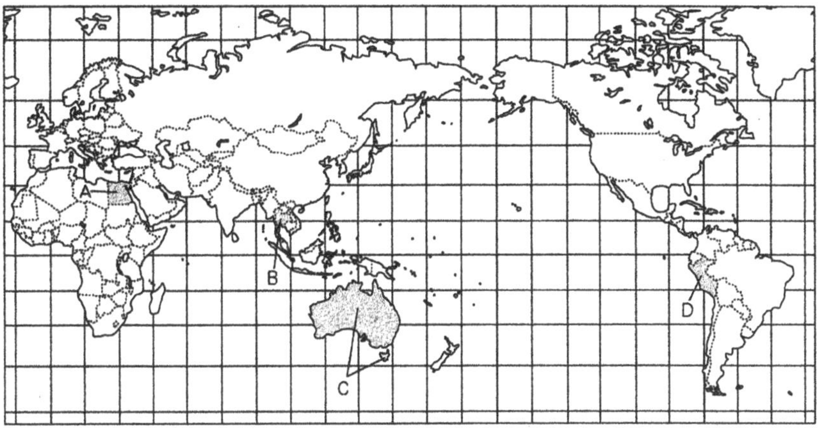

①　日本を通る経度を次のア～エから一つ選び，記号で答えなさい。

ア．経度０度　　イ．東経45度　　ウ．東経90度　　エ．東経135度

②　【地図１】中のＡ～Ｄの国のうち，次の説明にあてはまる国を一つ選び，記号で答えなさい。

この国は赤道よりも南に位置し，西側には太平洋が広がっている。

⑵　次の【地図２】を見て，あとの問いに答えなさい。

【地図２】

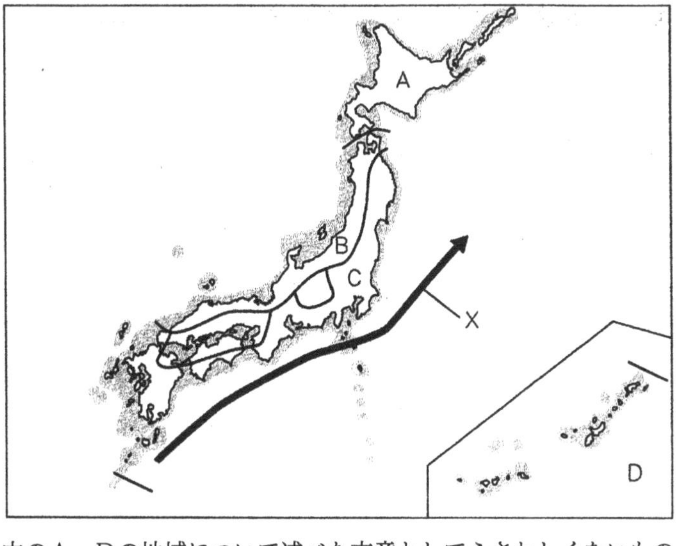

①　【地図２】中のＡ～Ｄの地域について述べた文章としてふさわしくないものを次のページのア

～エから一つ選び，記号で答えなさい。

ア．Ａは，冬の寒さがきびしく，雨は少ない。

イ．Ｂは，冬の降水量が多く，雪も多くふる。

ウ．Ｃは，夏がむし暑く，冬に雨が多くふる。

エ．Ｄは，１年を通してあたたかく，雨が多くふる。

②　【地図２】中のＸの海流についての説明としてふさわしいものを次のア～エから一つ選び，記号で答えなさい。

ア．日本海流とよばれる暖流である。

イ．日本海流とよばれる寒流である。

ウ．千島《ちしま》海流とよばれる暖流である。

エ．千島海流とよばれる寒流である。

③　【地図２】中の  で表した，領土の海岸線から12海里までの海を何というか，答えなさい。

⑶　次の【地図３】を見て，あとの問いに答えなさい。

【地図３】

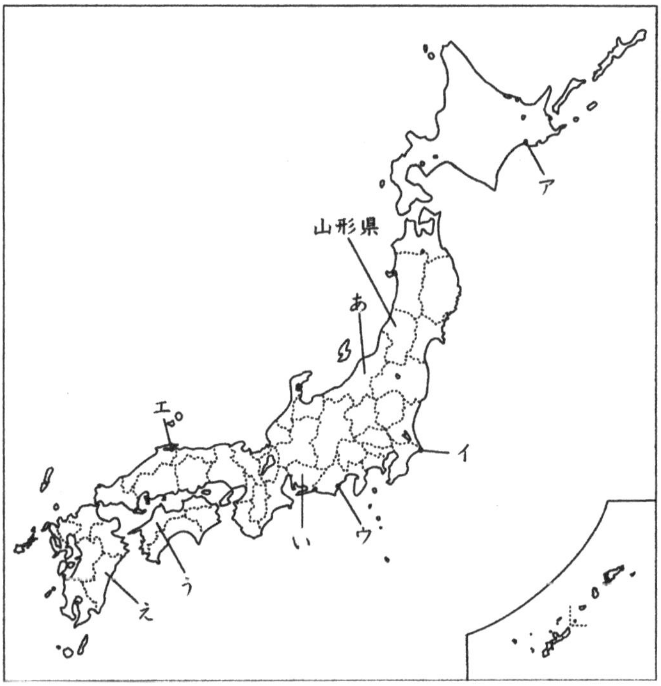

①　次のページの【表１】中のＡ～Ｄは，【地図３】中のあ～えの都道府県のいずれかを示しています。Ａにあてはまる都道府県名を答えなさい。

【表１】

	農業産出額（億円）	農業産出額の内訳（億円）				
		米	野菜	果実	畜産《ちくさん》	その他
A	1226	150	197	532	258	89
B	2526	1503	321	92	485	125
C	2893	274	1011	195	831	582
D	3348	173	681	129	2157	208

（2020年）　　（農林水産省『生産農業所得統計』）

② 【地図３】中のア～エのうち，日本有数の水あげ量をほこる銚子港《ちょうしこう》にあてはまるものを一つ選び，記号で答えなさい。

③ 【地図３】中の山形県では，1960年代後半から次の【図】のように水田が整備されました。水田が整備されたことでどのような変化がありましたか。【図】からわかる２つの変化を，あとの【グラフ１】の内容にふれながら説明しなさい。

【図】

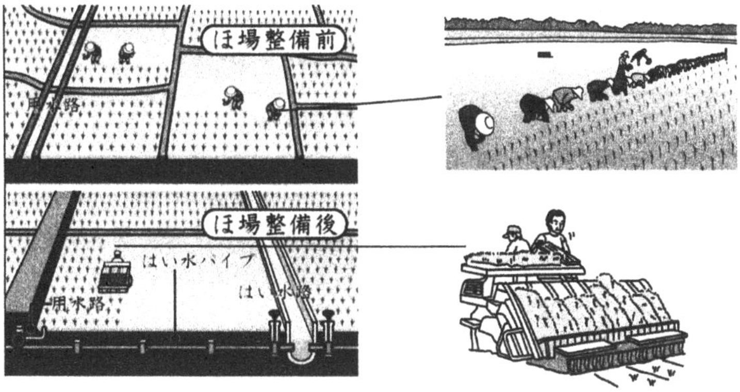

【グラフ１】

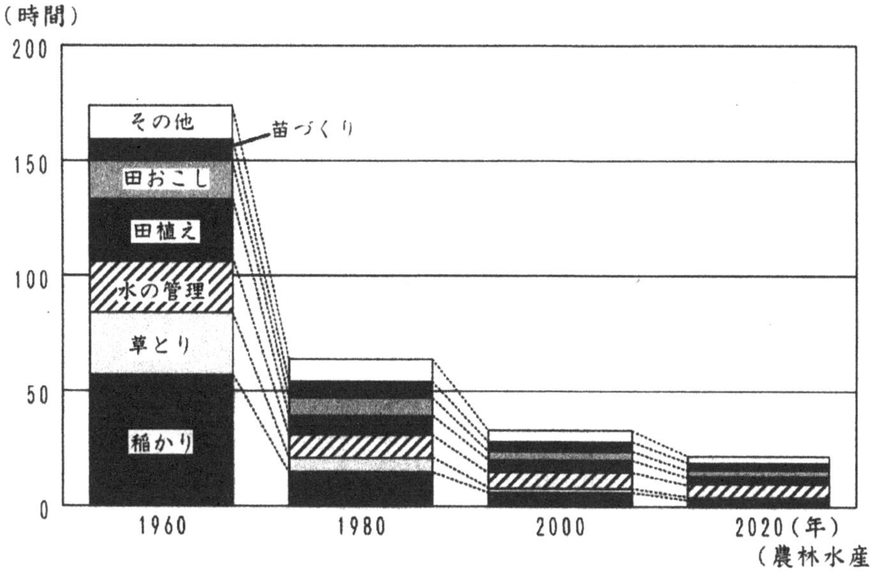

（農林水産省）

⑷　次の問いに答えなさい。

①　次の【グラフ２】中のａ～ｄは，京浜《けいひん》，中京，阪神，北九州の工業地帯・地域のいずれかを示しています。ｂの工業地帯・地域にふくまれている県としてふさわしいものをあとのア～エから一つ選び，記号で答えなさい。

【グラフ２】

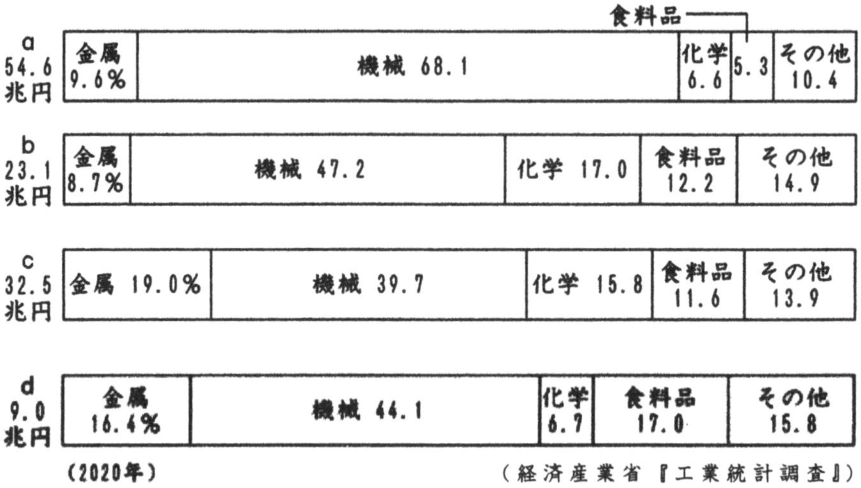

ア．愛知県　　イ．神奈川県　　ウ．兵庫県　　エ．福岡県

②　日本の食料自給率の推移を示した次の【グラフ３】中のＡ・Ｃにあてはまる品目の組み合わせとしてふさわしいものをあとのア～エから一つ選び，記号で答えなさい。

【グラフ３】

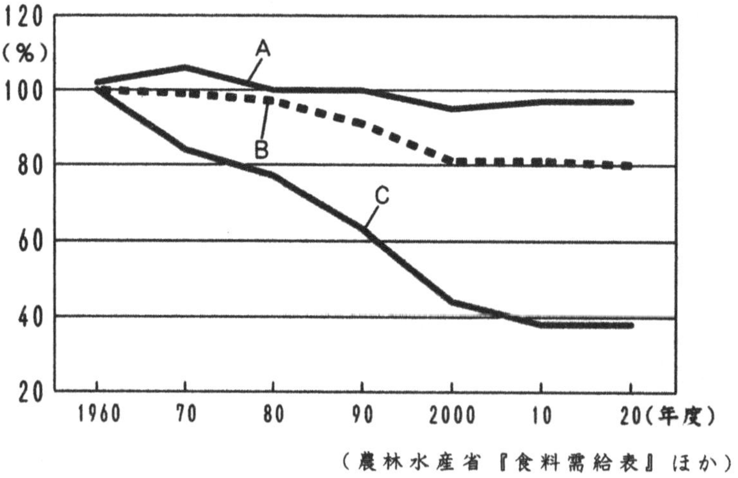

ア．Ａ－小麦　　Ｃ－米　　　イ．Ａ－果実　　Ｃ－小麦

ウ．Ａ－米　　　Ｃ－小麦　　エ．Ａ－米　　　Ｃ－果実

③　レタスの都道府県別生産量の割合を示した次のページの【グラフ４】中のＸにあてはまる都道府県名を答えなさい。

【グラフ４】

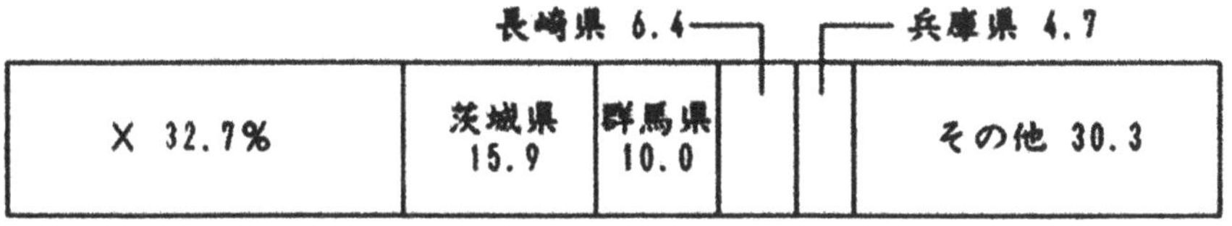

（2021年）　　　　（農林水産省『野菜生産出荷統計』）

④　日本のおもな海上貨物と航空貨物を示した次の【表２】中のＡ・Ｂにあてはまる品目の組み合わせとしてふさわしいものをあとのア～エから一つ選び，記号で答えなさい。

【表２】

海上貨物	航空貨物
A	B

（2021 年）　　　　（国土交通省『数字で見る海事 2022』）

ア．Ａ－自動車　　　Ｂ－医薬品
イ．Ａ－鉄鋼　　　Ｂ－鉱産資源
ウ．Ａ－事務用機器　　　Ｂ－電気製品
エ．Ａ－化学光学機器　　　Ｂ－半導体等電子部品

⑤　次の説明にあてはまる都道府県名を答えなさい。

> この都道府県は，海に全く面していません。山から平地に出たところには扇状地《せんじょうち》が広がっており，扇状地でつくられるぶどうやももの生産量は全国で最も多くなっています。

２． 次の文章を読み，あとの問いに答えなさい。

日本では，今から１万2000年ほど前からａ．縄文時代が始まりました。今から2400年ほど前には米づくりが大陸から伝わり，弥生時代が始まりました。３世紀後半ごろからは，各地に大型の古墳がつくられるようになり，古墳時代とよばれています。ｂ．6世紀後半には飛鳥地方に都をおいた飛鳥時代が始まりました。710年に都が平城京に移されたことで奈良時代が始まり，794年に平安京に都が移されｃ．平安時代が始まりました。平安時代の中ごろから武士が登場し，12世紀後半に鎌倉幕府が開かれ，ｄ．鎌倉時代が始まりました。14世紀に鎌倉幕府がたおされ，室町幕府が開かれて，ｅ．室町時代が始まりました。15世紀後半に室町幕府の権力がおとろえると戦国大名が各地を支配する戦国の世となりました。ｆ．16世紀後半は安土桃山時代とよばれ，全国統一に大きな役割を果たした３人の武将が現れました。その中で，徳川家康が17世紀初めに江戸幕府を開き，ｇ．江戸時代が始まりました。江戸時代は260年あまり続きましたが，1868年に江戸幕府に代わって天皇を中心とした政府がつくられ，ｈ．明治時代となりました。明治時代の後の大正時代には，第一次世界大戦がおこり，1926年から始まったｉ．昭和時代前半にはｊ．第二次世界大戦がおこりました。第二次世界大戦後の日本は，産業を急速に発展させ，家庭に「ｋ．三種の神器《じんぎ》」とよばれる電化製品が広まりました。

(1)　次のページの【地図１】中のＡの場所で見つかった，下線部ａの遺跡《いせき》名を答えなさい。

【地 図 1】

⑵　下線部ｂにおこったできごととしてふさわしいものを次のア～エから一つ選び，記号で答えなさい。

ア．聖徳太子が天皇を助ける役職についた。　イ．ワカタケル大王《おおきみ》が中国に使いを送った。

ウ．中大兄皇子らが蘇我氏をたおした。　エ．小野妹子が遣隋使として中国に送られた。

⑶　右の【資料１】は，下線部ｃによまれた和歌です。この和歌をよんだ人物の一族の説明としてふさわしいものをあとのア～エから一つ選び，記号で答えなさい。

【資料１】

> この世をば　わが世とぞ思ふ《(う)》もち月の
> かけたることも　なしと思へ《(え)》ば

ア．仏教の力で社会の不安をしずめるため，全国に国分寺を，都には東大寺を建て，大仏をつくらせた。

イ．中国との貿易をさかんに行ったため，厳島神社《いつくしまじんじゃ》の建物を整えることで航海の安全を祈《いの》った。

ウ．むすめを天皇のきさきにし，天皇とのつながりを強めて大きな力をもった。

エ．中国にならって国を治める律令とよばれる法律をつくり，新しい政治のしくみを定めた。

⑷　下線部ｄに元の大軍が攻《せ》めてきた場所としてふさわしいものを右の【地図２】中のア～エから一つ選び，記号で答えなさい。

【地 図 2】

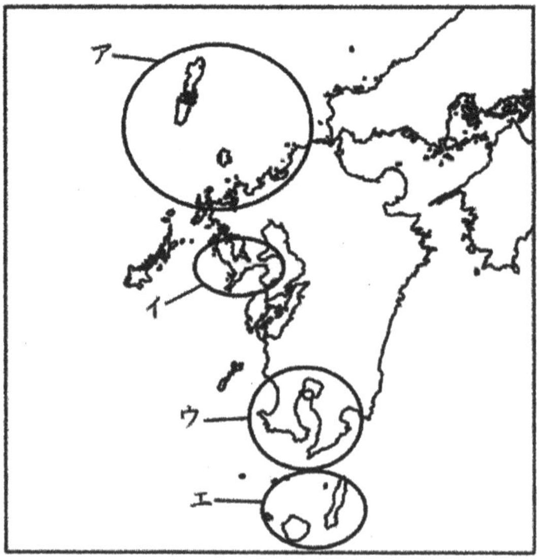

⑸　下線部ｅの文化の説明としてふさわしいものを次のア～エから一つ選び，記号で答えなさい。

ア．近松門左衛門が，実際におきた事件などをもとにして人形浄瑠璃などのしばいの脚本《きゃくほん》を書いた。

イ．雪舟が，それまでの水墨画に独自の考えを加えて，新しい画風を打ち立てた。

ウ．歌川広重が，東海道の名所の風景を多色刷りの浮世絵で東海道の名所の風景をえがいた。

エ．清少納言が，漢字からできたかな文字をもちいて，すぐれた随筆《ずいひつ》を書いた。

⑹　次の【資料２】と【資料３】は，下線部ｆに行われた政策です。これについて，あとの問いに答えなさい。

【資料２】

【資料３】

一　諸国の百姓《ひゃくしょう》が、刀、やり、鉄砲《てっぽう》などの武器をもつことを、かたく禁止する。武器をたくわえ、年《ねん》貢《ぐ》を出ししぶり、一揆《いっき》をくわだてて領主に反抗《はんこう》する者は、厳しく処罰《しょばつ》される。

①　【資料２】と【資料３】の政策を行った人物名を答えなさい。

②　次の文の［　　］にあてはまる内容を，【資料２】と【資料３】から読み取れることをもとに答えなさい。ただし，「区別」「しくみ」という語句を使うこと。

> 【資料２】と【資料３】の政策を行い，さらに農民には田畑をすてて武士や町人になることを禁止したことで，［　　　　　　］。

⑺　下線部ｇについて，次の問いに答えなさい。

①　次の【資料４】は，下線部ｇに出された法律です。【資料４】の説明としてふさわしいものをあとのア～エから一つ選び，記号で答えなさい。

【資料４】

> 一　大名は，毎年４月に参勤交代すること。近ごろは，参勤交代の人数が多すぎるので，少なくすること。
> 一　自分の領地の城を修理する場合，届け出ること。
> 一　将軍の許可なしに，大名の家どうしで結婚《けっこん》してはいけない。
> 一　すべて幕府の法令に従い，全国どこでもそれを守ること。

ア．大名は，つねに江戸のやしきで暮らさなければならなかった。

イ．参勤交代の人数を増やすことが義務づけられていた。

ウ．勝手に自分の城を修理することは禁止されていた。

エ．大名は，自由に結婚をすることが認められていた。

② 下線部ｇにおきた次のア～エのできごとを年代の古い順に並べて，記号で答えなさい。

ア．大塩平八郎が，大阪で反乱をおこした。

イ．吉田松陰が，私塾《しじゅく》である松下村塾を開いた。

ウ．本居宣長が，「古事記伝」を完成させた。

エ．杉田玄白らが，「解体新書」を出版した。

⑻ 下線部ｈについて，次の問いに答えなさい。

① 下線部ｈの初めに，次の【地図２】中のＢに設立され，現在は世界遺産となっている官営模《も》範《はん》工場の名前を答えなさい。

【地図２】

② 下線部ｈに達成された条約改正の説明としてふさわしいものを次のア～エから一つ選び，記号で答えなさい。

ア．条約改正の交渉《こうしょう》を行うために西郷隆盛を全権大使とした使節団をアメリカやヨーロッパに派遣《はけん》した。

イ．エルトゥールル号のそうなんがおこったあとに条約改正を求める声が強まった。

ウ．陸奥宗光が，アメリカとの交渉で初めて領事裁判権（治外法権）を撤廃《てっぱい》させた。

エ．小村寿太郎が，日露戦争後に条約改正に成功し，関税自主権を回復した。

⑼ 下線部ｉの1932年に日本が建国を宣言した，次のページの【地図３】中のＣの国を何というか，答えなさい。

【地図３】

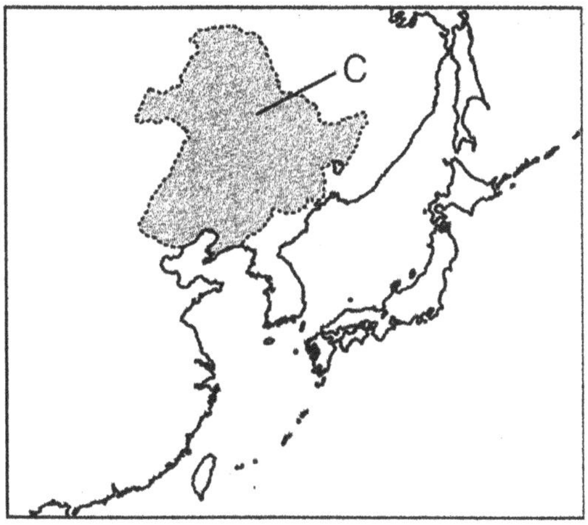

⑽　下線部ｊが終わった直後の日本についての説明としてふさわしいものを次のア～エから一つ選び，記号で答えなさい。

ア．清《しん》から賠償金《ばいしょうきん》を得るとともに台湾《たいわん》などを植民地にした。

イ．25才以上のすべての男子が衆議院議員の選挙権をもった。

ウ．農地改革が行われ，小作農家が自分の土地をもてるようになった。

エ．学制が公布され，6才以上の男女が小学校に通うようになった。

⑾　次の【資料５】は，下線部ｋの白黒テレビ，電気洗濯機《せんたくき》，電気冷蔵庫の普及率《ふきゅうりつ》を示しています。【資料５】中のＸにあてはまるものを，あとのア～ウから一つ選び，記号で答えなさい。

【資料５】

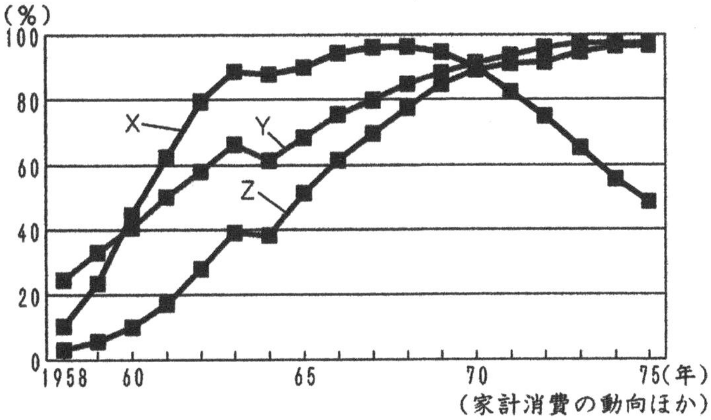

ア．白黒テレビ　　イ．電気洗濯機　　ウ．電気冷蔵庫

3． 次の児童の会話文を読み，あとの問いに答えなさい。

たかし：2024年にはａ．ヨーロッパでパリオリンピック大会が開かれるね。

まこと：そうだね。前回のオリンピック大会は東京で開かれたから，テレビなどで観戦する機会が多かったよね。

たかし：2021年に東京で開かれたオリンピック大会で，日本はどのようにかかわったのだろう。

まこと：東京でオリンピック大会が開かれることが決まってから，b．国会でオリンピック・パラリンピック特《とく》措《そ》法《ほう》という法律が制定されたよ。

たかし：東京の前のリオデジャネイロで開かれたオリンピック大会では，閉会式に当時の日本のc．内閣総理大臣が有名なゲームキャラクターの姿になって登場したよね。

まこと：d．東京オリンピック大会の費用は，国だけでなく東京都も負担したそうだよ。

たかし：東京オリンピック大会の開会式の日は，その年のe．国民の休日とされたね。

まこと：東京オリンピック大会に出場した選手の中にはf．自衛隊に所属している人もいたそうだよ。

(1)　2023年に下線部ａのフィンランドとスウェーデンの加盟が決定した国際組織としてふさわしいものを次のア～エから一つ選び，記号で答えなさい。

ア．国際連合

イ．ヨーロッパ連合（ＥＵ）

ウ．ユニセフ

エ．北大西洋条約機構（ＮＡＴＯ）

(2)　下線部ｂは，衆議院と参議院の二つの議院があります。国会の様々なことの決め方を示した次の【表１】のように，衆議院が参議院よりも強い権限をもっている理由を，衆議院と参議院を比べたあとの【表２】から読み取れることをもとに説明しなさい。

【表１】

項目《こうもく》	内容	結果
・予算の先議	・予算は衆議院が先に審議《しんぎ》する。	
・予算の議決 ・条約の承認 ・内閣総理大臣の指名	・参議院が異なった議決をし、両院協議会でも不《ふ》一《いっ》致《ち》のとき。	・衆議院の議決が国会の議決になる。
	・参議院が衆議院の可決した議案を受け取った後、３０日以内（内閣総理大臣の指名については１０日以内）に議決しないとき。	
・法律案の議決	・衆議院で可決し参議院で異なった議決をしたり、６０日以内に議決しなかったりした場合。	・衆議院が出席議員の３分の２以上の多数で再可決すれば、法律となる。
・内閣不信任の決議	・内閣不信任の決議は衆議院のみで行うことができる。	

【表２】

衆議院		参議院
４６５人	議員定数	２４８人
小選挙区…２８９人 比例代表…１７６人	選挙区	選挙区…１４８人 比例代表…１００人
満２５才以上	被《ひ》選挙権	満３０才以上
４年 （解散がある）	任期	６年 （半年ごとに半数改選）

⑶　下線部ｃに関連して，内閣の役割や仕事としてふさわしいものを次のア～エから一つ選び，記号で答えなさい。

ア．法律が憲法に違反《いはん》していないかを調べる。

イ．裁判官をやめさせるかどうかの裁判を行う。

ウ．天皇の国事行為に助言や承認をあたえる。

エ．国会とともに条例についての審議を行う。

⑷　下線部ｄに関連して，次の【資料１】は地方自治体のお金の使われ方の内訳を示しています。このお金の説明としてふさわしいものをあとのア～エから一つ選び，記号で答えなさい。

【資料１】

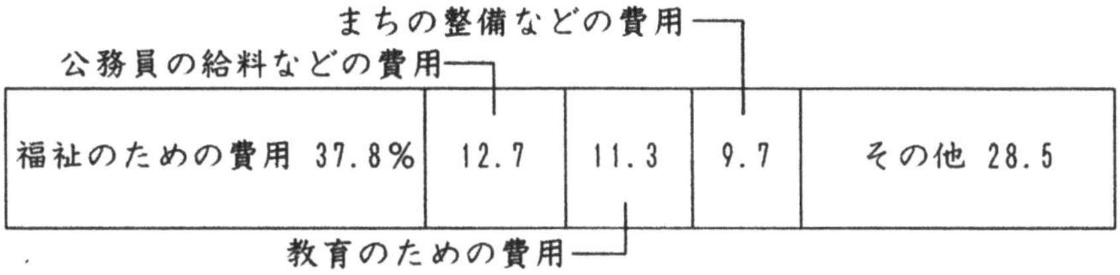

（2021年）　（総務省　令和５年版『地方財政白書』）

ア．住民や企業《きぎょう》などから集めた税金が使われている。

イ．国から支給されるお金だけが使われている。

ウ．地方自治体で働く公務員や知事の給料が使われている。

エ．さまざまな人から寄付されたお金が使われている。

⑸　下線部ｅに関連して日本国憲法では国民主権が三つの原則の一つとして定められています。国民主権が実現されている例としてふさわしいものを次のア～エから一つ選び，記号で答えなさい。

ア．健康で文化的な生活を送ること。

イ．子どもに教育を受けさせること。

ウ．選挙で投票すること。

エ．税金を納めること。

⑹　下線部ｆについての説明としてふさわしくないものを次のア～エから一つ選び，記号で答えなさい。

ア．国の平和と独立を守ることを目的としてつくられた。

イ．大きな災害がおこったときに現地で救援《きゅうえん》や救助活動を行っている。

ウ．国際社会の平和や安定に向けた活動に取り組んでいる。

エ．他の国から攻撃《こうげき》をされそうなときには先制攻撃することが認められている。

ア　真歩は、自分が実力の伴わないキャプテンだとひけめを感じているときにリレーメンバーから外されてしまったため、陸上部やリレーそのものに対して嫌気《いやけ》がさしていて、西野のあたたかい励《はげ》ましも素直《すなお》に聞き入れることができなかった。

イ　真歩は、西野からキャプテンに指名されたことをずっと不満に思っていたこともあり、リレーメンバーに選ばれなかったことで、キャプテンとしての責任感が薄《うす》れていたが、西野から厳しく叱責《しっせき》を受けたことで心を入れかえようと決心した。

ウ　立花は、たとえキャプテンであっても実力がなければリレーメンバーから外すという判断を迷わず行うが、それは、逆境に立たされたことによって部員たちが奮起し、結果的に実力をつけていくことを見越《みこ》しての行動である。

エ　西野は、自分がキャプテンに指名してしまったために真歩が苦しい立場に置かれているのを知って心を痛め、キャプテンになったことのある者にしかわからない思いや苦労を真歩と分かち合おうと、終始やさしい態度で接している。

オ　西野は、真歩の人柄や資質を踏《ふ》まえたうえで、キャプテンにふさわしいと考えたからこそ指名したことや、真歩と同じように実力面で苦労した自身の経験をもとに、真歩の抱《かか》えている問題を的確に理解し、力になろうとしている。

だろう。でもその前に、わたしにはやらなきゃいけないことがある。

（村上《むらかみ》しいこ『ダッシュ！』）

＊ことばの意味

リレメン……………リレーのメンバー。

沙凪・みらい・葉月……陸上部の三年生。沙凪は陸上部のエース。

つぐみや美玲……陸上部の二年生。

問一　――線部①とありますが、西野が言いたいこととしてふさわしいものを、次のア～オの中から一つ選び、記号で答えなさい。

ア　真歩が沙凪らに対して態度を改めるようにはっきり言わないせいで、美羽留がリレーメンバーにとけこめないのだということ。

イ　真歩が美羽留に対して強い態度に出られないせいで、他のリレーメンバーが代わりに沙凪につらく当たるのだということ。

ウ　真歩自身がリレーメンバーとしての実力を備えていないせいで、リレーメンバーが一向に決まらないのだということ。

エ　真歩自身がリレーメンバーになることについての考えを明確にしめしていないせいで、陸上部がまとまらないのだということ。

オ　真歩がリレーメンバーをキャプテンとしてまとめることができないせいで、陸上部員たちがいがみ合うのだということ。

問二　――線部②とありますが、このときの真歩の気持ちとしてふさわしいものを、次のア～オの中から一つ選び、記号で答えなさい。

ア　リレーメンバーを譲ってもいいと言って、西野に軽蔑《けいべつ》されるのを恐《おそ》れる気持ち。

イ　リレーメンバーになりたいのかなりたくないのか、自分でもわからないという気持ち。

ウ　リレーメンバーになりたいと言うべきなのだろうが、うそはつきたくないという気持ち。

エ　西野が出してくれた提案を、実現できるならそうしようと決意を固めている気持ち。

オ　西野に厳しく問いつめられて、どうすればこの場をおさめられるのかとこまっている気持ち。

問三　――線部③とありますが、真歩がそうなっている理由を五十字以内で答えなさい。

問四　――線部④とありますが、このときの真歩の気持ちとしてふさわしいものを、次のア～オの中から一つ選び、記号で答えなさい。

ア　立花先生の意図を見抜《みぬ》いて、キャプテンとしての振《ふ》る舞《ま》いを教えてくれる西野におどろき、自分にはできないとひるむ気持ち。

イ　キャプテンとしての経験をもとに、自分のためになる助言をしてくれる西野をあらためて尊敬し、あこがれている気持ち。

ウ　自分の不安な気持ちを理解したうえで、一歩踏み出せるように背中を押してくれた西野のやさしさに感謝する気持ち。

エ　キャプテンとしての重圧に心が折れてしまい、同じ立場で苦しんだことがある西野に、同情とアドバイスを求めている気持ち。

オ　自分のことをキャプテンという役柄《やくがら》ではなく、一人の選手として接して応援《おうえん》してくれる西野の言葉に感動する気持ち。

問五　――線部⑤とありますが、それはどのような笑顔ですか。二十字以内で答えなさい。

問六　この話の登場人物についての説明としてふさわしいものを、次のア～オの中から一つ選び、記号で答えなさい。

「わたしは……わたしだって負けたくない！」

「じゃあその気持ちを言葉にして、態度で示せよ。それが見えないから、みんなバラバラになっちゃうんじゃないのかな」

センパイは簡単に言うけど、どうすればいいのかわからない。こんなことじゃ、永遠にみんなを引っぱることなんてできない。

一口水を飲む。③悔しさで涙《なみだ》がこぼれそうになる。目の前のテーブルがにじんで見えた。

「誰《だれ》に遠慮《えんりょ》してんの？　立花先生？」

そうかもしれない。

かといって、沙凪や葉月みたいに真っ向からはむかうなんて、わたしには無理。

「立花先生、言ってなかった？」

「何をですか？」

「この決定に不満だったら、勝手にすればいいって」

「言ってました。センパイも言われたんですか？」

「うん。……ねえ、勝手にすればいいじゃん。真歩が思うようにやれば。こわいんじゃない？　自分で決めるのが。いつも誰かのせいにして、逃《に》げ道用意して。人任せにして。それじゃキャプテンつとまらないし、誰もついてこなくて当然じゃん」

「そんな……」

「立花先生って、いい人だよ。選手が反抗《はんこう》したら大会に出さない先生もよそにはいるけど、そんなことしないし。むしろ待ってるかも」

「待ってる？」

「そっ。本当の意味で真歩たちがリレメンになれるのを。そのためにはまず、おまえが自分の言葉で話さなきゃ。先生に言われてとか、みらいに気をつかってとかじゃなく。自分の言葉で話して、言ったことを必死になってやれば、みんなついてくるって。真歩ならできるって。だからわたし、みんなの反対押《お》しきって、真歩をキャプテンにしたんだから」

センパイに手を握《にぎ》られ、がまんできなかった。④涙があふれて、ぽたぽた落ちる。

「ハンカチくらい持っとけよ」

センパイが貸してくれた。持ってるけど、かばんのいちばん底でくしゃくしゃになってるから、恥《は》ずかしくて出せない。

「泣いとけ泣いとけ。でも知らない人が見たら、あの子きっと男に振《ふ》られたと思われるぞ。まぁ、わたしはいいけどさ。涙が止まったらちゃんとひとりずつ、会って話しろよ」

わたしはうなずくしかなかった。

西野センパイは泣き止《や》むまで、じっと待っていてくれた。

帰りますと立ちあがったとき、ハンカチをどうしようか迷った。

「センパイ、これ……」

「ちゃんと洗って返せよ。常識だろ」

「じゃあ、今度家まで返しにいきます」

「こなくていい。競技場へもらいにいくから。七月二十四日、リレー決勝のあとでな」

そして別れぎわ、こう言った。

「真歩、キャプテンって、そんなに悪くないから」

そこには⑤あの西野キャプテンの笑顔があった。

まずみらいと話をしよう。そのあと沙凪や葉月とも。もう家に帰った

伝わるものも伝わらない」

センパイは言って、たこ焼きをすすめてきた。おいしいはずなのに味がしない。

「ねえ真歩。わたしさ、キャプテンしてるとき、ずっとこわかった。百もハードルも、いつも準決で負けて、そのうち＊沙凪《さなぎ》が決勝残るようになったじゃん。決勝にも残れないキャプテンって、どうよって。みんなからバカにされていないか内心心配だった」

センパイの目がどこか遠くを見る。苦しんでるセンパイの姿なんて見たことなかった。

「それでどうしたんですか」

「自分にとっての陸上ってなんなんだろうって考えた。そのとき思い出した。わたしがセンパイから言われた言葉。おまえの笑顔《えがお》いいって。試合前にその顔見ると落ち着けるって。そしたらもう、これしかないなって思ったんだ。もちろん決勝に残りたくて、最後まで必死でやった」

「だから、勝っても負けても笑顔だったんですね。わたしもセンパイの笑顔好きです。焼きいもみたいであったかいです」

「いもかよ。せめてピザまんにしてよ。でもな、顔の表情は作れても、心の表情は作れないから。顔色とか顔つきとかいうけど、心色とか心つきとか言わないだろ。心の中はどんなに繕《つくろ》ってもわかっちゃう。特に真歩は正直だから」

「バカなだけです。センパイ聞いていいですか？」

「なんでも聞いて」

「どうしてわたしを、キャプテンなんかにしたんですか。いつも落ちこむんです。沙凪みたいに、かっこよく走れたらいいのにとが、＊みらいみたいに、ちゃんと後輩《こうはい》をリードできたらいいのにとか。＊葉月《はづき》みたいに大人の彼氏《かれし》がいたら、一目置かれるだろうなとか。わたしなんて、説得力のかけらもないのに」

「真歩はさ、みんなの話を聞いてあげられる。そう思ったからキャプテンに指名した。でも誤算だったのは、自分の言葉を持ってないってとこ」

「立花先生にも言われました」

「真歩はどう思ってるの？　このまま一年生に、リレメン譲《ゆず》っちゃっていいわけ？　もちろんそれもアリだと思う。もしそうなら、はっきり自分の言葉で言うべきだよ。たとえ悔《くや》しくても、あきらめましたって。流れに任せるんじゃなくってさ。それでも沙凪や葉月が戻《もど》ってこないんだったら、＊つぐみや美玲《みれい》使ってメンバー組めばいいじゃん。どうなのおまえは？」

②聞かれて黙《だま》った。

ここまできて、まだ自分で答えが出せない。三年生になれば自然に沙凪たちとリレーを走れると思ってた。

センパイがすくっと立って、セルフサービスになってる水を持ってきてくれた。そしてまた席に着くと、黙ってわたしを見た。

自分のまわりの音が全部消えたような気がした。

ふと女子四百メートルリレー決勝のトラックが頭に浮《う》かぶ。スターティングブロックが見える。スターターが台に上がり、競技場が静まりかえる。スパイクピンがカチカチ音を鳴らす。そのとき、バトンを持ってそこに立っているのは……。

心の奥《おく》から言葉が生まれた。

ればわかることになる

イ　私がどうしたのかな、という読み手の関心を、語り手はひきつけておけることになる

ウ　私が思った内容をいくらでも足していけるので、よりくわしく説明できることになる

エ　私がいったい何を思ったのかが、文章の最後になってもわからないことになる

オ　私がどうしたのかな、という気分のまま最後まで読まなければならないことになる

問七　この文章に書かれていることとして正しいものを、次のア～オの中から一つ選び、記号で答えなさい。

ア　ひとつの文の適切な長さに正解はなく、書き手の年齢《ねんれい》によって求められる文の質や内容が異なってくるのに伴《ともな》って、望ましい長さも変わるものであるが、長すぎる文というのはたいてい読みづらいものとされてしまう。

イ　子供は〈してして文〉から書き始め、これは大人になるにつれて〈して・から・ので文〉として発展していくが、その際に長さの加減がわからなくなる人が多く、司馬遼太郎の作品にみられるような名文を書くことは難しい。

ウ　子供のころは主語＋述語の短い文を重ねることによって文章の構造を学び、その後、単純な構造の文の中に、谷崎潤一郎のような長い一文を紛《まぎ》れ込《こ》ませるような工夫《くふう》をすることで、大人らしさを演出するようになる。

エ　文は直列つなぎか並列つなぎのいずれかによって結びつけるのが普通《ふつう》だが、読み手に対してより意味をはっきり伝えられるのは並列つなぎになっている文章であり、これを用いれば文章を長くすることが容易になる。

オ　並列つなぎの文章は、もとになる文の中に別の文が入っているものであり、直列つなぎの文章よりも技巧的に見えるが、一文の中に主語らしきものと述語らしきものが複数存在するため、習熟した書き手にしか向かない。

四

次の文章を読み、後の問いに答えなさい。

中学三年生の真歩《まほ》は、前のキャプテン西野《にしの》に指名されて陸上部のキャプテンになったが、顧問《こもん》の立花先生は、真歩の実力不足を理由にリレーのメンバーから外し、一年の美羽留《みはる》を選んだ。三年の部員はこの決定に反発する。悩《なや》む真歩は偶然《ぐうぜん》、ショッピングセンターで西野に会う。

「美羽留、すごいです。うまく育てれば、全国大会のファイナリストだって夢じゃないです。でもそのせいで*リレメンが、バラバラになっちゃったんです」

「①そのせいじゃないよ。おまえのせいだよ」

「そんな」

はっきり言われてまた落ちこむ。

「おまえの気持ちがふらふらしてるから、みんなが迷うんだよ。心の中にだって手のひらがあるんだよ。ちゃんとそこへバトンパスしなきゃ、

る、ぐらいにしておくべきである。それ以上は長すぎて、かえって内容が浅く感じられる。

　次に、並列つなぎの長文を考えてみよう。

「私は思う。」

「彼《かれ》はおそらく無実だ。」

　この二つの文を、並列につないだのが次の文である。

「私は彼はおそらく無実だと思う。」

　私が思って、その次に彼が無実だというように、直列につながっているのでないことはわかるだろう。そうではなく、私は思う、の文の中に、別の文が呑《の》み込《こ》まれている。

「誰《だれ》が何した。」という基本の文に、どういう誰が、なぜ、いつ、どんなふうに何した、などと、文を足していくことによって、並列つなぎの長文はできる。

　こういう長文はなかなか技巧的に見え、ぜひ書いてみたいものなのだが、注意点がある。それはたとえば、主語らしきものが二つとか三つとか、並んでいる文章になりがちだということだ。それを仮に〈私は彼は文〉と呼ぼう。

「私は彼はおそらく無実だと思う。」というのが、まさに〈私は彼は文〉である。それで、こういう文章は意味がわかりづらいのだ。

　英語ならば、まずI thinkとあって、以下に思う内容が書かれるから、何を思ったのだろうと読んでいける。ところが日本語では、「私」という主語に対する述語「思う」が、いちばん最後に出てくる。だから、[B]。そして、文があんまり長いと、主語が私だったことを忘れてしまうこともあるのだ。だから意味がわからなくなってしまう。

（清水義範《しみずよしのり》『大人のための文章教室』）

＊ことばの意味

　パスティーシュ……ほかの作品の要素をまねること。

問一　――線部①とありますが、その「答」にあたるものを文章中から六字でぬき出しなさい。

問二　――線部②とありますが、それはどういうことですか。三十五字以内で答えなさい。

問三　――線部③とありますが、筆者が考えるこの文章の効果はどのようなものですか。文章中から三十八字でぬき出し、そのはじめの五字を答えなさい。

問四　次の文は筆者が司馬遼太郎の文章のどのような点がよいと考えているかを説明したものです。〈ア〉・〈イ〉に入るふさわしいことばを、文章中からそれぞれ指定された字数でぬき出しなさい。

・短い文を一つ二つ置いてから長い文に導く書き方によって、読者は〈　ア　十字　〉なり、〈　イ　二十九字　〉を感じることができる点。

問五　[A]に入ることばとしてふさわしいものを、次のア～オの中から一つ選び、記号で答えなさい。

ア　起こる出来事が予想できる
イ　出来事が次々に起こる
ウ　出来事が時間順に並んでいる
エ　身近な出来事ばかりである
オ　自分が経験した出来事である

問六　[B]に入る文としてふさわしいものを、次のア～オの中から一つ選び、記号で答えなさい。

ア　私が思った内容が一つではないのが、「私」と「思う」の間を見

徳川《とくがわ》十五代将軍慶喜《よしのぶ》というひとほど、世の期待をうけつづけてその前半生を生きた人物は類がまれであろう。そのことが、かれの主題をなした。」

司馬遼太郎《しばりょうたろう》の『最後の将軍』の書き出しの部分である。

司馬遼太郎は、短い文を一つ二つ置いてから、すっと長い文に読者を導く書き方をよくした。そのリズムが心地よくて、あっという間に小説世界に引《ひ》き込《こ》まれるのだ。

私は司馬さんのその書き方を、〈自転車こぎ出し文体〉と勝手に名づけている。自転車をこぎ出す時、初めに二歩分ほど、足で地面を蹴《け》って速度をつけ、そこで乗って安定スピードで走る、というのに似ていると思うのだ。安定スピードに乗る前の、小さな蹴りのような短い文が、話に入っていきやすくしているわけだ。

だから司馬小説の＊パスティーシュをするには、そのリズムを真似《まね》るとよい。

「男がいた。

身分は高くない。むしろ人々にさげすまれている程だ。

だが、この男にはひとがきいたら正気かと思うほどの、大きな野望があった。」

パスティーシュはどうでもいいが、要するに文章に心地よいリズムが生じるように、短文と長文を組み合わせるのがいいだろう、ということである。それを、文の長短に関する心得としよう。

では次に、意味の曇りのない長い文を書くにはどうしたらいいかだ。

それを考えるにはまず、長い文と言っても実は構造的に二種類に分けられるというのを知っておくべきだろう。

長い文は、短い文をいくつかつないで作られる（そういう文を複文というのだと文法で習ったものだが、文法のことをうるさく言うのはよそう）。それで、その文のつなぎ方に、直列つなぎと、並列《へいれつ》つなぎとがあるのだ。乾電池《かんでんち》のつなぎ方みたいだが、わかりやすいかなと思ってその言い方にした。

「私は出発した。」

「間に合うかどうか気が気でなかった。」

「私は目的地に着いた。」

この三つの文を、直列につないだのが次の文である。

「私は出発し、間に合うかどうか気が気でなかったのだが、目的地に着いた。」

これは起《おこ》ったことをただ順につないでいくだけなので、簡単にいくらでも長くなる。そして［A］ので、読んでいてあまり混乱はしない。

「私は出発し、間に合うかどうか気が気でなかったのだが、目的地に着いたところ、まだ催《もよお》し物《もの》は始まっていなかったので、しばらく待っていたが、あんまり待たされるので、だんだん腹が立ってきた。」

つまりこれは、子供の書く〈してして文〉と同類のものなのだ。大人の場合はもう少し接続助詞が豊かだろうから、〈して・から・ので文〉なんて呼んでもいい。

こういう長文は簡単に作れるが、あまりいい文章にはならない。ただずるずると話がつながっているだけで技巧がないし、むしろ思考のキレの悪さが感じられてしまうのだ。それでね、それでね、と話をつないでいく子供のような感じだな、と読み手は思う。

だから、直列つなぎの長文は、もとになる文を三つつないだら一度切

いの方では違《ちが》う話になっちゃったりしておかしいことが多いから、文はなるべく短く切ったほうがいいんだよ」

　同じようなことが書いてある作文指南の本があるかもしれない。

　たとえば、〈してして文〉（こういうのは私の遊び的な命名です。正式名称《めいしょう》ではないので、よそでは通じません）を書く子供がいる。

「たいくつだったのでゲームをして、それからテレビを見ていたらお父さんがきて、そろそろ出発だぞうと言ったのでしたくをして、車にのって出発して、一時間で着きました。」

　こういう文ならば、三つぐらいの短い文に区切ったほうがいいよ、というアドバイスになる。一般的《いっぱんてき》に、子供に対しては文は短く切れ、という指導が適切だろう。

　しかし、大人に対しては私も、そんな単純なことは言わない。②文があんまりブツ切れでは格好がつかない、ということも一方にあるのである。

「もう七月も下旬《げじゅん》だというのに、例年になく肌寒《はださむ》い日が続いていますが、お変《かわ》りなくおすごしでしょうか。」

　右のような文章はごく普通《ふつう》のものだろう。これを、子供向けセオリーに従って次のようにブツ切りにしても少しもよくなっていない。

「普通七月の下旬は暑いです。なのに今年は肌寒い日が続きます。お変りなくおすごしですか。」

　むしろ悪くなっていると言えよう。

　いつもいつも、主語＋述語という構造の、短い文ばかり書くのではシンプルすぎて格好がつかず、子供っぽく感じられるのだ。接続語や接続助詞を使って、少々構造が複雑な文も書きたいではないか。

　しかし、すべての文が長ければ大人っぽい技巧《ぎこう》の感じられる文章になるかというと、そうでもない。むやみに長い文は読みづらくて、そんなのばかりが続いているといやになってくる、という注意点もあるのだ。

　この文章教室では、小説の文章のことはあまり考えない方針なのだが、小説家で長い文を書く人がいる。③谷崎潤一郎《たにざきじゅんいちろう》の『細雪《ささめゆき》』なんて、ほとんどの文がやけに長いのに、意味に曇《くも》りがなくすらすらと読める奇《き》跡的《せきてき》な文章である。たとえばこんな調子だ。

「悦子《えつこ》は母が外出する時でも雪子《ゆきこ》さえ家にいてくれれば大人しく留守番をする児《こ》であるのに、今日は母と雪子と妙子《たえこ》と、三人が揃《そろ》って出かけると云《い》うので少し機嫌《きげん》が悪いのであるが、二時に始まる演奏会が済みさえしたら雪子だけ一《ひ》と足《あし》先に、夕飯までには帰って来て上げると云うことでどうやら納得《なっとく》はしているのであった。」

　見事なものだが、一般人はあまりこれを真似《まね》ないほうがいいだろう。こんなに長い文では、話が混乱して意味がわかりにくくなりがちなのである。

　谷崎の長い文は、読者に読むスピードを落とさせ、別世界の話をじっくりきくような気分にさせる効果を狙《ねら》っているのだと思う。しかし、素人《しろうと》には高度すぎて危険な技《わざ》なのだ。

　というわけで、ブツ切り短文ばかり並ぶのも幼稚《ようち》だし、長文ばかりでは読みにくい。では、どうすればいいのかだが、結局それはリズムの問題なのである。短文と長文が程《ほど》よく混じっていて、読んでいくと心地《ここち》よいリズムが感じられるというのが理想である。

　小説家の文章で、その見本をお目にかけよう。

「人の生涯《しょうがい》は、ときに小説に似ている。主題がある。

【国　語】（五〇分）〈満点：一〇〇点〉

【注意】＊字数制限がある問題は、原則として「、」や「。」も一字に数えます（ただし、指示のあるものはのぞきます）。

一　次の①～⑥の――線部のカタカナを漢字になおしなさい。ただし、送りがなが必要なものは、送りがなも正しく送りなさい。また、⑦・⑧の――線部の漢字の読みを答えなさい。

①　病院で日夜カンゴを行う。
②　自分に似合う服をサガス。
③　ネコが部屋の中でアバレル。
④　天体望遠鏡で星をカンソクする。
⑤　血液のケンサを行う。
⑥　ジュモクが葉を広げる。
⑦　団体へ寄付を行う。
⑧　時代の潮流をとらえる。

二　次の問いに答えなさい。

問一　次の＝＝線部の文節が修飾《しゅうしょく》している文節を、後のア～オの中から一つずつ選び、記号で答えなさい。

（1）とつぜん　アすずしく　イさわやかな　ウ風が　エふいた。

（2）この　アかわいい　イ女の子の　ウ絵は　エだれの　オ作品ですか。

問二　次の説明にふさわしい作品名を、後のア～オの中から一つ選び、記号で答えなさい。

平安時代に女性によって書かれた、長編小説。

ア『源氏物語《げんじものがたり》』　イ『方丈記《ほうじょうき》』　ウ『日本書紀《にほんしょき》』

エ『古事記《こじき》』　オ『土佐日記《とさにっき》』

問三　次のことわざの意味を、後のア～オの中から一つずつ選び、記号で答えなさい。

（1）かっぱの川流れ　（2）ぬかにくぎ

ア　人のまねをすること。　イ　相談相手がいないこと。

ウ　同じことをくり返すこと。　エ　何の効果もないこと。

オ　名人もまれに失敗すること。

問四　次のことばと同じ意味を表していることばを、後のア～オの中から一つずつ選び、記号で答えなさい。

（1）イベント　（2）コンディション

ア　調子　イ　効率　ウ　行事　エ　方向　オ　物語

問五　次の――線部の漢字と同じ成り立ちの漢字を、後のア～オの中から一つ選び、記号で答えなさい。

背の高い一人の男が姿を現した。

ア　問　イ　林　ウ　刀　エ　下　オ　馬

三　次の文章を読み、後の問いに答えなさい。

文は短いほうがいいのか、長いほうがいいのか。①子供に対する作文指導ならば、答《こたえ》は簡単である。私は子供には、よくこう指導している。

「あんまり長すぎる文は、意味がわかりにくいし、はじめの方とおしま

MEMO

大切なことはメモしておこうネ！

レッスンルーム
学科推薦

2024年度

解 答 と 解 説

《2024年度の配点は解答欄に掲載してあります。》

＜算数解答＞《学校からの正答の発表はありません。》

1. (1) 1　(2) 0.25　(3) 6.28　(4) 17　(5) 2　(6) 4
2. (1) 4.64kg　(2) 99　(3) B町　(4) 12歳　(5) 85点　(6) 60台
3. (1) 1.5cm　(2) $54cm^3$　(3) 80度　(4) $91.06m^2$　(5) $7.85cm^2$
4. (1) 時速60km　(2) 時速54km
5. (1) 45段目　(2) A 15　B 165　C 解説参照　(3) 385

○推定配点○
4.，5.(1)・(3) 各5点×4　他 各4点×20　計100点

＜算数解説＞

1. (四則計算，数の性質)

(1) 28－27＝1

(2) 0.7÷2.8＝0.25

(3) 3.14×2＝6.28

(4) □＝28－11＝17

(5) 1.4＋0.6＝2

重要 (6) 36＝2×18より，◎＝2，△＝18
したがって，2×18－2×(18－2)＝36－32＝4

2. (割合と比，概数，統計と表，年齢算，平均算，和差算，仕事算)

基本 (1) 0.96÷1.2×5.8＝4.64(kg)

(2) がい数で2100になる数…2050以上2149以下
したがって，2149－2050＝99

(3) 48986÷14＝3499(人)
46125÷13≒3548(人)
したがって，面積に対して人口が多いのはB町

	人口(人)	面積(km^2)
A町	48,986人	$14km^2$
B町	46,125人	$13km^2$

重要 (4) それぞれの人数…A，B，Cで表す
B＋3＋B＋C＝B×2＋3＋C＝28　－ア
B＋3＋B＝B×2＋3＝C×3　－イ
アとイ…C×3＋C＝C×4＝28より，C＝28÷4＝7
B＝(7×3－3)÷2＝9
したがって，Aさんは9＋3＝12(歳)

(5) (74×2＋22)÷2＝74＋11＝85(点)

(6) 32×15÷8＝60(台)

重要 3. (平面図形，縮図)

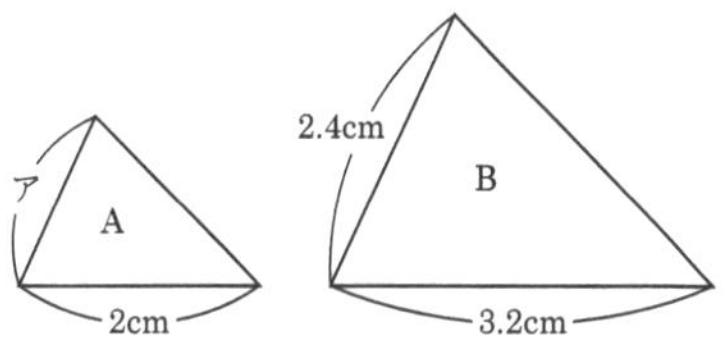

(1) ア：2＝2.4：3.2＝3：4＝1.5：2
したがって，アは1.5cm

(2)　三角柱の側面積

…120－3×4＝108(cm^2)

三角柱の高さ

…108÷(3＋4＋5)＝9(cm)

したがって，体積は3×4÷2×9＝54(cm^3)

(3)　角CBA…右図より，65度

角FEG…180－68＝112(度)

角BEF…127－112＝15(度)

したがって，角イは65＋15＝80(度)

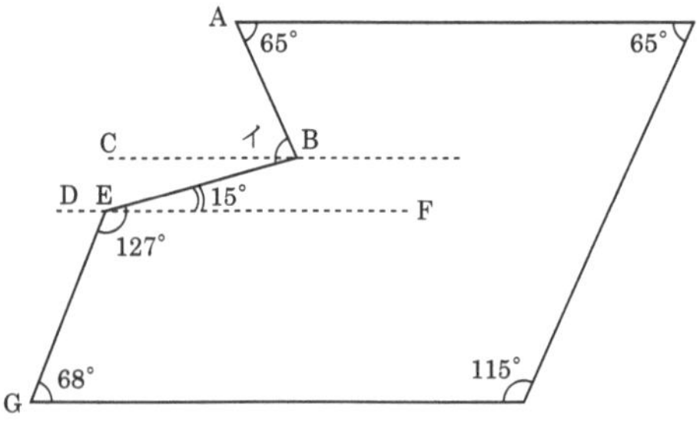

(4)　右図より，6×6×3.14÷4×3＋2×2×3.14÷2＝(27＋2)×3.14＝91.06(m^2)

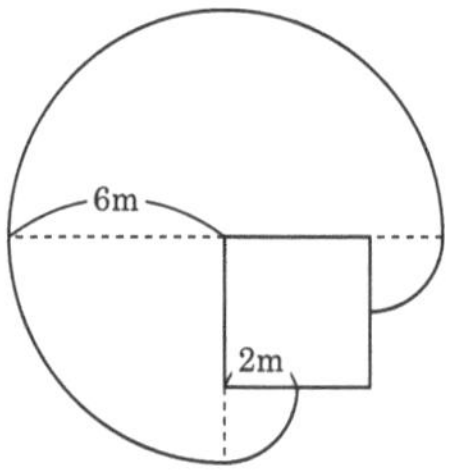

(5)　右図より，1×1×3.14÷360×300×3＝3.14×2.5＝7.85(cm^2)

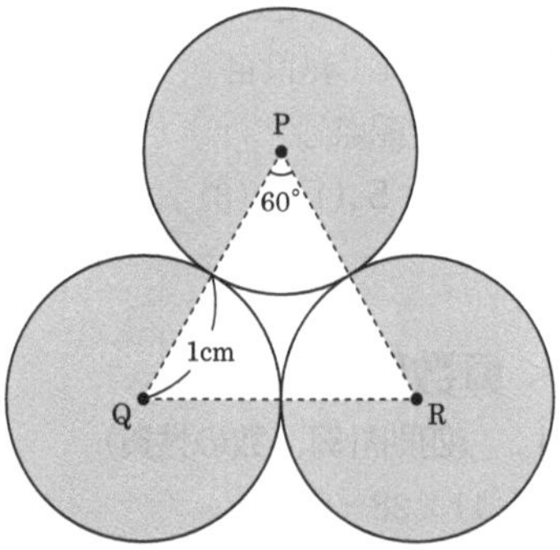

重要 **4.** **(速さの三公式と比，グラフ，割合と比，単位の換算)**

(1)　初めのバスの時速

…18÷(5＋4)×5÷$\frac{10}{60}$＝10÷$\frac{10}{60}$＝60(km)

(2)　A～Bまでの時間

…(1)より，60×(18－10)÷48＝10(分)

B～学校までの時間

…8時20分－(7時40分＋5分×2＋10分)＝20(分)

したがって，帰りの時速は18÷$\frac{20}{60}$＝54(km)

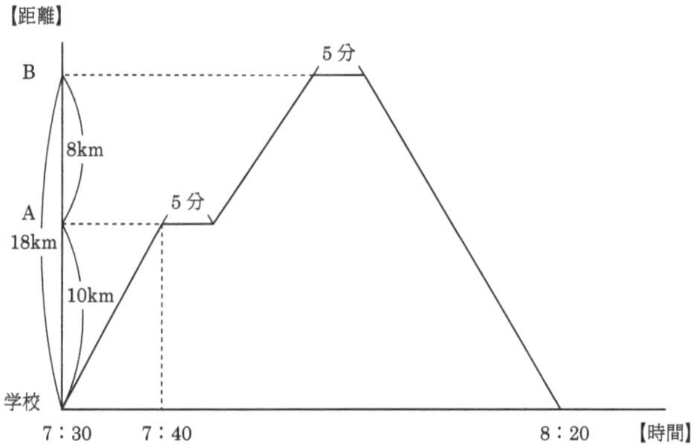

5. **(平面図形，規則性，数の性質)**

やや難 (1)　40×40＝1600　　42×42＝1764　　45×45＝2025

したがって，求める段数は45段目

重要 (2)　A…1＋2＋3＋4＋5＝15

B…11×15＝165

C…解答例：3で割っていない

(3)　1から10までの和…(1＋10)×10÷2＝55

1＋10×2＝21

したがって，求める和は21×55÷3＝385

【別解】1×1＋2×2＋3×3＋4×4＋5×5＋6×6＋7×7＋8×8＋9×9＋10×10＝1＋4＋9＋16＋25＋36＋49＋64＋81＋100＝55＋100＋130＋100＝385

	元のピラミッド	右に1回転	さらに右に1回転	
1	1	5	5	11
2　2	2　2	5　4	4　5	11　11
3　3　3	3　3　3	5　4　3	3　4　5	11　11　11
4　4　4　4	4　4　4　4	5　4　3　2	2　3　4　5	11　11　11　11
:	5　5　5　5　5	5　4　3　2　1	1　2　3　4　5	11　11　11　11　11

★ワンポイントアドバイス★

それほど難しい問題はない。1.「四則計算」，2.「小問群」，3.「平面図形・立体図形」，これらの問題数は全体の約70％の割合であり，確実に得点しよう。4.「送迎バス」の問題も難しくはなく，5.(1)で，試行錯誤しよう。

＜国語解答＞《学校からの正答の発表はありません。》

一　①　屋根　　②　移す　　③　投票　　④　へんにゅう　　⑤　はつが　　⑥　こ(えた)

二　問一　木(を見て)森(を見ず。)　　問二　ウ　　問三　11　　問四　(主語)　兄は　(述語)　見せた

三　問一　イ　　問二　ウ　　問三　イ　　問四　エ

四　問一　(例)　いろいろな技術系の資格試験を受けなければならないから。
問二　イ　　問三　若いうちに　　問四　ア　　問五　(例)　学校の勉強によって「学び方」が身につくということ。　　問六　思考や　　問七　ア　キーワード　イ　便利　　ウ　理解　　エ　判断　　問八　Ⅰ　エ　　Ⅱ　イ　　問九　C

五　問一　(はじめ)　昭和三十五　　(おわり)　とだった。　　問二　ア　　問三　ア　ブタのえさ用かい？　　イ　パンの耳　　ウ　おやつ　　エ　(例)　はずかしいと思った
問四　イ　　問五　エ　　問六　ウ　　問七　ウ　　問八　(例)　人間も工夫の仕方や努力の仕方次第で，どんなものにもなれるということ。　　問九　5　　問十　ウ・オ
問十一　(例)　私の将来の夢は医療関係の仕事につくことだ。そのためには専門的な知識や資格のために様々なことを学ぶ必要があるが，後回しになってしまう苦手教科も逃げずに正面から取り組んで，苦手意識をなくす努力をしている。(100字)

○推定配点○

一・二　各1点×10(二問一・問四各完答)　　三　各3点×4

四　問一・問五　各5点×2　　問二　2点　　問七　各1点×4　　他　各3点×6

五　問三ア～ウ　各1点×3　　問七　2点　　問八　5点　　問十一　10点
他　各3点×8(問十完答)　　計100点

＜国語解説＞

一　(漢字の読み書き)

①は建物の最上面の部分。②は物事を別の段階に進めること。同訓異字の「写す」「映す」などと区別する。③の「票」を「表」や「標」などとまちがえないこと。④は組織などの中に途中から組み入れること。⑤は芽を出すこと。⑥の音読みは「ヒ」。熟語は「肥大」など。

二 (ことわざ・慣用句，画数，文と文節)

基本 問一 「木を見て森を見ず」は，一本の木だけに注意をうばわれて，森の全体を見ていないことから。

やや難 問二 ( )には，あまりにもすばらしくてことばも出ないさまを表すウが適切。アは一度うまくいったことを忘れないで次にもそれを期待すること。イは失敗などを厳しく責めたりしないこと。エは官職を離れて一般社会の生活をすること。

問三 「鹿」の「比」部分は4画であることに注意。

重要 問四 主語・述語は，先に述語を確認し，その述語の動作や状態であるものは誰か，あるいは何かを確認すると見つけやすい。設問の文の述語は「見せた」で，この動作をしているのは主語の「兄は」である。

三 (詩－情景・細部の読み取り，空欄補充，表現技法)

基本 問一 A・Bは「『き』という音が出にくくなって」「『つき』が『つち』になってしまう」ようなことばなので，もとのことばの「き」が「ち」になっているイが適切。

問二 ――線部①は「歯が一本抜けてしまった」ので，そこに「接ぎ木」すなわち，別の歯を入れてもらったということなのでウが適切。詩の1行目と「接ぎ木」の意味をふまえていない他の選択肢は不適切。

やや難 問三 ――線部②は，直前で「き」の音が入っている「金曜日」と発音できたことに対するものなのでイが適切。直前の「金曜日」をふまえていない他の選択肢は不適切。

重要 問四 この詩では，「歯」を「ことばのなる木」にたとえているのでエが適切。他はいずれも不適切。

四 (論説文－要旨・段落構成・細部の読み取り，接続語，空欄補充，記述力)

重要 問一 ――線部①の説明として①直後で，「いろいろな技術系の資格があるので，いろいろな資格を取っていきます。そのためには資格試験を受けないといけないという」ことを述べているので，この部分を①の理由として指定字数以内でまとめる。

基本 問二 Aは，直前の「資格試験」の具体例である「安全管理系の資格」について述べているのでイが入る。

問三 ――線部②・③について「高校までの知識を総動員して勉強しないといけ」ないことを述べており，このことを次段落最初で「若いうちに学校で，しっかりとたくさんの知識を身につけておくこと(31字)」と述べているので，この部分を②・③に必要なこととしてぬき出す。

問四 ――線部④の説明として④直後で，「何か気になったものがあると，本を買って読んだりウェブで検索したりして，自分で調べて勉強することができ」ると述べているのでアが適切。④直後の内容をふまえていない他の選択肢は不適切。

問五 ――線部⑤は同段落内で，「……学校で勉強していくうちに，自分にとってまったく新しいことを学ぶ際の『学び方』が身についていく」ことの筆者の実体験として述べているので，この部分を⑤で伝えようとしていることとして指定字数以内でまとめる。

問六 ――線部⑥の結果として同段落最後で，「思考や懐疑が欠落し，判断も危うい事態(18字)」が生じることを述べているので，この部分を⑥で起きる問題としてぬき出す。

問七 ア・イは「ウェブの情報を……」で始まる段落内容から，アには「キーワード(5字)」，イには「便利(2字)」が入る。ウは「しかも……」で始まる段落内容から「理解(2字)」，エは「また，十分な……」で始まる段落内容から「判断(2字)」がそれぞれ入る。

やや難 問八 Ⅰの文は「しかも……」で始まる段落の，「ある程度の知識を持っていないと，まったく理解できない記事もたくさんあ」るため「学校で学ばないでいいというのは……非効率で困難な道で」あることの具体例として述べているのでエが適切。Ⅱは「一つは……」で始まる段落の，「高校までに学んだことの知識があるからこそ，理解が容易だったり興味を持てると思うことがたくさんあ」ることの具体例として述べているのでイが適切。

重要 問九　冒頭の2段落で，「経験重視・体力勝負の仕事」と言っても，技術系の資格試験が必要であり，高校までの知識を総動員して勉強しなければならないことを述べているので，Cの説明は間違っているが，Aは正しい。Bは「しかし，ウェブの……」から続く2段落，Dは最後の段落でそれぞれ述べている。

五 (小説－心情・情景・段落構成・細部の読み取り，空欄補充，ことばの意味，記述力)

問一　「昭和三十五年の秋……」～「そう言うのがやっとだった。」までは，和夫が過去を回想している場面になっている。

問二　「『……いいです。……』」のように，パンの代金をきちんと払おうとする様子や，「次の日……」で始まる段落で，パン屋のおじさんにパンの耳の「礼を言った」様子が描かれているのでアは適切だが，ウは不適切。自分から積極的に話していることは描かれていないのでイは不適切。エも描かれていないので不適切。

問三　「和夫はビンを……」で始まる場面の描写とおじさんのセリフから，アには「ブタのえさ用かい？(9字)」，イには「パンの耳(4字)」，ウには「おやつ(3字)」がそれぞれ入る。――線部②は，はずかしさを表しているので，エは「はずかしいと思った(9字)」といったことばが入る。

重要 問四　――線部③前で，和夫がパンの耳を買いにくるのはウサギやブタのえさ用だと思って話をしたが，そうではない様子だったことで「『悪いことを言っちゃったな』」と話していることからイが適切。③前のおじさんのセリフをふまえ，「おわび」としてつぐないたいことを説明していない他の選択肢は不適切。

問五　――線部④は，自分に自信を持って自分を大切にする自尊心という意味でエが考えられる。アは強く急激な刺激という意味。イは食い違いや差，ズレという意味。ウは外部からの刺激などによって体の内部に生じる反応のこと。

問六　――線部⑤前で，おじさんは調理したパンの耳をいつものパンの耳の値段の十円で売っており，二十円の値段はつけていないのでウはふさわしくない。ア・イは「翌日，店の前で……」で始まる場面，エも「『そのかわり……』」で始まるせりふでいずれも描かれている。

基本 問七　――線部⑥は，きっかけという意味で，ウの「機会」を略した語である。

重要 問八　おじさんは――線部⑦を「『どんな味にでも変わることができるパンの耳だ』」とも話しており，このことを「『パンの耳は……』」で始まるセリフで「『……人間と同じだ。工夫の仕方，努力の仕方次第で，どうとでもなる』」と和夫が話しているので，この和夫のセリフをふまえて，和夫に伝わった「おじさんの思い」を指定字数以内でまとめる。

問九　文章のなかで登場する「パンの耳」は，パンの耳を買いに行きだしたころのもの，また最後におじさんがお餞別としてくれたものとして「普通のパンの耳」，最初に調理をした「きつね色に揚げられて砂糖がまぶしてある細長いパン」，「卵と牛乳……」で始まる段落の「卵と牛乳と砂糖で味付けしたあと，焦げ目がつくまでフライパンで焼いたもの」，「フライパンでカリカリになるまで炒めたあと，砂糖をまぶしたもの」，「短めにカットしたものを乾煎りし，チョコレートをかけたもの」の5種類である。

重要 問十　ウは冒頭の2段落と和夫の回想場面から読み取れる。オは「引っ越し前日……」～最後までの場面で描かれている。アの「大人になった……」以降，イの「信用しなかった」「人を信じることを大切にしている」，カの「和夫のように……」以降は描かれていない。冒頭の段落にあるように，和夫はすでに「有名なパン職人」なので，エも不適切。

や難 問十一　解答例では，将来の仕事について述べているが，仕事に限らず，行ってみたい場所，やってみたいことなども考えられるだろう。海外に行くために英語を学んでいる，やってみたいことに必要な資格などがあれば，その勉強をするなど，「将来の夢」の実現のためにしている努力を具体的に述べていこう。

★ワンポイントアドバイス★

小説では，場面の区切りになる時間や場所の転換にも注意して読み進めよう。

IGSコース
特待推薦

2024年度

解　答　と　解　説

《2024年度の配点は解答欄に掲載してあります。》

＜算数解答＞《学校からの正答の発表はありません。》

1.　(1)　3288　(2)　1　(3)　9　(4)　10.5　(5)　1.8
2.　(1)　10m　(2)　160円　(3)　$180cm^2$　(4)　113人　(5)　1960円
3.　(1)　49度　(2)　$57.12cm^2$　(3)　4.8cm　(4)　①　9個　②　6：6：1
4.　(1)　12回　(2)　4回　(3)　記号　ア　理由　解説参照
5.　(1)　$300m^2$　(2)　34時間　(3)　$45m^3$
6.　(1)　A店　500円　B店　600円　(2)　3等22本，4等28本

○推定配点○
各4点×25　計100点(4.(3)完答)

＜算数解説＞

1. (四則計算)

(1)　2023－723＋1988＝3288
(2)　2－1＝1
(3)　30－21＝9
(4)　3×3.5＝10.5
(5)　$\frac{7}{18}\times\frac{12}{7}\times\frac{27}{10}=1.8$

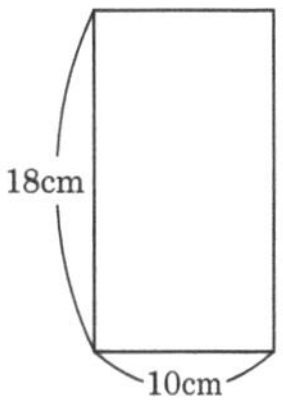

2. (割合と比，平面図形，差集め算，場合の数)

基本 (1)　8÷3×3.75＝10(m)

重要 (2)　5200×0.8－5200÷1.3＝4160－4000
＝160(円)

(3)　縦…56÷2÷(9＋5)×9＝18(cm)
横…28－18＝10(cm)
したがって，面積は18×10＝180(cm^2)

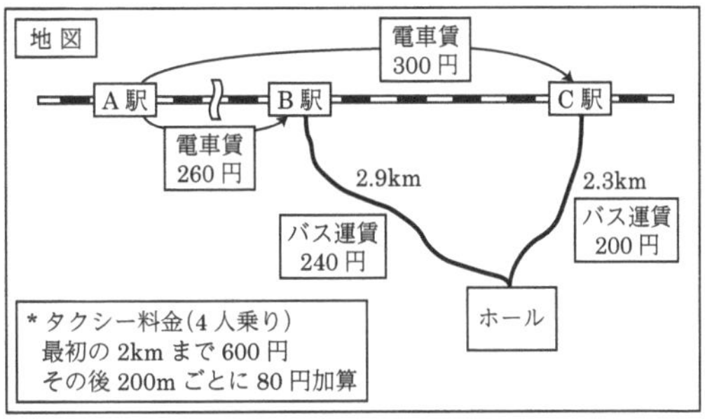

(4)　⑤～⑤⑤＋18
長いすの数…上表より，18÷(6－5)＋1＝19(脚)
⑥～⑥⑤
したがって，人数は6×19－1＝113(人)

(5)　B駅からタクシーの場合…600＋80×5＝1000(円)
C駅からタクシーの場合…600＋80×2＝760(円)
B駅からバスの場合…260＋240＝500(円)
C駅からバスの場合…300＋200＝500(円)
したがって，4人の合計料金が一番安いのは300×4＋760＝1960(円)

3. (平面図形，割合と比)

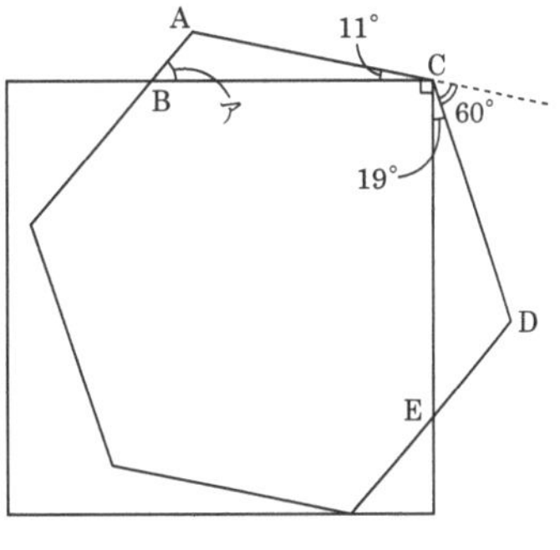

重要 (1)　角DCA…右図より，120度

角BCA…120－(90＋19)＝11(度)

したがって，角アは180－(120＋11)＝49(度)

(2)　面積…右図より，4×4×3.14÷2＋4×8＝8×3.14＋32＝25.12＋32＝57.12(cm²)

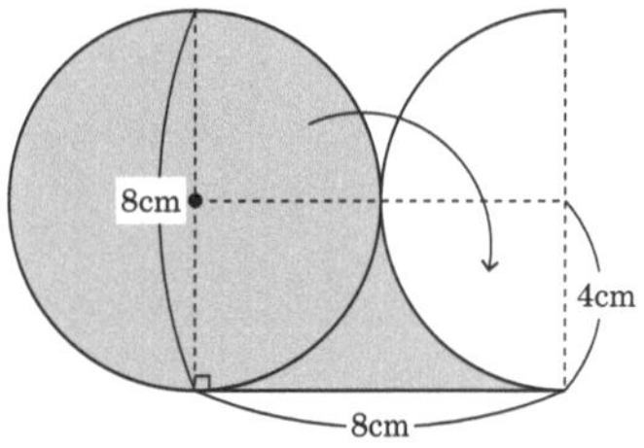

(3)　長方形AEFC…右図より，6×8＝48(cm²)

したがって，求める長さは48÷10＝4.8(cm)

【別解】三角形ACDとBCFは相似であり，CFは8÷10×6＝4.8(cm)

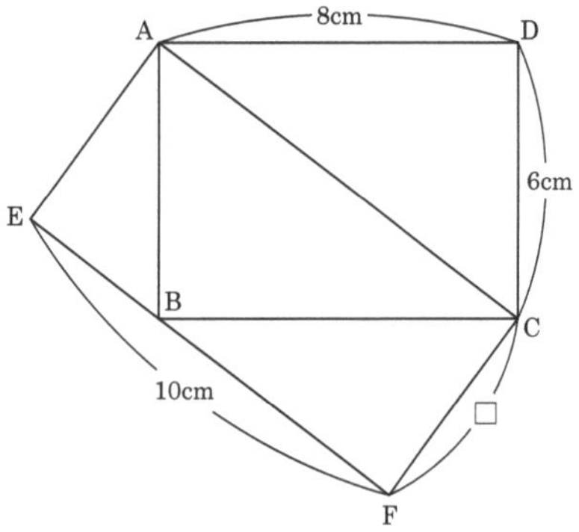

やや難　(4)　①上から3段目，前から2列目の3個，4段目，2・3列目の3×2＝6(個)は，どの面も赤色ではなく，求める個数は3＋6＝9(個)

②赤い面が1面の立方体の個数

…2段目2列目の3個，

3段目2列目の2個，3列目の3個，

4段目2列目の2個，3列目の2個，4列目の3個，

5段目2列目の3個，3列目の3個，4列目の3個

合計3×6＋2×3＝24(個)

赤い面が2面の立方体の個数

…2段目1列目の3個，2列目の2個，

3段目1列目の3個，3列目の2個，

4段目1列目の3個，4列目の2個，

5段目2列目の2個，3列目の2個，4列目の2個，5列目の3個

合計3×4＋2×6＝24(個)

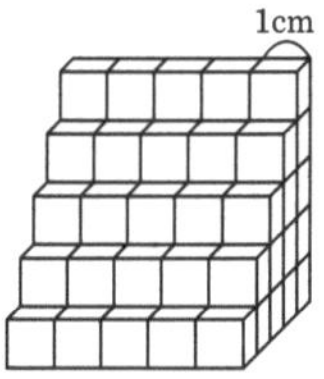

赤い面が4面の立方体の個数…1段目の2個，5段目1列目の2個

合計4個

したがって，求める比は24：24：4＝6：6：1

重要　**4.　(論理，規則性，数の性質)**

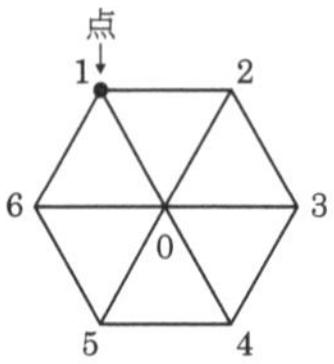

(1)　①コインを投げて表が出る

②点を2に動かす

③コインを投げて表が出る

④点を3に動かす

以下，点1まで動かすには，動作は2×6＝12(回)

(2)　①コインを投げて裏が出る

②点を0に動かす

③サイコロを投げて1が出る

④点を1に動かす

したがって，最少の動作は4回

(3)　間違い…ア「18回」

説明例

①コインを投げて裏が出る→②点を0に動かす→③サイコロを投げる→

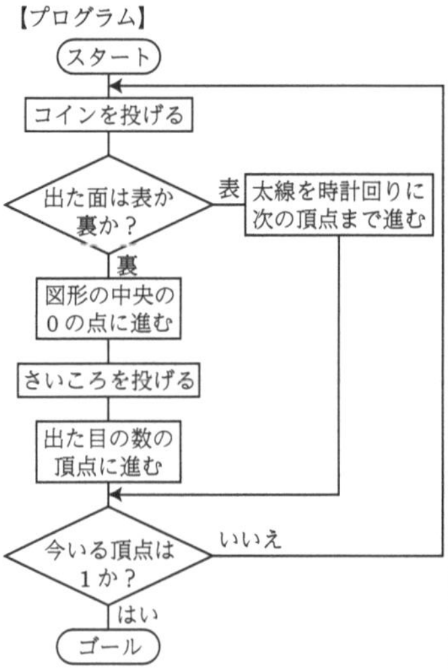

(例)

<スタート>

↓

①　コインを投げる

↓(表が出る)

②　点を1から2に動かす

③　コインを投げる

↓(表が出る)

④　点を2から3に動かす

⑤　コインを投げる

↓(裏が出る)

⑥　点を3から0に動かす

⑦　さいころを投げる

↓(6が出る)

⑧　点を0から6に動かす

⑨　コインを投げる

↓(表が出る)

⑩　点を6から1に動かす

↓

<ゴール>

④点を動かす　　コインを投げて裏が出る場合，4回の動作が連動するので，「5回裏が出る場合」ゴールするまでの動作は4×5＝20(回)以上になるから

重要 **5.** **(平面図形，立体図形，グラフ，単位の換算)**

(1)　最初の8時間で下がった水面の高さ
…グラフより，2.5－2.3＝0.2(m)
したがって，プールの水面の面積は60÷0.2＝300(m^2)

(2)　雨が降らなかった場合
水面の高さが0.5mになる時間…グラフより，32時間
したがって，求める時間は32＋2＝34(時間)

(3)　2台のポンプで1時間に排水する量
…(1)・(2)より，300×(2.3－0.5)÷(32－8)＝22.5(m^3)
したがって，くぼみの部分は22.5×2＝45(m^3)

図1

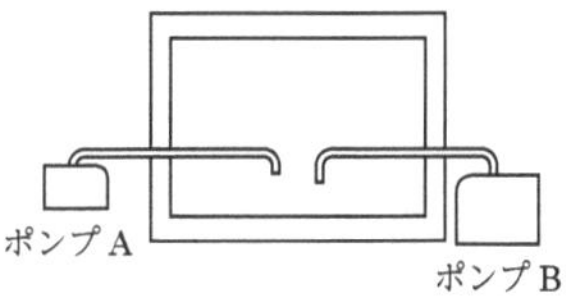

図2

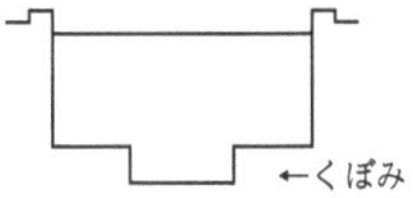

6. **(統計と表，平均算，消去算)**

図3

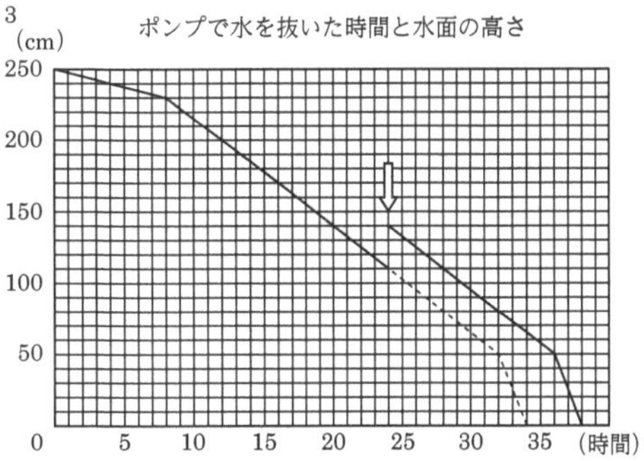

重要 (1)　A店の平均額
…(10000×3＋3000×10＋1000×30＋500×70)÷(3＋10＋30＋70＋137)＝125000÷250＝500(円)
B店の平均額
…(5000×10＋3000×20＋1000×30＋500×40＋100×200)÷(10＋20＋30＋40＋200)＝180000÷300＝600(円)

A店

	賞金額	本数
1等	10000円	3本
2等	3000円	10本
3等	1000円	30本
4等	500円	70本
はずれ	0円	137本

B店

	賞金額	本数
1等	5000円	10本
2等	3000円	20本
3等	1000円	30本
4等	500円	40本
残念賞	100円	200本

やや難 (2)　A店の残りの総額
…10000×3＋3000×8＋1000×24＋500×52＝104000(円)
B店の残りの総額
…104000÷200×250＝130000(円)
B店の残りの総額についての式
…5000×8＋3000×12＋1000×ア＋500×イ＋100×ウ＝130000，
1000×ア＋500×イ＋100×ウ＝130000－76000＝54000，
10×ア＋5×イ＋ウ＝540　－①

A店

	賞金額	本数
1等	10000円	3本
2等	3000円	8本
3等	1000円	24本
4等	500円	52本
はずれ	0円	113本

200本

B店

	賞金額	本数
1等	5000円	8本
2等	3000円	12本
3等	1000円	ア本
4等	500円	イ本
残念賞	100円	ウ本

250本

ア，イ，ウについての式
…1000×ア＋500×イ＝100×ウ×2＝200×ウより，10×ア＋5×イ＝2×ウ　－②
①と②…2×ウ＋ウ＝3×ウ＝540より，ウ＝540÷3＝180

ア＋イ＋180＝250－(8＋12)＝230より，ア＋イ＝230－180＝50　－③
②と③…10×ア＋5×イ＝2×180＝360より，2×ア＋イ＝360÷5＝72　－④
④－③…ア＝72－50＝22
したがって，3等は22本，4等は50－22＝28(本)

★ワンポイントアドバイス★

3.(4)「立方体の積み木」の問題は，問題自体は難しくはないが短時間で正解を得るのは難しい。4.「プログラム・ゲーム」も「ゲームの要領」を短時間で的確に理解するのは簡単ではなく，6.(2)「残りの本数」の問題も難しい。

＜理科解答＞《学校からの正答の発表はありません。》

1. (1)　イ，エ　(2)　アルカリ性　(3)　40g　(4)　マイクロ　(5)　子房
(6)　ア，エ　(7)　関節　(8)　気孔　(9)　エ　(10)　斑状(組織)　(11)　エ
(12)　ア　(13)　20.4cm　(14)　量子

2. (1)　カ，ク　(2)　イ　(3)　純粋な気体が集められる。　(4)　エ　(5)　2種類の元素からできている。

3. (1)　イ，オ　(2)　オタマジャクシはエラ呼吸，カエルは肺呼吸をする。　(3)　ウ
(4)　①　ウ　②　門　ア　網　カ

4. (1)　ウ　(2)　ウ　(3)　火山の噴火　(4)　A→C→B　(5)　150m

5. (1)　イ　(2)　記号　イ　理由　巻き数を多くしても電圧が同じだと電流も同じになる。　(3)　ウ　(4)　エ　(5)　2.7A

○推定配点○
1.　各2点×14((1)，(6)各完答)　2.　(3)，(5)　各3点×2　他　各2点×3((1)完答)
3.　(2)　3点　他　各2点×5((1)完答)　4.　各2点×5　5.　各2点×6　計75点

＜理科解説＞

重要 **1.** (理科総合―小問集合)

(1)　アルミニウムは磁石にくっつかない。熱を伝えやすく，電気を通し，金属の光沢がある。
(2)　赤色リトマス紙を青くするのはアルカリ性である。
(3)　□gの食塩を溶かすとすると，$\frac{\square}{160+\square}\times 100=20$　□＝40g
(4)　細かく分解されたプラスチックゴミをマイクロプラスチックという。
(5)　被子植物の胚珠は子房に包まれている。
(6)　反射鏡を動かして光の量を調節できる。またしぼりを操作して光の量を調整する。
(7)　骨と骨のつなぎ目の部分を関節という。
(8)　植物の葉の裏にある気体が出入りするすき間を気孔という。
(9)　上昇気流によって運ばれた水蒸気が雲になり，非常に発達し強い雨を降らせる。このような雲を積乱雲という。線状降水帯では，同じような場所で長時間積乱雲が生じ大雨を降らせる。
(10)　小さな鉱物を石基，結晶化した大きな鉱物を斑晶という。これらが混ざり合った組織を斑

状組織という。このような組織を持つ火成岩を火山岩という。

(11)　マグニチュードが1大きくなると，地震のエネルギーは約32倍になる。マグニチュードが2違うので，地震のエネルギーは32×32＝1024　約1000倍になる。

(12)　図のアが支点，イが作用点，ウが力点になる。

(13)　20gのおもりでばねは1.6cm伸びる。つまり10gで0.8cm伸びる。はじめのばねの長さは50gのとき22.0cmだったので，22.0−5×0.8＝18(cm)である。30gのおもりで3×0.8＝2.4(cm)伸びるので，ばねの長さは18＋2.4＝20.4(cm)になる。

(14)　このコンピュータを量子コンピュータという。

2. (気体の発生・性質―気体の性質と反応)

基本 (1)　気体Aは水素，Bは酸素，Cは二酸化炭素，Dはアンモニアである。水素と酸素の共通の特長は，無色・無臭で，水に溶けにくい点である。酸素は物を燃やす働きをするが自身は燃えない。

重要 (2)　石灰水に二酸化炭素を吹き込むと炭酸カルシウムが発生する。

(3)　水上置換法では，最初に発生する気体を捨てしばらくしてから気体を集めると，その気体だけを捕集できる。下方置換や上方置換では捕集した気体に空気が混ざってしまう。また，有害な気体の場合，捕集した気体の量が目で見てわかるので，外に逃げないようにすることもできる。

(4)　ベーキングパウダーは炭酸水素ナトリウムを含む。これに食酢のような酸を加えると二酸化炭素が発生する。

(5)　A，Bは1種類の元素でできる物質であるが，C，Dは2種類の元素でできる物質である。

3. (動物―動物の分類)

基本 (1)　水中に卵を産むのは魚類と両性類である。イモリとサンショウウオは両生類である。

重要 (2)　両生類は水中で生活する時期にはエラで呼吸をするが，陸上に上がると肺で呼吸するようになる。

基本 (3)　さなぎの時期を経て成虫になるものを完全変態という。チョウは完全変態である。トンボ，セミはさなぎの時期を経ない不完全変態である。

(4)　①　カエルもヒトも動物界に属し，脊索動物門に属する。カエルは両生綱であるが，ヒトは哺乳綱である。　②　カブトムシは動物界，節足動物門，昆虫綱に属する。

4. (流水・岩石・地層―柱状図)

基本 (1)　石灰岩は堆積岩である。その他は火成岩である。

重要 (2)　れきが堆積するのは河口から近い海底である。その後，砂岩が堆積しているので，海岸から少し離れ海底が深くなったことがわかる。さらに泥岩が堆積したので，さらに深くなっていった。その後砂岩が堆積しているので，海岸に近づき海底が浅くなった。

基本 (3)　凝灰岩は火山灰の堆積でできる岩石である。それでかつて火山の噴火があったことがわかる。

(4)　かぎとなる凝灰岩の地層の高さは同じなので，それより上の層が厚いほど標高が高い。よって各地点の標高は，A＞C＞Bの順になる。

(5)　D地点の標高が160mで，地下35m付近に凝灰岩層がある。地層に傾きがないので，地点Bの凝灰岩層も同じ高さにある。B地点ではその上に25mの地層が堆積している。D地点より10m地層の幅が小さいので，B地点の標高は150mである。

5. (電流のはたらき・電磁石―電磁石の磁力の大きさ)

重要 (1)　コイルに電流が流れると，右ねじの進む方向に磁力線が生じる。図では電流の向きから，イがN極になる。

(2)　実験の結果より，コイルの巻き数を多くしても電圧が同じときは電流の大きさも同じになる。だから正しくない。

(3) 電圧は同じでコイルの巻き数を2倍にする，電磁石の磁力は2倍になる。コイルの巻き数を同じにして電圧を2倍にすると，電磁石の磁力は2倍になる。よってウが正しい。

(4) 巻き数が50回。電圧が3.0Vの時と比較すると，巻き数が3倍，電圧が3倍になるので，磁力は9倍になる。引き付けられるクリップの数は3×9＝27(個)である。

(5) コイルに流れる電流の大きさは，巻き数に関係なく電圧に比例する。よってこの時流れる電流は0.9×3＝2.7(A)である。

★ワンポイントアドバイス★

大半が基本問題である。基礎知識をしっかりと身につけること。また，最近の科学的出来事についての質問も多ので，ニュースにも目を通しておきたい。

＜社会解答＞《学校からの正答の発表はありません。》

1. (1) ① イ ② 中国 (2) ① ア ② 京葉工業地域 ③ 港 X 記号 ウ (3) ① ア ② ウ ③ 記号 エ 特徴 (例) 夏は南東の湿った季節風が四国山地にぶつかるため気温が高く降水量も多い。 ④ エ ⑤ みかん ⑥ 沖縄(県)

2. (1) イ (2) はにわ (3) (例) 西アジアからシルクロードを経由して日本まで伝えられた。 (4) エ (5) ア (6) ① イ→エ→ア→ウ ② エ (7) ウ (8) 山口(県) (9) ドイツ (10) イ (11) エ (12) 国際連合 (13) ウ

3. (1) ① イ ② エ (2) イ (3) ① ア ② ウ (4) (例) 少子高齢社会が急激に進展，医療や年金，子育てなどの費用が増えているから。

○推定配点○

1. (3)③ 5点 他 各2点×12
2. (3) 5点 他 各2点×13
3. (4) 5点 他 各2点×5 計75点

＜社会解説＞

1. **(地理―国土と自然・産業・世界地理など)**

(1) ① アフリカ中央部からユーラシア大陸の最南端，南米の北部を通るのが赤道。 ② 2023年インドに抜かれたものの巨大な人口を擁し世界の大国となった中国。

重要 (2) ① 東北の太平洋側と日本海側を分かつ脊梁《せきりょう》山脈。霞ヶ浦は日本2位，Cは関西の水源・淀川，Dは筑紫平野。 ② 東京湾の東側に広がる工業地域。日本で最も化学工業の占める割合が高い。 ③ 日本最大の中京工業地帯を背景とする名古屋港。日本屈指の大企業・トヨタ自動車を中心とする自動車や自動車部品の占める割合が極めて高い。

(3) ① 島国である日本は排他的経済水域(EEZ)が大きく国土面積の10倍以上で世界6位ともいわれる。イはインドネシア，ウはブラジル，エはアメリカ。 ② 東京都小笠原村に属する沖ノ

重要 鳥島。この島が水没すると日本の国土面積に匹敵《ひってき》するEEZが失われる。　③　夏は太平洋高気圧からの暖かく湿った季節風が四国山地に吹きつける。アは日本海側，イは中央高地，ウは瀬戸内の雨温図。　④　Aは東京湾の臨海部に工場が立ち並ぶ千葉，Bは野菜の促成栽培がさかんな高知，Cは日本最大の漁獲量を誇る北海道。　⑤　かつての常連であった愛媛を抜いて10年以上1位を維持。　⑥　エイサーは旧暦の7月15日に行われる沖縄の盆踊り。

2. (日本の歴史―古代～現代の政治・社会・文化など)

(1)　弥生時代を特徴づけるのは稲作と金属器の使用。アは縄文，ウは奈良，エは平安時代。

(2)　粘土(埴土《はにつち》)で作られた土製品で円筒埴輪と形象埴輪があり，円筒埴輪は聖域を画す役目や土留め，家や人物などの形象埴輪は祭祀などに用いられたといわれる。

(3)　シルクロードとは中央アジアを横断する古代の東西交通路。中国特産の絹がこの道を通って運ばれたことから命名，東大寺の正倉院はシルクロードの終着点ともいわれる。

(4)　領土の獲得ができなかった幕府は御家人へ恩賞を与えられずやむなく借金帳消しの徳政令を発した。しかし，御家人の救済はかなわず幕府への不満を高める結果となった。

(5)　明と李氏朝鮮の建国は14世紀の後半から末期，琉球王国は15世紀前半に中山王・尚巴志が三山を統一して建国。高麗は10世紀前半，元は13世紀後半，清は17世紀前半に建国。

(6)　①　イ(1543年)→エ(1560年)→ア(1577年)→ウ(1582年)の順。　②　海外渡航に失敗した松陰が自宅幽閉となって開き，高杉晋作や伊藤博文など維新の人材を輩出した。解体新書はオランダ語の翻訳，古事記伝は本居宣長，地図は伊能忠敬。

(7)　国を閉ざす政策と禁教は直接結びつかないようだが，キリスト教を受け入れる限り外国の影響を排除することはできない。二つの政策は相まって江戸時代の長期にわたる平和に貢献した。

(8)　長州は山口県西部・北部の旧国名である長門《ながと》の別称。

重要 (9)　1871年，プロイセン王国のビスマルクはウィルヘルム1世を皇帝に即位させドイツ帝国を建国，強い君主権を持つドイツ憲法は日本の手本となった。

(10)　連合艦隊司令官の東郷平八郎は強大なロシアのバルチック艦隊を撃破し国民的英雄となった。日露戦争では賠償金の獲得に失敗，ア・エは日清戦争。

(11)　オアフ島にある天然の良港でアメリカ太平洋艦隊の基地があった港。太平洋戦争開戦時には日本軍が奇襲攻撃をかけ戦艦8隻を撃沈するなど大成果を上げた。

重要 (12)　第2次世界大戦の戦勝国を中心とした国際機関。国際連盟の失敗を受け常任理事国に拒否権を認めるなどしたが，現在では国際紛争に対応できず機能不全が指摘されている。

(13)　1973年の石油ショックまで続いたのが高度経済成長。東京オリンピックは1964年，配給は日中戦争から敗戦後の混乱期まで，バブルは1980年代後半から1990年代初め。

3. (政治―憲法・政治のしくみ・国際社会など)

重要 (1)　①　3大原則は国民主権，基本的人権の尊重，平和主義。5月3日は憲法の施行，天皇は象徴，政治に参加するのは参政権。　②　投票は義務ではないため棄権も認められている。

(2)　政府開発援助の略。発展途上国に対し行われる経済支援や技術協力で，1990年代は日本が世界最大のODA大国だった。アはNGO，ウはユニバーサルデザイン，エはSDGs。

重要 (3)　①　国会が制定する法律に対する違憲審査。イは国会から内閣，ウは内閣から国会，エは裁判所から内閣への矢印。　②　少子化対策や子育て支援など子供に関する政策の司令塔。

(4)　日本の高齢化率は30%に迫っており，地方を中心に50%を突破し共同体の維持が困難となる限界集落も増えている。年金や医療保険だけでなく少子化対策への政策費などが増加の一歩をたどり自治体の財政を圧迫している。

★ワンポイントアドバイス★

時事的な内容を持つ設問も増えている。日ごろから世の中の動きに関心を持ち，わからないことがあれば必ず自分で調べる習慣をつけよう。

＜国語解答＞《学校からの正答の発表はありません。》

一 ① 導入 ② 貧しい ③ 捨てる ④ 印刷 ⑤ 危険 ⑥ 気候
⑦ こうりつ ⑧ てんじ

二 問一 (1) めしあがった (2) 拝見した 問二 7 問三 (1) 一(挙)両(得)
(2) 単(刀)直(入) 問四 (1) ウ (2) オ 問五 エ

三 問一 Ⅰ 感覚センサー Ⅱ 可視光 問二 地磁気センサー 問三 (例) 未知なる情報を知覚することができる感覚センサーを備えていない 問四 イ
問五 後から生ま 問六 ウ 問七 (例) ヒトは身体感覚によって世界を感じているが，身体の所有している五感センサーを使っている限り，脳の真価が発揮できない。

四 問一 (例) 会社を辞めて，パン職人を目指しているということを話そう
問二 オ 問三 (例) 気もまぎれるし，時間もつぶれて，親の期待も，絶望も全部一人で背負うことなく分散できて，いろんなことからうまく逃げられる 問四 イ
問五 エ 問六 イ

○推定配点○

一 各1点×8 二 各2点×8(問三各完答)
三 問一 各3点×2 問三 8点 問六 5点 問七 10点 他 各4点×3
四 問一 8点 問三 10点 問六 5点 他 各4点×3 計100点

＜国語解説＞

一 (漢字の読み書き)

①は小説や音楽などで主題に入る前のはじまりの部分。②の音読みは「ヒン・ビン」。熟語は「貧困」「貧乏」など。③の音読みは「シャ」。熟語は「取捨」など。④はインクをつけた版面上の文字や絵などを紙や布などにすりうつすこと。⑤の「険」を「検」「剣」などとまちがえないこと。⑥は気温や降水量などの気象の状態。⑦は一定の費用や時間を費したときに得られる結果の量。⑧は物品や作品などを並べて人々に見せること。

二 (慣用句・四字熟語，部首，文と文節，敬語)

重要 問一 (1)の——線部は「お客さま」の動作なので，尊敬語の「めしあがった」。(2)の——線部は自分の動作なので，謙譲語の「拝見した」。

やや難 問二 一つの文節には一つの自立語が入り，付属語だけで文節はつくれないので，「きのう，／家の／庭に／小鳥が／来て，／さわがしく／鳴いた」で7つの文節からできている。

問三 (1)と同様の意味の四字熟語に「一石二鳥」などがある。(2)は一人で刀を持って敵に切りこんで，まっすぐに突入するということから。

基本 問四 (1)は根も葉もなければ植物が育つはずない，ということから。(2)は江戸時代の油売りの行商人は客と雑談しながら油を売っていたことから。

問五　――線部とエの部首は「貝(かいへん)」。他の部首は，アは「木(きへん)」。イは「目(めへん)」。ウは「見(みる)」。オは「八(はち，はちがしら)」。

三　(論説文－要旨・大意・細部の読み取り，空欄補充，記述力)

基本　問一　Ⅰは，――線部①のある段落内容から「感覚センサー(6字)」，Ⅱは「ただし……」で始まる段落内容から「可視光(3字)」がそれぞれ入る。

問二　――線部②直後の段落から続く5段落で，②として「地磁気センサー(7字)」をネズミに用いた実験について述べている。

問三　「偏光，ラジオ波……どれも私たちの身体はセンサーを備えていませんから感じることはでき」ず，「こうした未知なる情報を知覚することができたら」――線部③である，と述べているので，これらの内容を〈　〉に入る形で指定字数以内にまとめる。

問四　□前後で，「脳が大きければ……神経回路の配線にコストがかさみ……遠くの神経細胞とつながるためには長い繊維を伸ばさねばな」らず，「結局，物理的な制約から，ヒトの脳の神経結合は，近い細胞同士がつながった『局所回路』がメインとな」ることを述べているのでイが適切。□前後の内容をふまえ，遠くの神経細胞と回路が築きにくくなることを説明していない他の選択肢は不適切。

問五　――線部④直後で，④とは反対に「手っ取り早く回路を作ってしまったら，後から生まれた細胞が組み込まれる余地がなくな」ることを述べているので，④は「後から生まれた細胞が組み込まれる余地(18字)」を確保するためである。

重要　問六　ウは「日常に使う……」から続く2段落で述べている。アの「哺乳類」の説明は「ただし可視光や……」で始まる段落内容と合わない。ネズミを用いた実験では，イの「ネズミの感覚器官がすぐれているため」とは述べていない。エの「ヒトとネズミの脳の能力」の説明は「並行処理は……」で始まる段落内容と合わない。最後の2段落でオの「SRGAP2Cという遺伝子」について説明しているが，「その謎を解き明かすことが必須」とは述べていない。

や難　問七　冒頭で，「ヒトには『五感』があ」り，その「全5種の身体感覚……のおかげで……世界を感じることができ」ること，「私たちは……」で始まる段落で，「いま所有している五感センサーを利用している限りは，脳の真価は発揮できない」と述べていることをふまえ，世界の見え方と脳の関係について筆者が述べようとしていることを指定字数以内でまとめる。

四　(小説－心情・情景・細部の読み取り，記述力)

問一　――線部①は「父さんのことを聞かれたら，真実を話そうと決めていた」ことで，「『アタマに……』」で始まるセリフで父親のことを「『突然一流の格好いい仕事をやめて，家族を置いてパン職人を目指すヤツ』」と海斗が話していることをふまえ，〈　〉に入る形で具体的に説明する。

基本　問二　――線部②前で，海斗が「『オレは総也の面倒を見ることで，いろんなことから逃げて……逃げるために，世話してきたんだよ』」と話していることからオが適切。②前の海斗の描写をふまえていない他の選択肢は不適切。

重要　問三　――線部③前後で，総也みたいな弟がいれば「『気もまぎれるし，時間もつぶれて，いろんなことからうまく逃げられてうらやましく思ってたんだよ』『一人っ子だと，親の期待も，絶望も全部背負うわけよ……それが分散されるだけでも，兄弟がいるってうらやましいよ』」と健吾が話していることをふまえ，〈　〉に入る形で③の理由を指定字数以内でまとめる。

問四　サッカー部をやめたことで家族とギクシャクしている自分と同じように，倫太郎も学校で苦労していることで，――線部④のようにして「『……みんなそろいもそろって，オレたち中二病トリオかよ』」と嬉しそうにしている健吾の様子が描かれているのでイが適切。さまざまな事情で苦労しているのは，三人とも同じであることで仲間意識を持ったことを説明していない他の選択肢は不適切。

問五　──線部⑤前で,「先に本音を白状してくれたこの二人に……ありのままの自分を受け入れてもらった今，海斗は父さんにも本音をぶつけられる気がした」という海斗の心情が描かれているのでエが適切。⑤前の海斗の心情をふまえていない他の選択肢は不適切。

やや難　問六　海斗は，父の転職がアタマにきて自分から受験をやめ，総也の面倒を見ることでいろんなことから逃げていたが，健吾と倫太郎がありのままの自分を受け入れてくれたことで，父と話をする気持ちをかためたことが描かれているのでイが適切。アの「中学受験ができなかったことを今でも悔いて」，ウの「気持ちを吹っ切ることができた」，エの「今までにない……」以降，オの「恩を感じており」はいずれも描かれていない。

★ワンポイントアドバイス★

論説文では，専門用語の意味も確認しながら，文脈をていねいに読み取っていこう。

一般

2024年度

解　答　と　解　説

《2024年度の配点は解答欄に掲載してあります。》

＜算数解答＞《学校からの正答の発表はありません。》

1.　(1)　71　　(2)　90　　(3)　9　　(4)　0.1　　(5)　56
2.　(1)　2.1L　　(2)　150冊　　(3)　6点　　(4)　8回　　(5)　正10角形
3.　(1)　30度　　(2)　解説参照　　(3)　30.28cm^2　　(4)　188cm^3
4.　(1)　200cm^3　　(2)　10cm　　(3)　175秒後
5.　(1)　ア　28個　　イ　32　　ウ　336　　(2)　24番目　　(3)　2816
6.　(1)　96cm^3　　(2)　144cm^3　　(3)　39通り

○推定配点○

各4点×25　　　計100点

＜算数解説＞

1.　(四則計算)

(1)　99－28＝71　　　(2)　9×10＝90

(3)　$\frac{7}{15}\times 20-\frac{1}{3}=9$　　　(4)　$\frac{21}{8}\times\frac{4}{5}-\frac{3}{4}\times\frac{8}{3}=2.1-2=0.1$

(5)　□＝(34－27)×8＝56

2.　(割合と比，平均算，和差算，数の性質，単位の換算，平面図形)

基本　(1)　24×28÷320＝2.1(L)

重要　(2)　27÷0.3÷0.6＝150(冊)

(3)　EとFの得点の和…7×6－6.5×4＝16(点)

したがって，Fは(16－4)÷2＝6(点)

(4)　15，18の最小公倍数…90

90分＝1.5時間

電車とバスが同時に出発する時刻…8.5時，10時，11.5時，13時，14.5時，16時，17.5時，19時

したがって，求める回数は8回

(5)　180－72×2＝36＝360÷10

したがって，求める多角形は正10角形

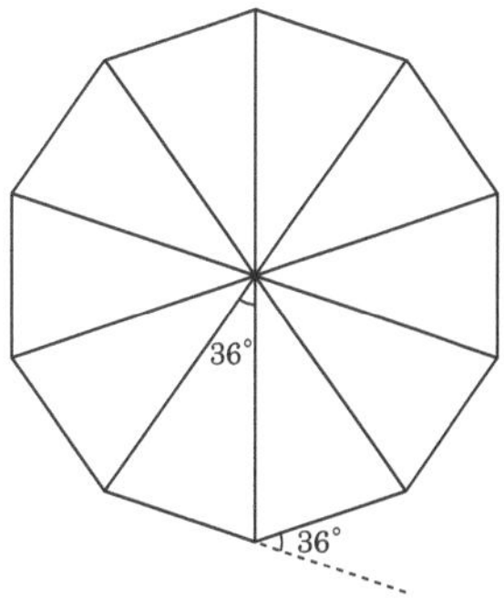

重要　

3.　(平面図形，立体図形)

(1)　三角形ABC…図①より，正三角形

したがって，角アは60－30＝30(度)

(2)　4の面と向き…次ページ図②のようになる

(3)　色がついた部分の面積

…次ページ図③より，(8＋4)×4÷2＋4×4×3.14÷8＝24＋6.28

＝30.28(cm^2)

図①

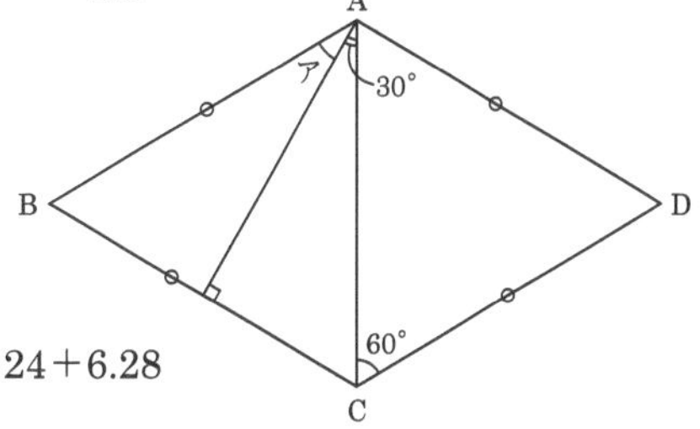

(4)　立体の側面積…図④より，$(6+10)\times2\times4=128(cm^2)$
　立体の底面積…$(222-128)\div2=47(cm^2)$
　したがって，体積は$47\times4=188(cm^3)$

図②
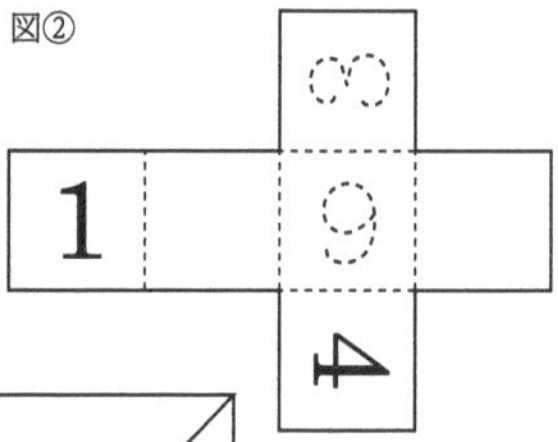

図③
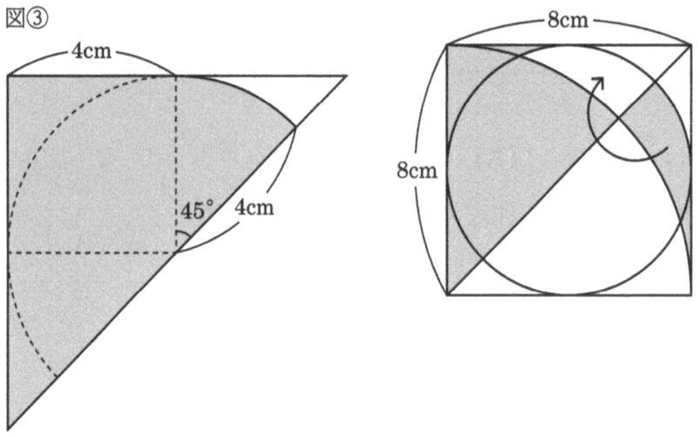

図④
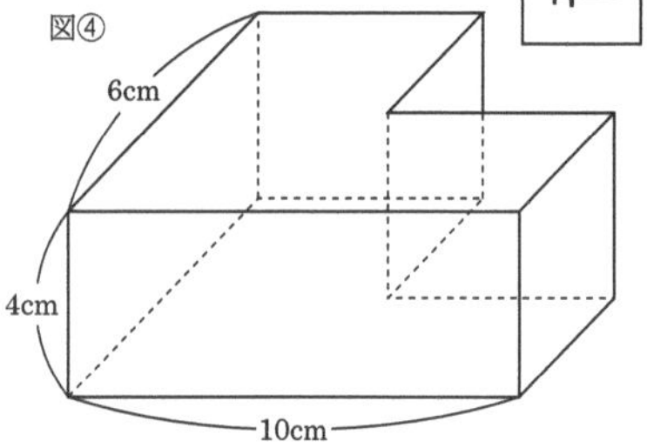

重要 4. (平面図形，立体図形，グラフ)

(1)　1秒間の給水量
　…右図・図2より，$20\times30\times12\div36=200(cm^3)$

(2)　右側部分に5cmまでたまった水量
　…(1)より，$200\times(46-36)=2000(cm^3)$
　したがって，㋐は$30-2000\div(5\times20)=10(cm)$

(3)　(1)・(2)より，
　$(20\times60\times30-20\times10\times5)\div200=35000\div200=175$(秒後)

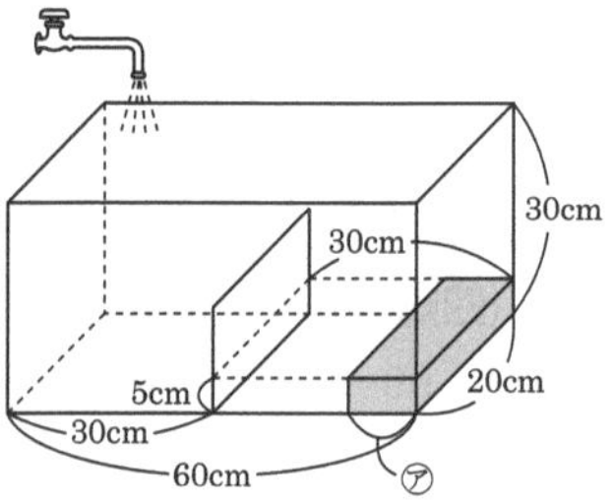

図1　水を入れ始めてからの時間と水の深さ
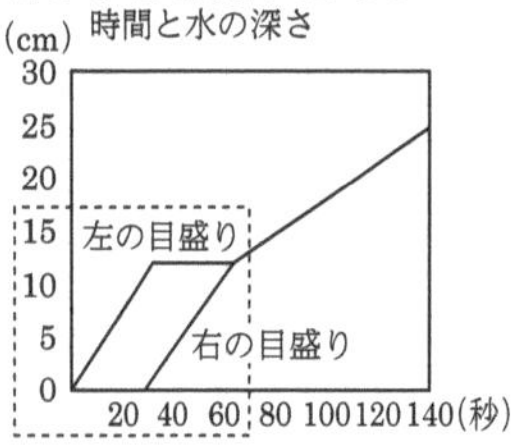

図2　図1の点線部を拡大したもの
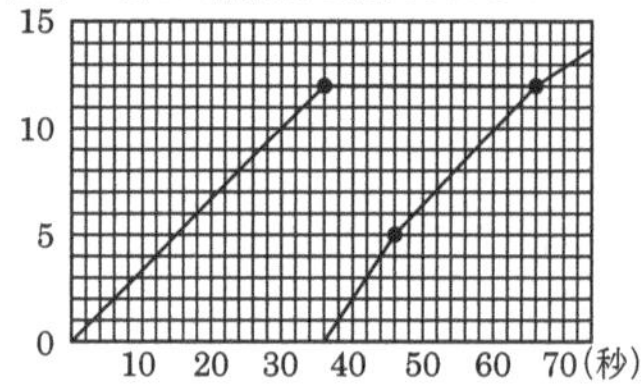

重要 5. (数列・規則性，数の性質)

(1)　ア…$(1+7)\times7\div2=28$(個)
　イ…$1\times2\times2\times2\times2\times2=32$
　5段目の左から1番目の数…$20+20+8=48$
　6段目の左から1番目の数…$48+48+16=112$
　したがって，左から8番目の数ウは$112+32\times7=336$

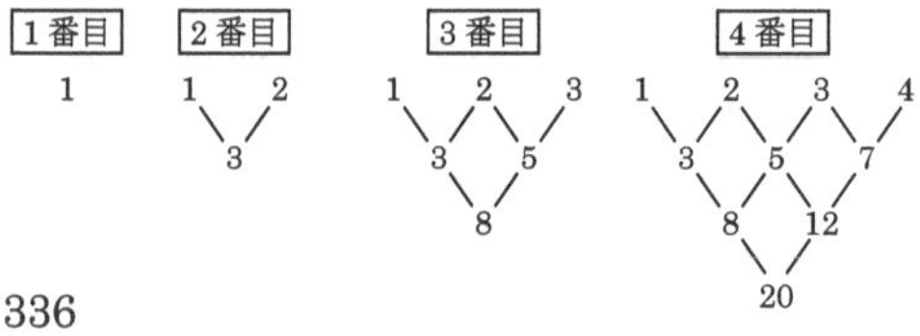

(2)　15段目…10個，14段目…11個，～，1段目…$15+10-1=24$(個)
　したがって，求める図は24番目

やや難 (3)　(1)より，7段目の左から1番目の数…$112\times2+32=256$
　8段目の左から1番目の数…$256\times2+64=576$
　9段目の左から1番目の数…$576\times2+128=1280$
　したがって，求める数は$1280\times2+256=2816$
　【別解】$1\times2\times2\times2\times2\times2\times2\times2\times2\times11=2816$

6. **(平面図形，立体図形，場合の数)**

重要 (1)　右の平面図

…各数字はその位置の立方体の数を示す

したがって，立体の体積は

$2\times2\times2\times\{(1+2)\times3+3\}=8\times12=96(\text{cm}^3)$

2		
1	3	1
1	2	2

(2)　右図の直方体表面積

$\cdots6\times6\times2+6\times4\times4=6\times28=168(\text{cm}^2)$

したがって，最大の体積は$36\times4=144(\text{cm}^3)$

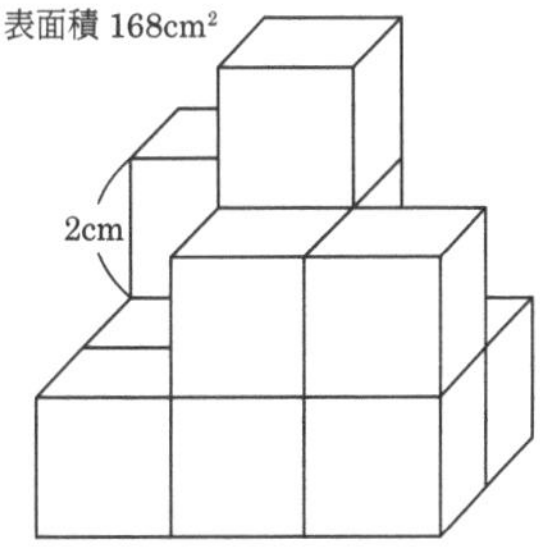

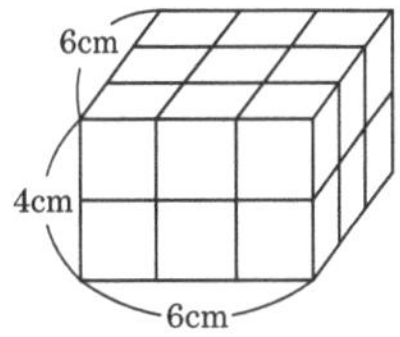

やや難 (3)　右の平面図

A～Cが1または2であって，すべて1のときを除く場合

$\cdots2\times2\times2-1=7$(通り)

7通りのうち，Cが1の場合…$2\times2-1=3$(通り)

3通りについて，ア・イ・ウが1または2である場合

…5通り

7通りのうち，Cが2の場合…$7-3=4$(通り)

4通りについて，ア・イ・ウが1または2である場合

…6通り

したがって，全部で$3\times5+4\times6=39$(通り)

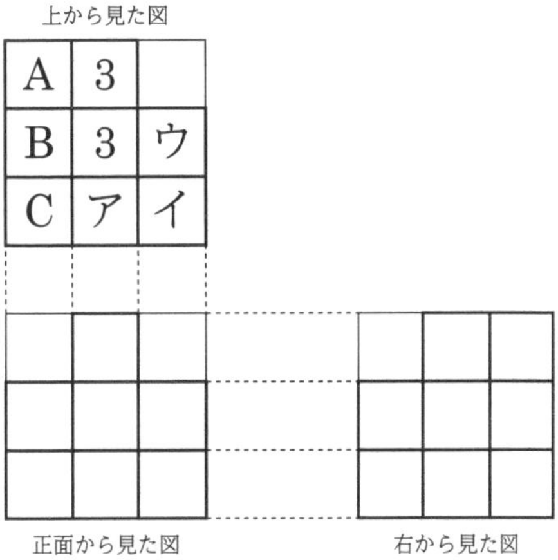

★ワンポイントアドバイス★

5.(3)「10番目の図の最下段の数」を求める問題は難しく，6.(2)「表面積が一定で体積が最大になるとき」は，凸凹のない直方体を利用し，(3)「立方体の積み重ね方」に関する場合の数は，簡単ではなくミスしやすい。

<理科解答> 《学校からの正答の発表はありません。》

1. (1)　ア，ウ　(2)　中性　(3)　酸素　(4)　ホ乳(類)　(5)　エ　(6)　気門　(7)　北里柴三郎　(8)　ア　(9)　ベテルギウス　(10)　イ　(11)　インド　(12)　ウ　(13)　弾性　(14)　1個

2. (1)　融点　(2)　エ　(3)　ア　(4)　①　水分子の運動は激しくなる。　②　1708倍

3. (1)　C，F　(2)　②　オ　③　ウ　(3)　ウ　(4)　デンプン　(5)　Ⅰ　ア　Ⅱ　エ　Ⅲ　オ

4. (1)　ウ　(2)　エ　(3)　めい王星　(4)　イ　(5)　二酸化炭素の厚い雲におおわれ，温室効果により高温になる。

5. (1) ウ (2) ① 焦点 ② イ (3) エ (4) 変わらない
(5) 縦の長さ 100cm 下端の高さ 70cm

○推定配点○
1. 各2点×14((1)完答) 2. 各2点×5
3. (5) 各1点×3 他 各2点×5((1)完答)
4. 各2点×5 5. 各2点×7 計75点

<理科解説>

重要 1. (理科総合―小問集合)

(1) 窒素は無色，無臭の気体で，空気の約78%を占める。空気より軽い気体である。
(2) 砂糖類は中性を示す。
(3) 酸化銀を加熱すると分解して，銀と酸素が発生する。
(4) イヌやキツネはホ乳類である。
(5) イヌワラビは種子をつくらず胞子で増える。
(6) 昆虫の体にある空気を取り入れるための穴を気門という。
(7) 2024年発行の新紙幣の肖像に用いられる微生物学者は，北里柴三郎である。
(8) 下流では上流に比べて川の流れがゆるやかである。そのため堆積作用が下流でより大きい。
(9) オリオン座の1等星は，リゲルとベテルギウスである。
(10) アンモナイトが栄えた時代は中生代である。このようにその生物が栄えた地質年代を特定できる化石を示準化石という。
(11) 2023年8月にインドは，チャンドラヤーン3号を月の南極付近に着陸させることに成功した。
(12) 音がもっとも速く伝わるのは固体の中である。選択肢の中では，鉄でもっとも音が速く伝わる。
(13) ゴムがもとに戻ろうとする性質を弾性という。
(14) □個のおもりをつり下げたとすると，30×4＝20×3＋□×6 □＝10 よって10gのおもりを1個つり下げると，てこは水平につり合う。

2. (物質の状態変化―水の状態変化)

基本 (1) 固体が液体に変わる温度を融点という。
重要 (2) 液体が沸騰して気体へ変化するときの温度を沸点という。このとき，すべての液体が気体に変わるまで温度は一定に保たれる。また，その間，液体と気体が共存している。
(3) 氷の重さを半分の50gにするので，氷がとけるのにかかる時間と水が水蒸気に変わる時間は短くなる。しかし融点や沸点の高さは量に関係なく決まった温度になる。
(4) ① 液体の水の分子は加熱によって熱運動が激しくなり，気体へ変化する。気体分子の運動は大変激しく，大きな体積を示すようになる。 ② 1gの水と1gの水蒸気の体積を比較する。液体の水1gは1cm^3である。1gの水蒸気は0℃で$1 \div 0.0008 = 1250$(cm^3)であり，100℃になるまでに$1250 \times \frac{100}{273} \fallingdotseq 457.8$($cm^3$)増加する。よって100℃の水蒸気1gの体積は$1250 + 457.8 = 1707.8 \fallingdotseq 1708$($cm^3$)になる。よって1708倍になる。

3. (人体―消化管)

基本 (1) 消化管は，食道，胃，小腸，大腸からなる。図でCが胃，Fが大腸である。
重要 (2) だ液にはデンプンの分解酵素のアミラーゼが含まれる。胃液にはタンパク質の分解酵素のペプシンが含まれる。

重要 (3) 小腸で吸収された栄養素は肝臓に運ばれて蓄えられる。肝臓はその他に，有毒なアンモニアを無毒な尿素に変えたり，脂肪の分解を助ける胆汁をつくったりする働きがある。

基本 (4) ヨウ素液が青紫色に変化したので，試験管Yの液にはデンプンが含まれていることがわかる。

重要 (5) だ液中の酵素のはたらきと温度の関係を調べるので，Zには米のとぎ汁と水でうすめただ液を加える。これを80℃のお湯につけヨウ素液を加えると，酵素が高温で働かないのでデンプンが分解されずヨウ素液は青紫色を示す。これを試験管Xの40℃における実験と比べると，酵素の働きに及ぼす温度の影響がわかる。

4. (地球と太陽・月―太陽系の惑星)

基本 (1) 夕方西の空に見え，[宵の明星]と呼ばれるのは金星である。オリンポス火山のある惑星は火星である。

基本 (2) 夕方西の空に見える月は三日月である。

(3) めい王星はかつては太陽系の惑星の一つとされていたが，惑星の定義が2006年に見直されたため準惑星になった。

(4) 月の半径は1737kmである。

(5) 金星は二酸化炭素の厚い雲におおわれていて，表面が見えない。二酸化炭素は温室効果ガスであり，赤外線を通さないので金星の表面温度は大変高くなる。

5. (光の性質―虫眼鏡や鏡に映る像)

重要 (1) 虫眼鏡に移る像は虚像であり，虚像はもとの像と上下左右が同じである。

(2) 虚像ができるのは，もとの物体(ここでは新聞)がレンズの焦点より近くにある時である。ここから，虫眼鏡を新聞に近づけていくと，文字の大きさは徐々に小さくなり，焦点にくると像できなくなる。焦点より遠くになると上下左右が逆の実像ができるようになる。

(3) 水中の物体から来る光は，水と空気の境目で屈折する。観察者は光がまっすぐ来るように感じるので，水中の物体が実際より浅い所にあるように感じる。図エのように，コインの中心から出る光が屈折して目に届くが，観察者は浮き上がって見えるコインの中心から光がまっすぐにやってくると感じる。

(4) 鏡にうつる自分の体の範囲は，鏡に近づいたり，遠ざかったりしても変わらない。

やや難 (5) 父の頭のてっぺんからの光が父の目に届くためには，鏡の上端は最低でも目線より5cm上にないといけない。目線が165cmなので，鏡の上端の高さが170cmより上にないといけない。さらにつま先からの光が父の目に届くためには，鏡の下端の高さは目線の高さの半分より低くなければならない。父のつま先がうつるには目線の高さが165cmなので，鏡の下端は165÷2＝82.5(cm)より低くないといけない。しかし，あおいさんのつま先からの光があおいさんの目に届くためには，あおいさんの目線の高さが140cmなので70cmより低くないとうつらない。つまり，3人全員が鏡にうつるためには，鏡の下端は床から70cm，上端が170cmになる。よって鏡の縦の長さは最低100cm，下端の高さは床から70cmになる。

★ワンポイントアドバイス★

小問集合でしっかりと得点することが大切である，大半が基本問題であるので，基礎知識をしっかりと身につけることが大切。

＜社会解答＞《学校からの正答の発表はありません。》

1. (1) ① エ　② D　(2) ① ウ　② ア　③ 領海　(3) ① 愛媛(県)
② イ　③ (例) 水田の集積を進め機械を導入できるようにしたことで労働時間を大幅に短縮させたこと。　(4) ① イ　② エ　③ 長野(県)　④ ア
⑤ 山梨(県)

2. (1) 三内丸山(遺跡)　(2) ア　(3) ウ　(4) ア　(5) イ
(6) ① 豊臣秀吉　② (例) 土地の収穫高を定めこれに基づいて年貢を徴収するしくみを整え，武士と農民の区別をつけたこと。　(7) ① ウ　② エ→ウ→ア→イ
(8) ① 富岡製糸場　② エ　(9) 満州国　(10) ウ　(11) ア

3. (1) エ　(2) (例) 衆議院は解散があり任期も短いため国民の意思をより反映しやすいから。　(3) ウ　(4) ア　(5) ウ　(6) エ

○推定配点○

1. (3)③　5点　他　各2点×12
2. (6)②　5点　他　各2点×13
3. (2)　5点　他　各2点×5　計75点

＜社会解説＞

1. (地理―国土と自然・産業・世界地理など)

重要 (1) ① 経度0の本初子午線はイギリスのロンドンを通り，東経135度は兵庫県の明石を通る日本の標準時子午線。　② 緯度0の赤道はアフリカ大陸の中央部からマレー半島の先端，南米ではアマゾン川近辺を通る。オーストラリアの西側はインド洋。

(2) ① 本州から南の太平洋側は夏に南東の暖かく湿った風が吹き込むため降水量が多い。
② Xは赤道方面から北上する世界屈指の暖流。海の色が黒みかかった藍色をしていることから黒潮とも呼ばれる。　③ 海岸線から約22kmで，領土・領空と合わせ領域と呼び主権が及ぶ範囲となる。その外側が200海里(約370km)の排他的経済水域(EEZ)。

(3) ① ミカンなど柑橘《かんきつ》王国の愛媛。Bは日本1のコメの産地・新潟，Cはキャベツなど近郊農業のさかんな愛知，Dは鹿児島と並び畜産王国の宮崎。　② 利根川の河口に発展した漁港。水産加工やしょうゆなどの食品加工がさかん。　③ 水田の集積や規模の拡大，用排水の整備などで機械の導入が可能となり，労働時間の短縮だけでなくコストの削減なども進んだ。

重要 (4) ① 製造品の構成だけでなく出荷額にも注意しよう。20世紀までは日本最大の工業地帯だった東京湾の西に広がる京浜工業地帯。aは輸送機器が中心の日本最大の中京，cは鉄鋼などがさかんな阪神，dは近年自動車などにシフトしている北九州。　② Aはコメ，Bは野菜，Cは果実。小麦の自給率は近年上がりつつあるがそれでも15％程度に過ぎない。　③ 浅間山や八ヶ岳の山麓でさかんな高原野菜。　④ 航空貨物は医薬品や半導体製造装置など小型軽量で高価格なものが中心。　⑤ 扇状地が発達している甲府盆地は水はけがよく果実の生産に適している。

2. (日本の歴史―古代～現代の政治・社会・外交など)

(1) 青森で発見された縄文時代最大規模の遺跡。1500年にわたり存続した集落で大型の建物跡も出土，原始的な農耕の存在も推定されている。

(2) 聖徳太子が叔母である推古天皇の摂政となったのは593年。ワカタケル大王(雄略天皇)は5世紀末，乙巳《いっし》の変は645年，小野妹子の遣隋使は607年と608年。

(3)　3人の娘が天皇の后となったことを祝った席で詠んだ藤原道長の望月の歌。アは聖武天皇，イは平清盛，エは刑部《おさかべ》親王や藤原不比等。

(4)　元軍は大軍で対馬や壱岐を侵略してから博多湾周辺に2度にわたって来襲(文永の役・弘安の役)。いずれも暴風雨などのために大きな被害を受け去っていった。

(5)　公家の文化と武家の文化が融合した室町文化(北山・東山文化)。能や狂言，茶の湯といった日本固有の文化が形成された。アは元禄，ウは化政，エは国風文化。

(6)　①　資料2は太閤検地，資料3は刀狩。　②　農民は耕作権を認められたが土地に拘束，荘園制は崩壊し大名による土地の直接支配と身分の固定化が図られた。

や難　(7)　①　関ケ原の戦いで大活躍した福島正則は城の修築をとがめられ所領を没収された。
②　エは1774年，ウは1798年，アは1837年，イは1856年。

(8)　①　今年1万円札に登場する渋沢栄一らによって設立，戦前の日本経済を支えた製糸技術の向上に大いに貢献した。　②　日露戦争後の日本の地位向上を背景に1911年日米通商航海条約の締結に成功，日英同盟や韓国併合など積極的な大陸政策を推進した外務大臣。アは岩倉具視，イはオスマン帝国の軍艦遭難事件，ウはイギリス。

(9)　満州事変を引き起こした日本は翌年清朝最後の皇帝・溥《ふ》儀《ぎ》を執政に傀儡《かいらい》国家を建設。

重要　(10)　1945年からGHQの命令で行われた，封建制が色濃く残っていた農村の民主化政策。地主の土地を国が強制的に買い上げ小作人に安く売り渡した。

(11)　朝鮮戦争を契機に経済は復活，1955年には戦前の水準を上回り三種の神器をはじめとする大量消費社会に入っていった。Yは電気洗濯機，Zは電気冷蔵庫。

3. (政治—政治のしくみ・国際社会と平和など)

(1)　1949年にできたアメリカを中心とする集団安保体制で，冷戦中は旧ソ連側のワルシャワ条約機構と対立した。フィンランドやスウェーデンは中立政策をとっていたが，ウクライナ戦争の発生でロシアの東ヨーロッパへの進出を警戒してNATO加盟に方針を転換。

(2)　一般に両院が同じ力を持っていると両者の対立から国会運営が停滞する恐れも出てくる。憲法は衆議院の優越を定め，参議院には衆議院のチェックや長期の視点から考えることを求めている。

重要　(3)　国事行為は内閣の助言と承認を必要とし，内閣がその責任を負う(憲法3条)。

(4)　住民が払う住民税や企業が払う事業税など自主財源は4割程度に過ぎない。

(5)　国民主権とは国の政治を最終的に決定する権限が国民にあるという近代国家の原則であり，国民が直接政治に関与する参政権がその大きな柱となる。

(6)　岸田首相も「先制攻撃は国際法に違反する」と明言。ただ，保有の必要性が指摘されている敵のミサイル基地を攻撃する「敵基地反撃能力」との区別をどうするか懸念する声もある。

★ワンポイントアドバイス★

歴史的事項の並べ替えは多くの受験生を悩ませる分野である。細かな年号などを覚えるのではなく，まずは大きな歴史の流れをつかむことから始めよう。

＜国語解答＞《学校からの正答の発表はありません。》

一 ① 看護 ② 探す ③ 暴れる ④ 観測 ⑤ 検査 ⑥ 樹木
⑦ きふ ⑧ ちょうりゅう

二 問一 (1) エ (2) ウ 問二 ア 問三 (1) オ (2) エ 問四 (1) ウ
(2) ア 問五 イ

三 問一 文は短く切れ 問二 (例) 短い文はシンプルすぎて格好がつかず，子供っぽく感じられるということ。 問三 読者に読む 問四 ア そのリズムが心地よく
イ 短文と長文が程よく混じっていて，読んでいくと心地よいリズム 問五 ウ
問六 オ 問七 ア

四 問一 エ 問二 イ 問三 (例) 一年生にリレメンを譲りたくないという気持ちを，どうやって言葉や態度で示せばよいかわからないから。 問四 ウ
問五 (例) みんなが落ち着ける，あたたかい笑顔。 問六 ウ

○推定配点○

一・二 各2点×16
三 問二 8点 問四 各2点×2 問七 5点 他 各4点×4
四 問三 10点 問五 8点 問六 5点 他 各4点×3 計100点

＜国語解説＞

一 (漢字の読み書き)

①はけが人や病人の手当てや世話をすること。②の音読みは「タン」。熟語は「探求」など。③の音読みは「ボウ」。熟語は「乱暴」など。④の「測」を「則」「側」などとまちがえないこと。⑤の「査」の5～9画目の形は「且」であることに注意。⑥は地面に生えている木の総称。⑦は自らの意思で金品を送ること。⑧は時代の流れ，時勢の動きという意味。

二 (ことばの意味，ことわざ，文と文節，文学作品と作者)

重要 問一 (1)の「とつぜん」はエを修飾する連用修飾語。(2)の「この」はウを修飾する連体修飾語。

問二 説明の作品はアで，作者は紫式部。イは鎌倉時代に鴨長明によって書かれた随筆。ウは奈良時代に舎人親王らによって編さんされた歴史書。エは奈良時代に太安万侶が編さんした歴史書。オは平安時代に紀貫之によって書かれた日記体の紀行文。

基本 問三 (1)は，泳ぎの上手なかっぱでも，川の流れに押し流されることがあるということから。(2)は，やわらかい米ぬかにくぎを打ってもなんの手ごたえもないことから。

問四 (1)は，行事，出来事という意味のほか，試合という意味もある。(2)はその時の調子や状態のこと。

やや難 問五 ――線部とイは，2つ以上の漢字を組み合わせてもともとの漢字とは別の意味を示す会意文字。アは「口」のように意味を表す部分と，「門」のように音を表す部分を組み合わせた形声文字。ウとオは物の形をそのまま写して作られた象形文字。エは形がないものを点や線の組み合わせで表した指事文字。

三 (論説文－要旨・大意・細部の読み取り，空欄補充，記述力)

基本 問一 ――線部①の答として「こういう文ならば……」で始まる段落で，子供に対しては「文は短く切れ(6字)」という指導が適切であることを述べている。

重要 問二 ――線部②の説明として「いつもいつも，……」で始まる段落で，「短い文ばかり書くので

はシンプルすぎて格好がつかず，子供っぽく感じられるのだ」と述べているので，この部分を指定字数以内でまとめる。

問三　――線部③について「谷崎の……」で始まる段落で，谷崎の長い文は「読者に読むスピードを落とさせ，別世界の話をじっくりきくような気分にさせる効果(38字)」を狙っていることを述べている。

問四　アは「司馬遼太郎は，短い……」で始まる段落内容から，「そのリズムが心地よく(10字)」が入る。イは「というわけで，……」で始まる段落内容から，「短文と長文が程よく混じっていて，読んでいくと心地よいリズム(29字)」が入る。

問五　Aは直前で述べているように，「三つの文」を「直列につないだ」文のことで，「起ったことをただ順につないでい」るのでウが適切。時間順に並んでいることを説明していない他の選択肢は不適切。

問六　Bは「文が……長いと，主語が私だったことを忘れてしまう」ので「意味がわからなくなってしまう」ということなのでオが適切。主語の「私」がどうしたのか，文の最後まで読まなければならないことを説明していない他の選択肢は不適切。

や難 問七　アは「いつもいつも……」から続く2段落で述べている。イの〈してして文〉と〈して・から・ので文〉の説明は「つまりこれは……」の段落内容と合わない。ウは「谷崎の長い文は……」で始まる段落内容と合わない。エの「並列つなぎ」の説明は「こういう長文は……」から続く2段落内容と合わない。「こういう長文は……」で始まる段落では「主語らしきもの」については述べているが，オの「述語らしきもの」は述べていない。

四　(小説－心情・情景・細部の読み取り，記述力)

問一　――線部①直後で「『おまえの気持ちがふらふらしてるから，みんなが迷うんだよ』，また「『じゃあ……』」で始まるセリフで「『……気持ちを言葉にして，態度で示せよ。それが見えないから，みんなバラバラになっちゃうんじゃないのかな』」と西野が話していることからエが適切。これらのセリフをふまえていない他の選択は不適切。

基本 問二　――線部②直後で，リレメンをどうするか「ここまできて，まだ自分で答えが出せない」という真歩の心情が描かれているのでイが適切。②直後の真歩の心情をふまえていない他の選択肢は不適切。

重要 問三　――線部③直前の「『わたしは……』『じゃあその……』」の会話と「どうすればいいのかわからない」という真歩の心情から，「一年生にリレメンを譲りたくないという気持ちを，どうやって言葉や態度で示せばよいかわからないから」といった内容で，真歩が③になっている理由を説明する。

問四　――線部④前で，「『……こわいんじゃない？自分で決めるのが。……』『……真歩ならできるって。だからわたし，みんなの反対を押しきって，真歩をキャプテンにしたんだから』」と話して真歩の気持ちを理解し，励ましている西野の様子が描かれていることから，そのような西野に感謝していることを説明しているウが適切。④前の描写をふまえ，西野のやさしさに感謝していることを説明していない他の選択肢は不適切。

問五　「『自分にとっての……』」で始まる西野のセリフの「『……おまえの笑顔いいって。試合前にその顔を見ると落ち着けるって。……』」，その後の真歩の「『……わたしもセンパイの笑顔好きです。焼きいもみたいであったかいです』」というセリフをふまえて，――線部⑤を具体的に説明する。

や難 問六　ウは「『立花先生，……』～『そっ。……』」までの会話で描かれている。アの「嫌気がさしていて……できなかった」，イの「ずっと不満に思っていた」「責任感が薄れていた」「西野から厳しく叱責を受けた」，エの「終始やさしい態度」は描かれていない。西野は「『真歩はさ，みんなの話を聞いてあげられる。そう思ったからキャプテンに指名した』」と話しているので，オの「資質」は不適切。

★ワンポイントアドバイス★

論説文では，具体例前後で述べている筆者の考えを，特に注意して読み進めよう。

2023年度

入 試 問 題

2023年度

八千代松陰中学校入試問題（学科推薦）

【算　数】（40分）　　＜満点：100点＞

【注意】　＊分数は，それ以上約分できない分数で答えなさい。

　　　　　＊消費税は，考えないものとします。

　　　　　＊円周率は3.14とします。

1． 次の □ にあてはまる数を求めなさい。

(1)　532−287＝ □

(2)　$\frac{6}{7}\div\frac{4}{7}\div\frac{2}{3}=$ □

(3)　$\frac{1}{6}+1.75-\frac{11}{12}=$ □

(4)　$5.5\times\frac{4}{11}-1.69\div1.3=$ □

(5)　2.7×5.6＋2.7×4.4＝ □

(6)　8＋(15− □ ×４）＝15

2． 次の □ にあてはまる数を求めなさい。

(1)　ある品物を1700円で仕入れ，３割の利益を見《み》込《こ》んで定価をつけると □ 円です。

(2)　長さ119mの道に，端《はし》から端まで等間隔《とうかんかく》に35本の桜の木を植えると木と木の間は □ mです。

(3)　あるケーキ屋さんでは，ケーキ１個とプリン１個の代金の合計は290円，ケーキ３個とプリン２個の代金の合計は780円です。このとき，プリン１個の代金は □ 円です。

(4)　48枚のクッキーと，120個のあめ玉をどのふくろもそれぞれ同じ数ずつになるように分けます。どちらも余りが出ないようにふくろの数をできるだけ多くするとき，できるふくろの数は □ 個です。

(5)　Ａさん，Ｂさん，Ｃさんの３人が100cmのリボンをわけたところ，ＢさんはＡさんの２倍受け取り，ＣさんはＡさんの$\frac{3}{7}$倍よりも４cm多く受け取りました。このとき，Ａさんの受け取ったリボンは □ cmです。

3． 次の各問いに答えなさい。

(1)　右の図は，一組の三角定規を組みあわせたものです。このとき，角アの大きさは何度ですか。

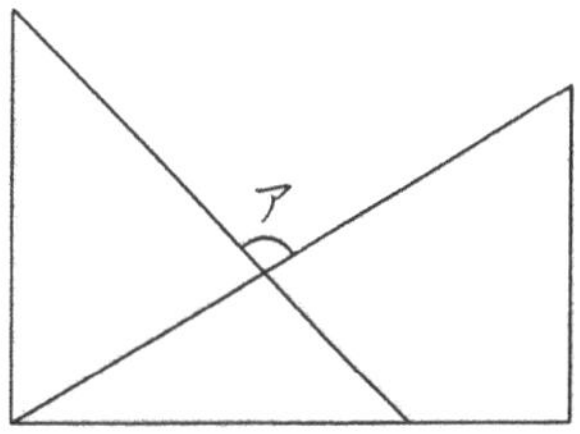

⑵　右の図で，角イの大きさは何度ですか。

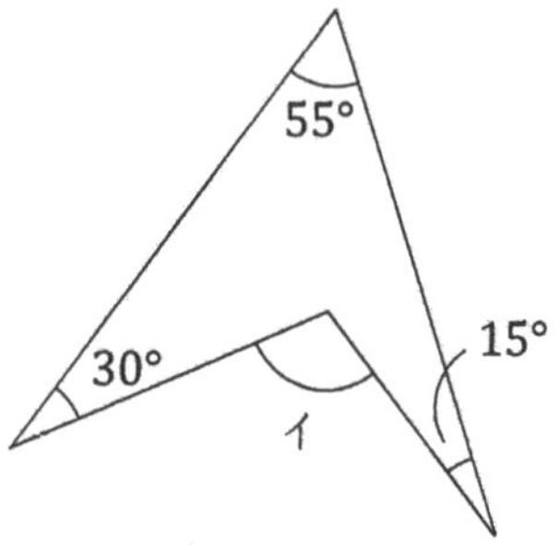

⑶　右の図の面積は何㎝^{2}ですか。

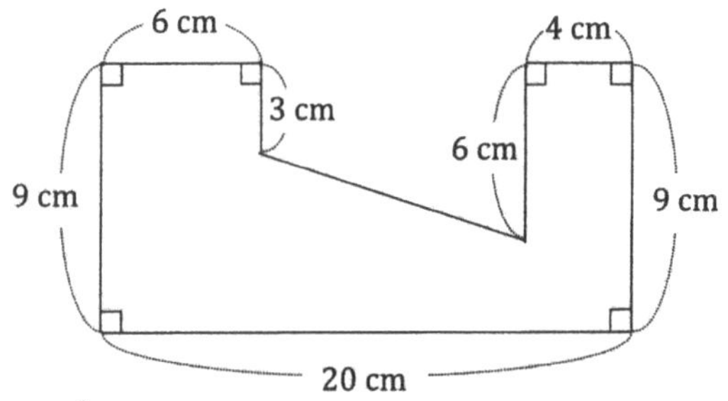

⑷　右の図は，たて８㎝，横16㎝の長方形です。色の塗《ぬ》られた部分の面積は何㎝^{2}ですか。

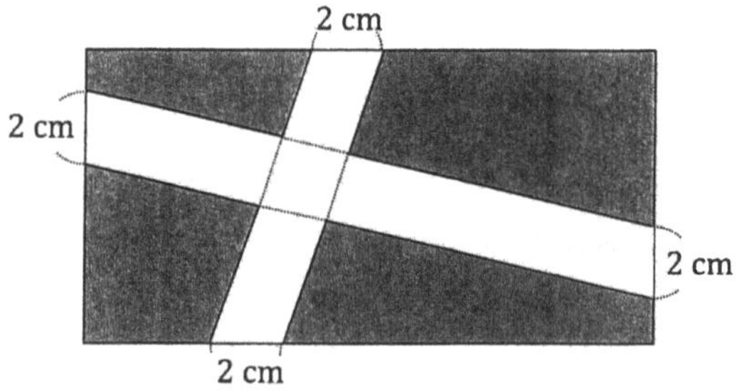

⑸　右の図は，半径がa㎝の半円と直径がa㎝の半円を組み合わせたものです。色の塗られた部分の面積が39.25㎝^{2}のとき，aは何㎝ですか。

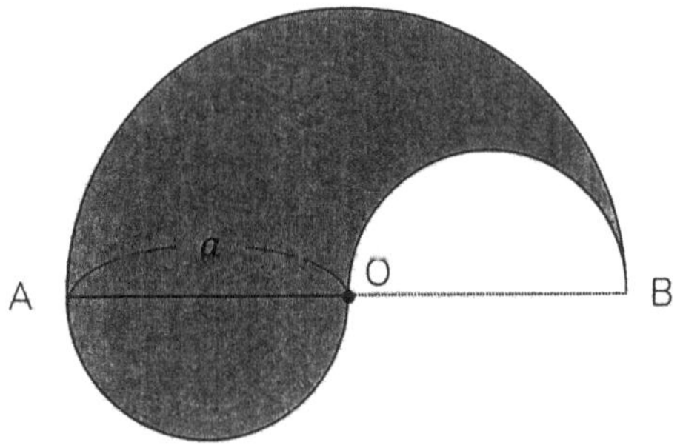

４． 姉と妹が同時に家を出発して，1680mはなれた公園まで同じ道を往復します。姉の速さは行きも帰りも分速80m，妹の行きの速さは分速60mです。このとき，次の各問いに答えなさい。

⑴　姉と妹が出会うのは，２人が家を出発してから何分後ですか。

⑵　妹が姉と同時に家に着いたとき，妹の帰りの速さは分速何mですか。

5． ある小学校で６年生のＡさん，Ｂさん，Ｃさんの３人は学年行事の演劇鑑賞会《かんしょうかい》の準備のため，体育館にイスを並べる方法を考えていました。次の会話文を読み，後の各問いに答えなさい。

Ａさん「来週は演劇鑑賞会だね。」

Ｂさん「そうね。でもイスをきれいに並べるのは大変そう。」

Ｃさん「いろいろきまりもあるし，みんなで協力しようよ。昨日，先生から聞いたことを整理しよう。まず，イス１つ分の幅《はば》・奥行《おくゆ》きはともに45㎝ だったよね。で，並べるときは，横はイス１つ分，たては前後の間隔《かんかく》をイス２つ分とってほしいって言ってたよね。あと後ろの人が見やすいようにイスは前の席とずらして並べるんだったね。」

Ａさん「そこでなんだけど，みんなが作業しやすいようにイスを置くイメージ図を作ってきたんだ。見て！ステージに向かって左端《はし》の壁《かべ》からイスを置いていくと，右端に１脚《きゃく》分空いてしまうけど，ちょうど36脚並べられるんだよ。」

Ａさんの最初のイメージ図

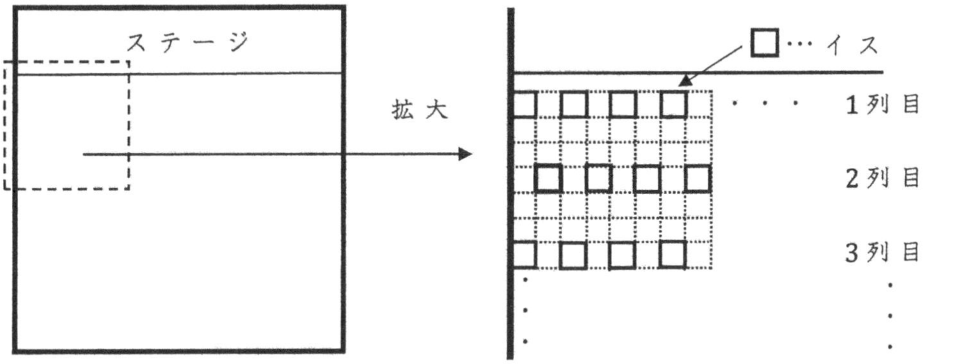

Ｂさん「わかりやすい図ね，ありがとう。でもそれだと，端の人は壁際《ぎわ》でステージが見えにくいかもしれないわ。」

Ｃさん「それなら大丈夫！さっき先生から，両端には教員席を置くためにスペースを空けておいてほしいって言われたんだ。」

Ｂさん「どれくらい？」

Ｃさん「ステージに向かって左側が４ｍ，右側が3.65ｍだってさ。」

Ａさん「そうだったのか。それなら僕《ぼく》のイメージ図を変えなきゃいけないね。そうすると，実際にイスを置ける幅は限られてくるから，改めて計算してみると…全部で11列必要になるね。」

Ｂさん「それだと８席多くなるから，その分は出さないでおこう。」

⑴　体育館の幅は何ｍですか。

⑵　並べたイスの先頭から，最後の列のイスの後ろまでを測ると何ｍですか。

⑶　並べたイスに６年生全員が座ります。６年生は何人ですか。

能を発達させていたと考えられています。

ホモ・サピエンスは、ネアンデルタール人と比べると体も小さく力も弱い存在でした。脳の容量もネアンデルタール人よりも小さく、知能でも劣《おと》っていたのです。

しかし今、生き残っているのは、ホモ・サピエンスです。

②私たちホモ・サピエンスはどうして生き残ることができたのでしょうか。そして、どうしてネアンデルタール人は滅《ほろ》んでしまったのでしょうか。

ホモ・サピエンスは弱い存在でした。

力が弱かったホモ・サピエンスは、先にも述べたように「助け合う」という能力を発達させてました。そして、足りない能力を互《たが》いに補い合いながら暮らしていったのです。そうしなければ、生きていけなかったのです。

現代を生きる私たちも、人の役に立つと何だか満たされたような気持ちになります。知らない人に道を教えたり、電車やバスの席を譲《ゆず》ったりして、ありがとうと言われると、なんだかくすぐったいようなうれしい気持ちになります。それが、ホモ・サピエンスが獲得し、生き抜くために発揮した能力なのです。

一方、③優れた能力を持つネアンデルタール人は、集団生活をしなくても生きていくことができました。しかし、環境の変化が起こったとき、仲間と助け合うことができなかったネアンデルタール人は、その困難を乗り越えることができなかったと考えられているのです。

＊ことばの意味

ニッチ……ここでは、生きていくために勝ち取った生息場所のこと。

問一　――線部①とありますが、「人間」が強さにしていることは何ですか。文章中から十二字でぬき出しなさい。

問二　――線部②に対する答えを二十字以内で答えなさい。

問三　――線部③とありますが、ネアンデルタール人がホモ・サピエンスよりも優れていたとされる特徴を、文章中より十字以内で**二つ**ぬき出しなさい。

問四　この作品の内容としてふさわしいものを、次のア～エの中から一つ選び、記号で答えなさい。

ア　自然界では競争や戦いが多く起こっており、その中で勝ち抜くことができた生物だけが今も残っている。

イ　人間は他の動物たちよりも優れた身体能力を持っているので、自分の能力を信じることで生き残っている。

ウ　環境の変化に対応していくためには、仲間と協力して生活をすることを意識していく必要がある。

エ　自然界で生き残るためには、知能を変化させていくことよりも体の機能を適応させていくことを大事にする。

問五　文章中に「助け合う」とありますが、あなたが人と「助け合う」経験から学んだことを、具体的に百字以内で答えなさい。

方向転換《てんかん》をします。
もちろん、走り方を複雑にすると、ガゼルも、本来の最高速度を出すことはできません。
［X］、まっすぐに走るだけではチーターのほうが速いに決まっています。チーターにはできない走り方をすることでガゼルがチーターに勝ってしまうのです。

（稲垣栄洋《いながきひでひろ》『はずれ者が進化をつくる』）

問一　――線部①において、「雑草」が「はびこる」ためには何が必要なのですか。文章中から九字でぬき出して答えなさい。

問二　［X］に共通して入るふさわしいことばを、次のア～エの中から一つ選び、記号で答えなさい。

ア　そして　イ　たとえば　ウ　または　エ　しかし

問三　［Y］に入る四字熟語を、次のア～エの中から一つ選び、記号で答えなさい。

ア　弱肉強食　イ　七転八倒　ウ　大器晩成　エ　異口同音

問四　――線部②とありますが、体が「小さい方」が有利な点を「～ができる点」に続く形で文章中から二十一字でぬき出して答えなさい。

問五　――線部③とありますが、その理由としてふさわしいものを、次のア～エの中から一つ選び、記号で答えなさい。

ア　ガゼルはチーターの直線的な走り方を理解し、チーターとはいつも距離《きょり》をとるようにしていたから。

イ　ガゼルはチーターがしない複雑な走り方をして、チーターから逃げ切ることができるから。

ウ　ガゼルが複雑な動きをするのは、チーターに追いかけられると最高の速度を出すことができないから

エ　ガゼルは体の大きさでは不利ではあるが、生きたいという強い思いで体を動かすから。

［七］　次の文章は［六］の続きです。文章を読み、後の問いに答えなさい。

自然界には、競争や戦いには弱くても、それ以外の強さを発揮して*ニッチを獲得《かくとく》している生き物がたくさんいます。
じつは、①人間もその一つです。
人間は、学名をホモ・サピエンスという生物です。
人類の祖先は森を失って草原地帯に追い出されたサルの仲間だったと考えられています。肉食獣《にくしょくじゅう》と戦える力を持っているわけではありません。シマウマのように速く走れるわけでもありません。弱い存在であった人類は、知能を発達させ、道具を作り、他の動物たちに対抗《たいこう》してきました。
知能を発達させてきたことは、人間の強さの一つです。
ですから、人間は考えることをやめてはいけないのです。
しかし、それだけではありません。
じつは、知能を発達させてきたのは、私たちホモ・サピエンスだけではありません。
人類の進化を遡《さかのぼ》ると、ホモ・サピエンス以外の人類も出現していました。ホモ・サピエンスのライバルとなったのがホモ・ネアンデルターレンシスの学名を持つネアンデルタール人です。
ネアンデルタール人は、ホモ・サピエンスよりも大きくて、がっしりとした体を持っていました。さらに、ホモ・サピエンスよりも優れた知

物が成功するためには三つの強さがあると言いました。

一つは競争に強いということです。

植物は、光を浴びて光合成をしなければ生きていくことができません。植物の競争は、まずは光の奪《うば》い合いです。成長が早くて、大きくなる植物は、光を独占《どくせん》することができます。もし、その植物の陰《かげ》になれば、十分に光を浴びることはできません。植物にとって、光の争奪《そうだつ》に勝つことは、生きていく上でとても大切なことなのです。

X、この競争に強い植物が、必ずしも勝ち抜くとは限りません。競争に強い植物が強さを発揮《はっき》できない場所もたくさんあるのです。それは、水がなかったり、寒かったりという過酷《かこく》な環境です。

この環境にじっと耐《た》えるというのが二つ目の強さです。

たとえば、サボテンは水がない砂漠《さばく》でも枯《か》れることはありません。高い雪山に生える高山植物は、じっと氷雪に耐《た》え忍《しの》ぶことができます。厳しい環境に負けないでじっと我慢することも、「強さ」なのです。

三つ目が変化を乗り越《こ》える力です。

さまざまなピンチが訪れても、次々にそれを乗り越えていく、これが三つ目の強さです。

じつは、雑草はこの三つ目の強さに優《すぐ》れていると言われています。

雑草の生える場所を思い浮《う》かべてみてください。

草取りをされたり、草刈《くさか》りをされたり、踏まれてみたり、土を耕されたり。雑草が生えている場所は、人間によってさまざまな環境の変化がもたらされます。そのピンチを次々に乗り越えていく、これが雑草の強さなのです。

実際には、地球上の植物が、この三つのいずれかに分類されるということではなく、むしろ、すべての植物が、この三つの強さを持っていて、そのバランスで自らの戦略を組み立てていると考えられています。

植物にとって競争に勝つことだけが、強さの象徴《しょうちょう》ではありません。一口に「強さ」と言っても、本当にいろいろな強さがあるのです。

自然界は Y の世界です。

しかし、競争や戦いに強いものが勝つとは限らないのが、自然界の面白いところです。

競争や戦いをする上では、体が大きい方が有利です。

しかし、実際には②小さい方が有利ということもたくさんあります。

大きな体は体自体を維持しなければなりませんし、何しろ目立ちますから、常にライバルに狙《ねら》われて、戦い続けなければなりません。小さい体であれば、すばしこく逃げたり、物陰に隠れたりすることができます。大きいことが強さであるのと同じように、小さいことも強さなのです。

他にも例はあります。

動物の中でもっとも走るスピードが速いのがチーターです。

チーターの走る速度は、時速一〇〇キロメートルを上回ると言います。

一方、獲物《えもの》となるガゼルのスピードは、時速七〇キロメートルしかありません。これでは、とてもチーターから逃げ切ることはできないように思えます。

ところが、これだけ圧倒的《あっとうてき》なスピードの差があるにもかかわらず、③チーターの狩りは、半分くらい失敗しているようです。つまり、ガゼルが、時速一〇〇キロメートルのチーターから逃げ切っているのです。

チーターに追われると、ガゼルは巧《たく》みなステップで飛び跳《は》ねながら、ジグザグに走って逃げます。そして、ときには、クイックターンをして

お父さんは微笑《ほほえ》んだ。

ほっとしたとたん、つないでいる掌に、全神経が集まった。誰かに、こうして欲しかったのは、何歳《なんさい》のころだっけ。ぼくは突然《とつぜん》、気になりだした。それは、運動会や入学式なんかじゃなく、おそらく、もっと別のときだ。よく憶《おぼ》えていないということは、赤ん坊《ぼう》だったときか、幼稚園《ようちえん》児だったとき。それでいて、つい最近にもあった気がする。たとえば、恐《こわ》い夢をみたあとや、怪談《かいだん》話を聞いたあと。ひとりぼっちでいるときも、お父さんがそばにいてくれたらいいのにと願ったことが、確かにあった。

ピーッ。

汽笛を鳴らして、紺《こん》色の貨物列車が、のろのろと走り抜ける。お父さんは歩きだし、どちらからともなく掌を離《はな》した。

*ことばの意味

正樹くん……ぼくの叔父《おじ》。父親が不在の時に、父親代わりをしていた。

枕木……線路の下に間隔をおいて敷きならべ、線路を支える角材またはコンクリート製の棒。

問一 【1】・【2】に入ることばとしてふさわしいものを、次のア～エの中から一つずつ選び、記号で答えなさい。

【1】

ア めずらしいことだった　　イ かなしいことだった

ウ 興味のないことだった　　エ おもしろいことだった

【2】

ア 自分に言い聞かせた　　イ 自分にたずねた

ウ 自分に自信がなくなった　　エ 自分に向き合った

問二 文章中のA～Dを正しい順番に並べかえ、記号で答えなさい。

問三 □に入ることばとしてふさわしいものを、次の【 】の中の漢字二字を組み合わせて答えなさい。

【体　心　親　成　安　近　達　一】

問四 次の文は、——部の内容を述べたものです。【ア】・【イ】に入るふさわしいことばを、文章中からそれぞれ指定された字数でぬき出しなさい。

【ア　四字　】に【イ　五字　】欲しかったこと。

問五 四・五を読んで、この作品の内容としてふさわしいものを、次のア～エの中から一つずつ選び、記号で答えなさい。

ア 父が手をつないだときぼくは恥《は》ずかしくなり、その気持ちを父に知られたくなかったため、すぐに手を離した。

イ 父と歩く中で危険な場面に遭遇《そうぐう》しても、ぼくはあきらめずに前へと進むことができた。

ウ 生まれて初めての場所を父と歩くことになってしまい、ぼくは不安を感じて逃《に》げ出したくなった。

エ 父の教えてくれた電車の知識が役に立ったことで、ぼくは父への信頼の気持ちを強めることになった。

六 次の文章を読み、後の問いに答えなさい。

強くなければ生きていけない自然界で、①弱い植物である雑草ははびこっています。これはなぜでしょう、

強さというのは、何も競争に強いだけを指しません。

英国の生態学者であるジョン・フィリップ・グライムという人は、植

方角をみきわめて、ぼくが歩きだすと、お父さんも歩きだした。

（唯野《ただの》未歩子《みあこ》『はじめてだらけの夏休み　大人になりたいぼくと、子どもでいたいお父さん』）

問一　[A]に入ることばとしてふさわしいものを、次のア～エの中から一つ選び、記号で答えなさい。

ア　スムーズだ　　イ　おそかった

ウ　恐《おそ》ろしい　　エ　途切《とぎ》れない

問二　【1】・【2】に入ることばとしてふさわしいものを、次のア～エの中から一つずつ選び、記号で答えなさい。

ア　ひらひら　　イ　そろそろ　　ウ　じんじん　　エ　きびきび

問三　――線部①の理由を十字以上二十字以内で説明しなさい。

問四　――線部②とありますが、文章中で対照的な意味で使われている表現を六字でぬき出しなさい。

問五　[B]に入ることばとしてふさわしいものを、次のア～エの中から一つ選び、記号で答えなさい。

ア　やめる　　イ　考える　　ウ　いこう　　エ　ひと休み

[五]　次の文章は[四]の続きです。文章を読み、後の問いに答えなさい。

大通りの次は、一本道だった。ふつうに歩けるだけで、ものすごく安心だ。いつものように、お父さんは口笛を吹きはじめた。

微妙《びみょう》にくねった道や、細い私道を通り、坂道を登り、石階段を降りる。しゃわしゃわしゃわと、せみが鳴く。枝葉のあいまからのぞく、みかんの黄色。汗を冷やしていく風。影《かげ》も落ちないくらいに、暗くなった空。お化け屋敷《やしき》みたいな古びた農家があり、クヌギの樹がたくさんありそうな林をみつけ、水底《みなそこ》が透けてみえるほど澄《す》んだ小川も発見した。生まれ育った街なのに、知らない場所があるなんて、【　1　】。

A　**しばらくいくと線路にぶちあたった。**

B　**万が一、また転んでしまったら、電車は急に止まったりはできないだろう。**

C　**踏切《ふみきり》までは、だいぶ距離《きょり》がある。**

D　**とはいえ、このローカル線は上下一本ずつの複線だ。**

十分に一本しかやってこない。

電車に詳《くわ》しくなったのは、*正樹《まさき》くんの影響《えいきょう》だった。ちいさいころは、路線図を描《か》き写したり、時刻表を読んだり、私鉄沿線スタンプラリーに挑戦《ちょうせん》もした。あのとき身につけた知識が、こんなところで役にたつなんて、なんだか不思議なちからをかんじる。きっと、うまく切り抜けられる。ぼくは【　2　】。

お父さんがまた、ぼくの掌をつなぐ。

「よし」

石製の柵《さく》を乗りこえて、お父さんは言った。

左右を確認し、せえので、ぼくらは走りだした。線路にしかれた石ころがビーチサンダルの裏にごつごつあたる。慎重《しんちょう》に、しかしすばやく、レールをまたぐ。*枕木《まくらぎ》に足をとられないよう、一メートル、二メートル、三メートルと、あとちょっと。無事にわたり終え、お父さんとぼくは、顔をみあわせた。

「やった！」

飛びはねたくなるような□感にみまわれ、ぼくは笑った。

「電車を一台、眺《なが》めていくか」

りを巻きあげ、猛《もう》スピードで走っていく。地響《じひび》きのような走行音。車体の迫力《はくりょく》。あんな鉄のかたまりに轢《ひ》かれたら、ぺしゃんこだ。

車の流れは、なかなか［A］。

右からの車がこなくなったと思うと、左から車がきていて、左の車が通りすぎるのを待つと、右から車がやってくる。そんな調子だった。

「よし」

ガードレールをまたぎ、お父さんはぼくの掌《てのひら》をつかんだ。

手をつなぐのは、いったい、どのくらいぶりだろう。肉厚な掌。長い指と硬い爪《つめ》。お父さんの肌《はだ》は、かさかさに乾《かわ》いていて、熱気を放っていた。

「いまだ」

お父さんは走りだし、ぼくは引っぱられた。

四車線を、全速力で駆《か》け抜ける。お父さんは速い。肩《かた》から腕《うで》がもげそうだ、と思った瞬間《しゅんかん》、ビーチサンダルが引っかかり、ぼくはけつまずいた。

「わっ!」

地面にべたんと倒《たお》れこみ、お父さんはふりむいた。

ひざこぞうが痛い。お父さんは駆けより、ぼくをたちあがらせた。ぼくにむかって、手を【 1 】させる。これは「いこう」の合図だ。車道をみると、容赦《ようしゃ》なく、車は走ってきている。いかなくちゃ。わかっているのに、足がすくんで動けない。バンパーがどんどん、ぐんぐんせまってくる。近づけば近づくほど、なぜだか車はスローモーションのようにみえ、けれども、ほんとうは高速度で、ぼくらのほうへと突進《とっしん》している。

心臓がどきんと脈打つ。

①お父さんは壁《かべ》になり、自分の背後に、ぼくをつき飛ばした。ぼくは尻《しり》もちをつき、お父さんのほうをみた。車はみるまに接近し、お父さんの後ろ姿と、一直線上に並んだ。ぼくの焦点《しょうてん》は車に定まり、バンパー、そのむこうのフロントガラス、運転手の顔まで、くっきりみえてくる。反対に、お父さんの背中は、ちいさくみえる。②ちいさくて、柔《やわ》らかな、壊《こわ》れやすいもののように。

からだじゅうから、冷や汗《あせ》がどっと吹《ふ》きだし、ぼくは目を閉じた。

キーッ!

甲高《かんだか》い音が、耳をつんざく。車が急ブレーキを踏《ふ》んでくれたようだった。

クラクションが鳴っている。右からも、左からも、批難の嵐《あらし》だ。お父さんはぼくの掌をとり、へこへこと頭をさげながら、ゆっくりと歩きだした。大通りをわたり終え、ガードレールをまたぐと、ぼくらは汗をぬぐった。ひざこぞうはすりむけ、血がにじんでいる。【 2 】したけれど、つばをつけて、なんでもないふりをした。

「もうやめるか?」

心配そうに、お父さんが訊《き》いた。

転んでしまったことを、もしも、お父さんに叱《しか》られたら、ごめんなさい、と言うつもりだった。あるいは、助けてもらったのだから、お礼を言うべきだったのかも知れない。でも、まっすぐ進むことをやめようとは、いっさい考えていなかった。

「［B］」

ぼくは言った。

B

この詩は、*作者がある雑誌《ざっし》の依頼《いらい》で、子どもが紙風船で遊んでいる一枚の写真につけたものだそうです。紙風船は打ち上げてもまた X と落ちてきます。宇宙船の船内なら上がったままでしょうが。願いごとも多くの場合、すーっと落ちてきます。

この詩の①いのちは、終わりの、

美しい
願いごとのように

というすばらしい〝比喩《ひゆ》〟にあると言えるでしょう。

作者はこの詩について「風船はどんなに高く打ち上げても、それは地に落ちる」「願いごとの多くはむなしい」というニュアンスから、どうしたら抜《ぬ》け出すことができるかに努力したと述べています。この詩を読むと、いつも光さす空を見ていよう、紙風船が落ちてくるのに目をとめるより、何度も打ち上げるそのことに生きる証《あかし》を見つけよう、というような祈《いの》りに似た詩の心が伝わってきて、励《はげ》ましさえ感じます。

（川崎洋《かわさきひろし》『教科書の詩をよみかえす』「紙風船　黒田三郎《くろださぶろう》」）

*ことばの意味

作者……「紙風船」の作者である黒田三郎のこと。

問一　この詩で使われている表現技法としてふさわしいものを、次のア～エの中から一つ選び、記号で答えなさい。

ア　擬人《ぎじん》法　イ　体言止め　ウ　対句法　エ　反復法

問二　X に入ることばとしてふさわしいものを、次のア～エの中から一つ選び、記号で答えなさい。

ア　ふわりふわり　イ　ぴょんぴょん
ウ　ちらちら　エ　ひょいひょい

問三　――線部①と同じ意味で使われているものを、次のア～エの中から一つ選び、記号で答えなさい。

ア　魚は鮮度がいのちであると言われている。
イ　間一髪のところで、いのちをとりとめる。
ウ　人のいのちについて考える講座を受ける。
エ　いのちを縮めるような長年の努力が実る。

問四　この文章の内容としてふさわしいものを、次のア～エの中から一つ選び、記号で答えなさい。

ア　何度も紙風船を打ち上げることで、自分の可能性をより実感することができる。
イ　高く飛ばしていくことを目標にしていくと、あきらめない気持ちを養《やしな》うことができる。
ウ　何度でも挑戦《ちょうせん》していくことで、前向きに生きていくことができるようになる。
エ　志を高く持って取り組むことによって、紙風船の本来の良さを生かすことができる。

四　次の文章を読み、後の問いに答えなさい。

大通りは四車線もあり、かなり危険な地域だった。排気《はいき》ガスがたちこめ、喉《のど》がいがいがしてくる。空は真っ黒く、午後三時をまわったばかりなのに、車はヘッドライトを点《とも》しはじめていた。大型トラックが、ほこ

【国　語】〈四〇分〉〈満点：一〇〇点〉

【注意】＊字数制限がある問題は、原則として「、」や「。」も一字に数えます（ただし、指示のあるものはのぞきます）。

一　次の①～③の――線部のカタカナを漢字になおしなさい。ただし、送りがなが必要なものは、送りがなも正しく送りなさい。また、④～⑥の――線部の漢字の読みを答えなさい。

① 私の友達はシンヨウできる人だ。
② 多くの人のシセンを集める。
③ 王として国をオサメル。
④ 新しく仲間に加える。
⑤ 講師から食事の作法を学ぶ。
⑥ 薬の効き目を確かめる。

二　次の各問いに答えなさい。

問一　①・②の四字熟語の意味としてふさわしいものを、あとのア～エの中から一つ選び、記号で答えなさい。

①「臨機応変」
ア　やるべきことをだまって実行すること。
イ　自分のことよりも相手のために動くこと。
ウ　その時やその場によって適切な行動をすること。
エ　まとまりがなく、物事の筋道が通らないこと。

②「右往左往」
ア　あわてて落ち着きがなくなってしまうこと。
イ　過去にも将来にもないほど珍《めずら》しいこと。
ウ　周囲から離《はな》れてしまい、助けがないこと。
エ　わかりやすくはっきりとしていること。

問二　次のア～エの中に、誤字を含《ふく》む文が一つあります。その文を選び、記号で答えなさい。
ア　私の尊敬する人は先生である。
イ　青組より赤組の政力が強い。
ウ　学級委員は人数を確かめた。
エ　ほめられて友達は照れている。

問三　次の文の＝＝線部が直接かかる部分を次のア～エの中から一つ選び、記号で答えなさい。

彼は小走りでア部屋の中でイ待っていたウ愛犬にエ近寄った。

三　次のA・Bを読み、後の問いに答えなさい。

A

落ちて来たら
今度は
もっと高く
もっともっと高く
何度でも
打ち上げよう

美しい
願いごとのように

MEMO

大切なことはメモしておこうネ！

2023年度

八千代松陰中学校入試問題（一般）

【算　数】（50分）　＜満点：100点＞

【注意】＊分数は，それ以上約分できない分数で答えなさい。
＊円周率は3.14とします。

1． 次の $\square$ にあてはまる数を求めなさい。

(1) $92-2\times5+29=\square$

(2) $4.37\times5+2.63\times5=\square$

(3) $4\times\left(\frac{2}{3}-\frac{1}{4}\right)+\frac{1}{21}\div\frac{1}{7}=\square$

(4) $13\div15\times3-1\frac{3}{5}\div0.75=\square$

(5) $45-7\times(13-\square)=17$

2． 次の各問いに答えなさい。

(1) へいを塗《ぬ》るのに5 m^2 あたり4 Lのペンキを使います。このとき，155 m^2 のへいを塗るのに必要なペンキは何Lですか。

(2) ある学校の全校児童300人のうち5割が男子で，男子の4割がメガネをかけています。メガネをかけている男子は何人ですか。

(3) ある駅からは普《ふ》通《つう》列車が12分ごとに，快速列車が16分ごとに出発します。9時30分に普通列車と快速列車が同時に出発したとすると，次に普通列車と快速列車が同時に発車するのは何時何分ですか。

(4) まなぶさんの4回目までの算数の小テストの結果は，9点，5点，7点，10点です。5回目のテストで何点をとると，5回のテストの平均点が8点になりますか。

(5) 100円硬《こう》貨《か》が3枚，50円硬貨が2枚，10円硬貨が1枚あります。この6枚の硬貨の中から3枚を使ってできる合計金額は何通りですか。

3． 次の各問いに答えなさい。

(1) 右の図で，四角形ABCDが正方形のとき，角アの大きさは何度ですか。

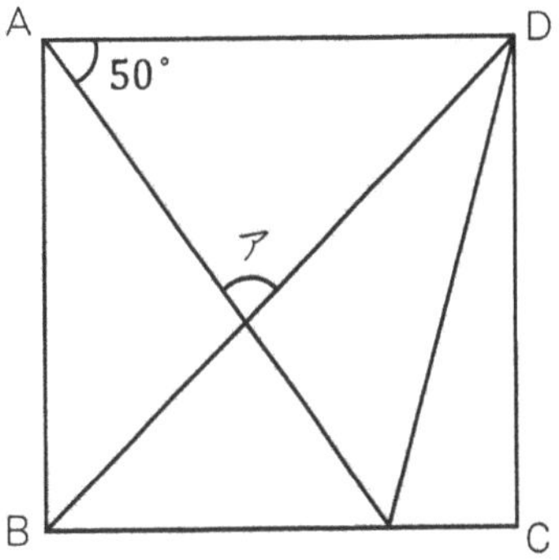

(2) 右の図のように，縦５㎝，横８㎝の長方形の中に，半径１㎝の円があります。この円は長方形の中を自由に動くことができ，円が通った跡《あと》には色が塗られていきます。円を動かして色を塗ることができる部分の面積は何㎠ですか。

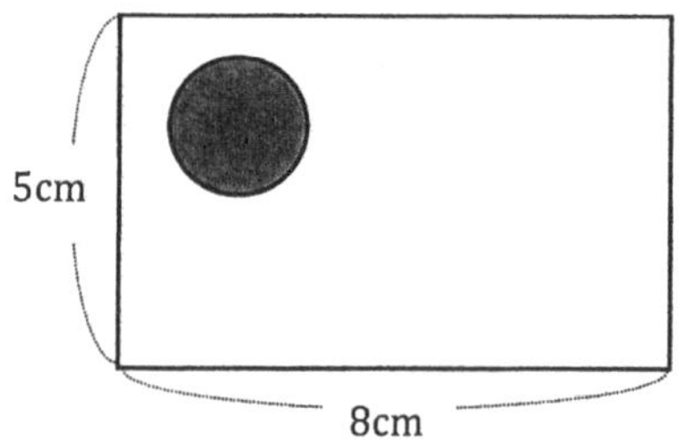

(3) 右の図は，ある三角柱の展開図です。この三角柱の表面積が84㎠であるとき，体積は何㎤ですか。

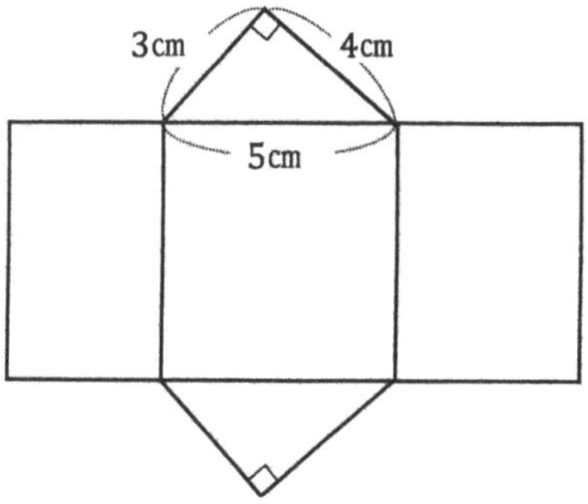

4． 下のように，数字をある規則にしたがって１段，２段，３段，…と５つずつ並べていきます。また，それぞれの段の合計も計算していきます。このとき，後の各問いに答えなさい。

1 段	$\frac{1}{5}$	$\frac{2}{5}$	$\frac{3}{5}$	$\frac{4}{5}$	1	・・・	合 計	3
2 段	$\frac{6}{5}$	$\frac{7}{5}$	$\frac{8}{5}$	$\frac{9}{5}$	2	・・・	合 計	8
3 段	$\frac{11}{5}$	$\frac{12}{5}$	$\frac{13}{5}$	$\frac{14}{5}$	3	・・・	合 計	13
⋮			⋮					

(1) $\frac{2023}{5}$ は何段目の左から何番目の数ですか。

(2) 太郎さんと花子さんはそれぞれの段の５つの数の合計がはじめて100より大きくなるのは何段目かを調べようとしています。２人の会話を読んで，□にあてはまる数字を答えなさい。

太郎さん「まずそれぞれの段の合計を調べてみよう。」

花子さん「５つの数の合計は段が１増えるごとに５ずつ増えているね。」

太郎さん「そうだね。理由は上の段の数に比べて１段下の数はそれぞれ１ずつ大きいからだね。合計が５ずつ増えることを利用すれば，５つの数の合計がはじめて100より大きくなるのが何段目か計算できるね。」

花子さん「なるほど。つまり，□段目の合計がはじめて100より大きくなるね！」

太郎さん「たしかに！僕《ぼく》もそうなったよ！」

5． 拓哉《たくや》さんと正広《まさひろ》さんは家から3000m離《はな》れた学校に向けて９時に出発しました。拓哉さんは歩いて，正広さんは走って向かいます。拓哉さんは休みなく，正広さんは途中《とちゅう》にある公園で出会った友人と遊んでから学校へ向かうと，正広さんは拓哉さんより７分早く学校に着きました。下のグラフは家からの距離《きょり》と時間の関係を表したものです。

正広さんの走るときの速さは常に分速200mとして，後の各問いに答えなさい。ただし，（ア）は公園から出発した正広さんが拓哉さんに追いつく時間を表しています。

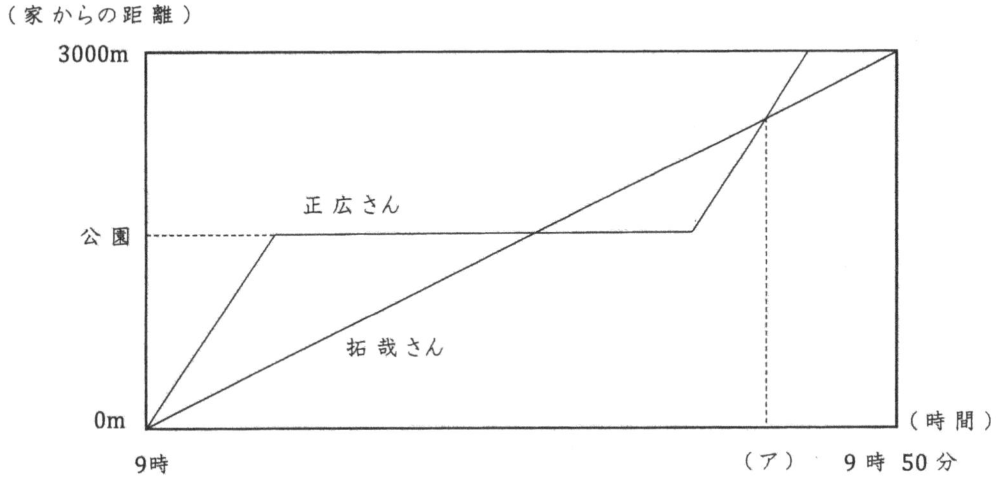

⑴　拓哉さんの歩く速さは分速何mですか。

⑵　正広さんが公園で友人と遊んでいたのは何分間ですか。

⑶（ア）は何時何分ですか。

6． 次のページの図のような，直方体を２つ組み合わせた形の水そうがあります。（イ）から水面の高さが20.5㎝になるまで水を入れてふたをしました。次に，〈図１〉のように面Ａを下にして，水そうをたてたところ，水面の高さは29㎝になりました。水そうの厚みは考えないものとして，後の各問いに答えなさい。

⑴（ア）の長さは何㎝ですか。

⑵〈図２〉のように，面Ａの長方形の一辺を地面につけたまま水そうを傾《かたむ》けるとき，（ウ）の長さは何㎝になりますか。

＜もとの図＞

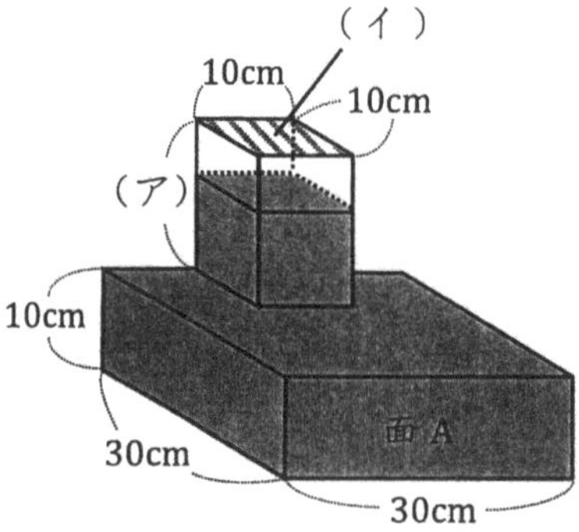

＜真横から見た図＞

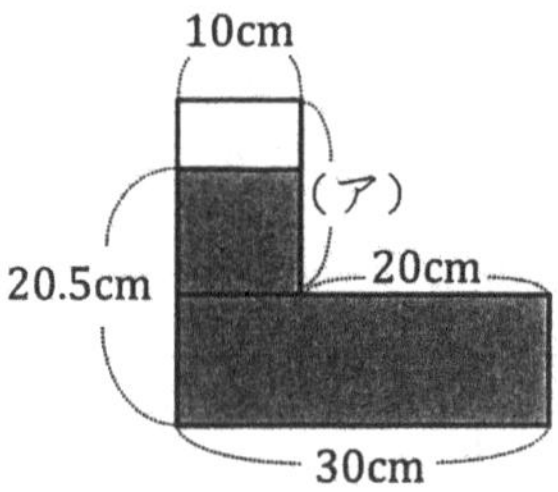

＜図1＞

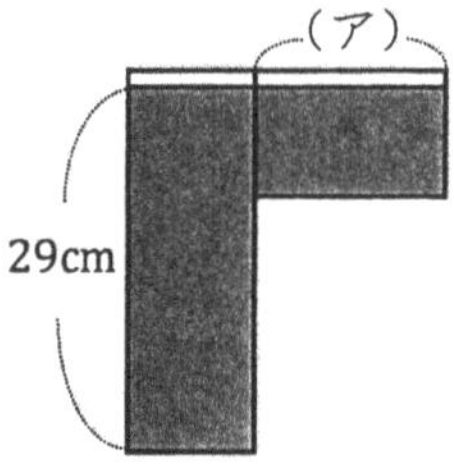

＜図2＞

【理　科】（社会と合わせて50分）　＜満点：50点＞

【注意】　＊割り切れない答えは，四捨五入して小数第1位まで求めなさい。

1． 次の(1)～(14)に答えなさい。

(1)　アルコールランプにふたをすると，火が消えるのはなぜか答えなさい。

(2)　酸性の水溶液《すいようえき》を次のア～オの中からすべて選び，記号で答えなさい。

ア．塩酸　　イ．アンモニア水　　ウ．石灰水　　エ．炭酸水　　オ．水酸化ナトリウム水溶液

(3)　水を冷やして氷にしたとき，質量と体積はどのように変化しますか。次のア～ウの中から1つずつ選び，記号で答えなさい。

ア．水よりも大きくなる。　イ．水よりも小さくなる。　ウ．変化しない。

(4)　実験を安全に行うための注意点として正しいものを，次のア～エの中からすべて選び，記号で答えなさい。

ア．手に水酸化ナトリウム水溶液がついたときは，中和させるために速《すみ》やかに塩酸で手を洗う。

イ．手に水酸化ナトリウム水溶液がついたときは，速やかに流水で手を洗う。

ウ．実験後は，使用した薬品をすべて1つのビーカーにまとめる。

エ．実験を始める前に，使用する器具にヒビが入っていないかなどを確認する。

(5)　水80ｇに食塩20ｇを溶《と》かした水溶液の濃《こ》さは何％か答えなさい。

(6)　種子をつくる植物の中で，根が主根と側根からなり，葉脈はあみの目のようになっているなかまを何というか答えなさい。

(7)　ヒトの体内で，消化された栄養分を吸収する小腸の表面の小さな突起《とっき》を何というか答えなさい。

(8)　2022年7月に鹿児島県にある火山の噴火《ふんか》が確認され，噴火警戒《けいかい》レベルは5まで引き上げられました。この火山の名称《めいしょう》を答えなさい。

(9)　夏の大三角形を構成する星は，ベガ，デネブとあと1つは何か答えなさい。

(10)　一般的《いっぱんてき》な川において，水の流れとそれによって起こる作用の説明として正しいものを，次のア～エの中から1つ選び，記号で答えなさい。

ア．水の流れが速いほど，浸食《しんしょく》作用は小さくなる。

イ．水の流れが速いほど，堆積《たいせき》作用は大きくなる。

ウ．水の流れが遅《おそ》いほど，運搬《うんぱん》作用は小さくなる。

エ．水の流れが遅いほど，浸食作用は大きくなる。

(11)　地球の表面を覆《おお》う，十数枚に分かれた岩盤《がんばん》を何というか答えなさい。

(12)　海と陸を比べたとき，温まりにくく冷めにくい性質を持っているのはどちらか答えなさい。

(13)　ふり子運動の1往復にかかる時間を調べるとき，何を変えると時間が変わりますか。次のア～ウの中から1つ選び，記号で答えなさい。

ア．おもりの質量　イ．糸の長さ　ウ．ふれ幅《はば》

(14)　光の進み方として間違《まちが》っているものを，次のア～エの中から1つ選び，記号で答えなさい。

ア．光は音よりも速く進む。

イ．空気中から水中に光が進むとき，入射角は屈折《くっせつ》角よりも小さい。

ウ．光が鏡で反射するとき，入射角と反射角は等しい。

エ．光は直進する。

2． 次の文章を読んで，あとの⑴～⑶に答えなさい。

松陰君は夏休みに親せきから５羽《わ》のニワトリをもらったので，専用のケージを購入《こうにゅう》して，この中で飼育することにしました。５羽のニワトリにはそれぞれＡ～Ｅの名前を付けました。

飼育を始めて１ヵ月ほどたったとき，あるニワトリが他のニワトリを追いかけまわしたり，つついたりしていることに気が付きました。さらに観察を続けると，つつくニワトリとつつかれるニワトリの関係はいつも同じであることが分かりました。そこで松陰君はＡ～Ｅのそれぞれのニワトリについて，つつかれた回数とつついた回数をその相手ごとにまとめました。表はその結果です。

表

		つついた回数				
		A	B	C	D	E
つつかれた回数	A		1		1	1
	B				1	1
	C	1	1		2	2
	D					1
	E				1	

⑴　ニワトリのように，一生肺で呼吸し，体温をほぼ一定に保つことができ，卵を産んでなかまをふやす生物を総称《そうしょう》して何というか答えなさい。

⑵　ニワトリは集団においてつつく，つつかれることによって順位を決めています。表の結果から，この５羽のニワトリに順位をつけました。順位が高いニワトリほど，より多くの他のニワトリをつつき，他のニワトリにつつかれにくいものとします。この順位について以下の①，②に当てはまるニワトリを答えなさい。なお，答えはＡ～Ｅの記号で答え，複数解答がある場合はすべて答えなさい。

①　５羽の中で順位が最も低いニワトリ

②　５羽の中で順位が最も高いニワトリ

⑶　生物の集団の中には今回のニワトリのように順位が高く強い個体と，順位が低く弱い個体がいるケースが多くあります。これは集団内の全個体が対等な関係だと，採食や繁殖《はんしょく》において不都合があるからです。集団内に順位をつくることによって，どのような不都合をなくしていると考えられますか。自分の考えを簡潔に書きなさい。

3． 次の文章を読んで，あとの⑴～⑷に答えなさい。

２種類のばねＡとばねＢがあります。それぞれのばねにつるしたおもりの質量とばねの長さを調べたところ，以下の表のようになりました。ただし，ばねの質量は考えないものとし，この実験において，ばねは伸《の》びきらないものとします。

表

おもりの質量[g]	50	100	150	200
ばねＡの長さ[cm]	7	9	11	13
ばねＢの長さ[cm]	15	16	17	18

⑴　ばねAのもとの長さは何cmか答えなさい。

⑵　ばねBに質量350gのおもりをつるしたとき，ばねの長さは何cmになるか答えなさい。

⑶　同じ質量のおもりをつるしたとき，ばねAの長さとばねBの長さが同じになるのは，何gのおもりをつるしたときか答えなさい。

⑷　右の図のように，ばねA，ばねBと，同じ質量のおもり2つをつなぎ，天井からつるしました。ばねBの長さが20cmのとき，ばねAの長さは何cmになるか答えなさい。

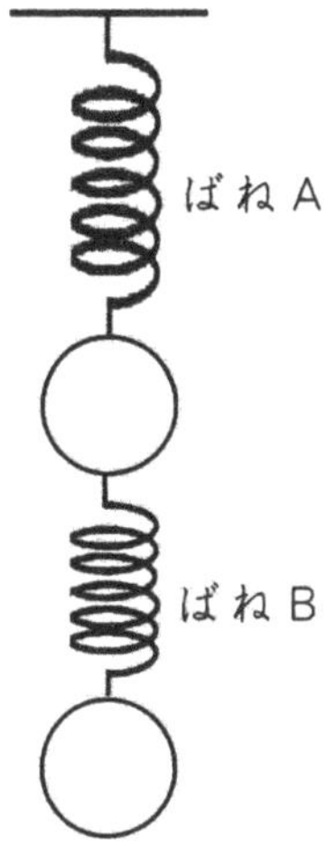

【社　会】（理科と合わせて50分）　＜満点：50点＞
【注意】　＊答えを書くとき，漢字で書けるものは，すべて漢字で書きなさい。

1．次の文章を読み，あとの問いに答えなさい。

小学生のかつみさんは，毎年８月に阪神甲子園《こうしえん》球場で開催《かいさい》される全国高等学校野球選手権大会を楽しみにしています。昨年は，東北地方の出場校が躍進《やくしん》し，初めて全国優勝という悲願が達成されました。

そこで，かつみさんは，令和４年度第104回全国高等学校野球選手権大会のベスト４（上位４校）に進出した高等学校がある都市について調べてみることにしました。以下は，調べたことをまとめたものです。

A　仙台市は，東北地方唯一《ゆいいつ》のa．政令指定都市であり，人口約110万人が生活しています。2000年代になるとNPB（日本プロ野球）の球団が新規参入しました。都心部にも街路樹などが多く，自然が豊かなことから「杜《もり》の都」と呼ばれています。

B　伊達市は，西は阿武隈川が流れ，東は阿武隈高地が広がる高低差の大きい盆地《ぼんち》特有の地形です。名産のあんぽ柿や全国有数の収穫《しゅうかく》量を誇《ほこ》る桃の産地で，全国有数のb．果樹栽培《さいばい》が行われています。
※あんぽ柿：ドライフルーツの一種

C　彦根市は，（　c　）の東に位置し，近世以来の城下町や宿場町の町並みが比較《ひかく》的保存されている歴史的な都市です。2009年１月には，金沢市・亀山市・高山市・萩市と共に歴史まちづくり法の対象とされています。

D　下関市は，本州最西端，中国地方と九州地方の境目に位置する港湾《こうわん》都市です。地元の人に長年愛された品，新たな食材や手法で作られた品などを2018年の明治維新《いしん》150年を契機《けいき》にd．「下関ブランド」として認定し，その魅力《みりょく》を発信しています。

(1)　下線部ａについて，政令指定都市が独自に実行できること，または，実行しなければならないこととしてふさわしくないものを次のア～エから一つ選び，記号で答えなさい。
ア．区域によって区を設置することができます。区で事務処理機能が必要なときは，区役所，出張所を置くため「行政区」と呼ばれます。
イ．ホームページのURLに「city．政令指定都市名．jp」というドメインを使用することができます。
ウ．都道府県議会が決めた通りに地方自治を行う必要があります。
エ．消防の専門部隊「特別高度救助隊」を設置する必要があります。
(2)　下線部ｂについて，次のページの図１，２のうち，Ｘにあてはまる都道府県を答えなさい。

【図１】

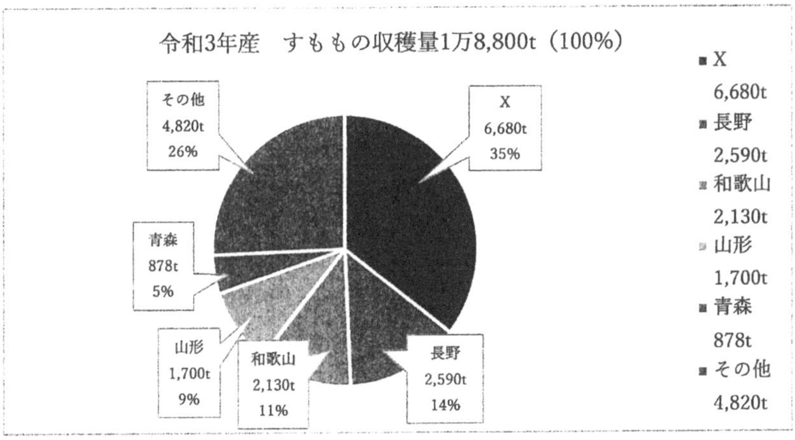

【図２】

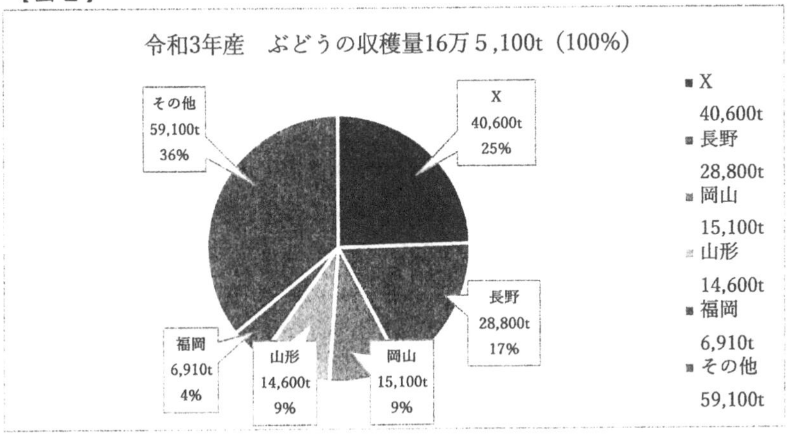

『令和３年度　農林水産省　統計情報　作況《さっきょう》調査（果樹）』

⑶　空欄（ｃ）にあてはまる湖沼《こしょう》の名称としてふさわしいものを次のア～エから一つ選び，記号で答えなさい。

ア．田沢湖　　イ．サロマ湖　　ウ．霞ヶ浦《かすみがうら》　　エ．琵琶《びわ》湖

⑷　下線部ｄについて，下関を代表する取扱《とりあつかい》量日本一の海産物としてふさわしいものを次のア～エから一つ選び，記号で答えなさい。

ア．まぐろ　　イ．いか　　ウ．ふぐ　　エ．かつお

⑸　Ａ～Ｄの都市がある都道府県名をそれぞれ答えなさい。

２． 次の文章を読み，あとの問いに答えなさい。

千葉県八千代市の公共施設である八千代市立図書館を紹介します。八千代市には，TRC八千代中央図書館，大和田図書館，八千代台図書館，勝田台図書館，緑が丘図書館のあわせて五か所あります。TRC中央図書館では，図書館利用者券を発行すれば図書を借りることができます。

⑴　図書館の機能について述べた文章として，ふさわしくないものを次のページのア～エから一つ選び，記号で答えなさい。

ア．図書館内の本の貸し出しの冊数の上限はあらかじめ決められています。

イ．その本がいつ，誰に貸し出されているかを調べてくれます。

ウ．借りたい本がある場合，インターネットで予約できます。

エ．その図書館に借りたい本がない場合は，他の図書館にないか調べてくれます。

⑵　あなたがこれまで読んだ本のなかで最も感動した本のタイトルを一つあげ，その本からあなたが学んだことを地理，歴史，公民のいずれかに関連させて具体的に述べなさい。

3． 次の文章を読み，あとの問いに答えなさい。

平氏が滅《ほろ》びた後，源頼朝は対立するａ．源義経をとらえることを口実に朝廷にせまり，国ごとに軍事・警察を担当する守護を，荘園《しょうえん》や公領ごとに領地を管理・支配する地頭を置くことを認めさせました。

頼朝は1192年に（　Ａ　）に任命されると，従来の組織に加え，ｂ．政治を行うためのしくみを整備しました。将軍と家来の武士はｃ．主従関係によって結ばれました。

頼朝が亡くなった後，幕府の実権は北条（　Ｂ　）がにぎりました。（　Ｂ　）は初めて執権という地位につき，その地位は北条氏が代々独占しました。

第３代将軍の源実朝は朝廷との親交が深く，後鳥羽上皇はそれを利用して朝廷の勢力を回復させようとしていました。実朝が暗殺されると，後鳥羽上皇は幕府を倒そうとしました。ｄ．しかし，戦いは幕府が勝利し，後鳥羽上皇は隠岐《おき》に流され，京都に（　Ｃ　）が置かれて朝廷は監視《かんし》されるようになりました。

第３代執権の北条（　Ｄ　）は幕府の決まりとなる御成敗式目を定めました。ｅ．御成敗式目は武家社会の慣習に基づいて作られました。

⑴　下線部ａの人物が，殺害された場所としてふさわしいものを，次のア～エから一つ選び，記号で答えなさい。

ア．平泉　　イ．鎌倉　　ウ．兵庫　　エ．壇ノ浦

⑵　図を見て，下線部ｂについての以下の問いに答えなさい。

【図】

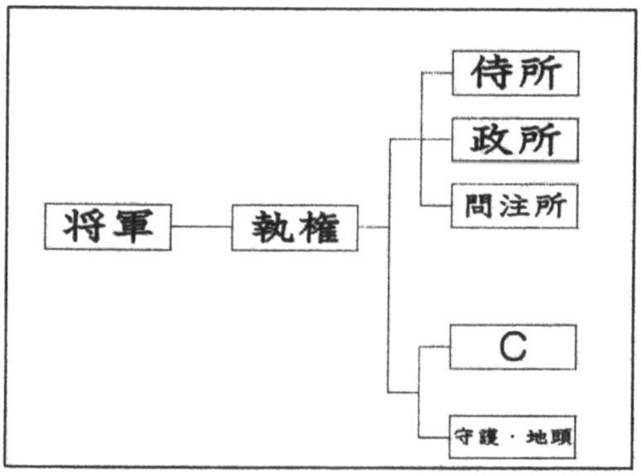

①　図は，鎌倉幕府の仕組みを表したものであるが，幕府の政務や財政などを管理する役職はどこですか。次のア～エから一つ選び，記号で答えなさい。

ア．侍所　　イ．政所　　ウ．問注所　　エ．守護

② 図中の執権という役職は，将軍を補佐する役割であるが，室町幕府ではこのような役割を何と呼びましたか。漢字二字で答えなさい。

(3) 下線部ｃについて，鎌倉幕府の将軍と御家人はどのような関係でありましたか。次の語句の意味を明らかにした上で二つとも使用し，説明しなさい。

御恩	奉公

(4) 下線部ｄについて，以下の資料はこの戦乱の際に北条政子が御家人たちに行った演説の内容である。以下の資料の空らんにあてはまる語句を，最初の文中からぬき出して答えなさい。

> みなの者，よく聞きなさい。・・・
> （　　　　）公が朝廷の敵を倒《たお》し，幕府を開いてこのかた，官職といい，土地といい，その恩は山より高く，海より深いものでした。
> ・・・名誉《めいよ》を大事にする者は，ただちに，逆臣をうち取り，幕府を守りなさい。
> （吾妻《あづま》鏡）

(5) 下線部ｅに書いてあることとしてふさわしいものを，次のア～エから一つ選び，記号で答えなさい。

ア．二に曰《いわ》く，厚く三宝を敬え。三宝とは，仏，法，僧なり・・・・。

イ．武士が20年の間，実際に土地を支配しているならば，その権利を認める。

ウ．けんかをした者は，いかなる理由による者でも処罰《しょばつ》する。

エ．学問と武芸にひたすら精を出すようにしなさい。

(6) 最初の文中の空らんＡ～Ｄにあてはまる語句をそれぞれ書きなさい。

4． ２人の高校生の会話文を読み，あとの問いに答えなさい。

ゆうき：夏休みの自由研究のテーマ，何にしようかな。かおりはもう決まった？

かおり：私は“成人年齢《ねんれい》の引き下げが社会に与《あた》える影響《えいきょう》”について調べるわ。成人年齢を18歳《さい》に引き下げるという，民法の一部を改正する法律案がａ．国会や内閣で審議《しんぎ》されて，令和４年の４月から施行《しこう》されたところだし。

ゆうき：最近，テレビやニュースとかでよく聞く改正民法のことだよね？どうして成人年齢が引き下げられることになったのかな？

かおり：選挙権年齢が18歳に引き下げられたでしょう？ｂ．国民の政治参加に関して，18歳以上の人を大人とする政策がとられたことをふまえて，国民生活に関する民法についても，18歳以上の人を大人とするべきではないか，という話し合いがされたことが理由の一つみたいね。

ゆうき：なるほど。そういえば，前に公民の授業で先生が，『国民が刑事裁判《けいじさいばん》に参加する裁判員に選ばれる年齢も18歳以上に引き下げられる』と言っていたのを思い出したよ。成人年齢の引き下げは，ｃ．日本の司法制度にも影響を与える可能性があるんだね。

かおり：他にも，民法の成人年齢には，一人で有効な契約をすることができる年齢や，保護者の親権に入らなくなる年齢という意味もあるみたいなの。

ゆうき：それって，保護者の同意なしに，様々な契約《けいやく》や行動ができるようになるってこと？どんなことができるようになるのか僕《ぼく》も興味が出てきたよ！

かおり：それなら，興味が出てきたことを自由研究のテーマにしてみたらどう？

ゆうき：そうしてみるよ。せっかくだから，僕は改正民法のことを調べた上で，ｄ．“大人として認められる年齢は何歳からなのか”をテーマに，様々な意見をまとめてみるよ！

⑴　下線部ａについて述べた文としてふさわしくないものを，次のア～エから一つ選び，記号で答えなさい。

ア．国会は，唯一《ゆいいつ》の立法機関として法律を定めることができます。

イ．通常国会は年に１回召集《しょうしゅう》され，主に予算について議論されます。

ウ．国務大臣は，全て国会議員から選ばれるように決められています。

エ．内閣は，国会に対して連帯して責任を負うことが決められています。

⑵　下線部ｂについて，以下の問いに答えなさい。

①　国民が政治に関わる制度について述べた文としてふさわしいものを，次のア～エから一つ選び，記号で答えなさい。

ア．憲法改正についての国民投票。

イ．内閣総理大臣を選ぶための国政選挙。

ウ．国務大臣をやめさせるかどうかの国民審査《しんさ》。

エ．市町村長や都道府県知事の解職を求める住民投票。

②　国会議員に立候補することが可能になる年齢の組み合わせとしてふさわしいものを，次のア～エから一つ選び，記号で答えなさい。

ア．衆議院：25歳　　参議院：25歳

イ．衆議院：25歳　　参議院：30歳

ウ．衆議院：30歳　　参議院：25歳

エ．衆議院：30歳　　参議院：30歳

⑶　下線部ｃについて述べた文としてふさわしくないものを，次のア～エから一つ選び，記号で答えなさい。

ア．日本国憲法によって国民には，誰でも裁判を受ける権利が認められています。

イ．日本の裁判は，ひとつの内容について三回まで裁判を受けることができる三審制を採っています。

ウ．裁判官は，国会や内閣の意見を必ず取り入れた上で，憲法や法律にもとづいた判決をくだすことが義務付けられています。

エ．裁判所は，立法機関である国会に対して，法律が憲法に違反《いはん》していないかどうかを審査することができます。

⑷　下線部ｄについて，“大人”は広辞苑《こうじえん》（第七版）で，“十分に成長した人”，“成人”などと定義づけられている。“十分に成長”とは何をもって言えると考えますか。次のページの表の項目《こうもく》を参考にし，あなたの意見を述べなさい。

【表】

年齢	可能になることの例
２０歳	中型・大型自動車免許《めんきょ》の取得 養子縁組
１８歳	普通自動車免許の取得 クレジットカードの契約
１５歳	アルバイト（ただし、１５歳になって初めての３月３１日を越《こ》えている場合）
１４歳	刑事責任を問われる
１２歳	電車の運賃が大人料金に（ただし、１２歳になって初めての４月１日を越えている場合）

エ　間違った税金の使い方や使い道を考えさせられる点。

オ　学校での苦い出来事を思い起こしてしまう点。

問七　次の文は――線部⑥を説明したものです。〈A〉・〈B〉に入るふさわしいことばを指定された字数以内で答えなさい。また、〈C〉に入るふさわしい二字のことばを、後の□の中の漢字を組み合わせて答えなさい。

〈　A　十字以内　〉とは思えないので、『税金泥棒』といった〈　B　五字以内　〉を注意せず見過ごしたよつば会の先生の謝罪も〈　C　〉だけではないのかと疑っているということ。

先	大	言	最	口	動	行	考

問八　この話の登場人物たちの説明としてふさわしいものを、次のア～オの中から一つ選び、記号で答えなさい。

ア　唯真と玲奈は中学生であり、親元から離れて児童養護施設で暮らしている。川上さんはその施設の施設長であり、ななみは唯真と玲奈の担任の先生である。

イ　ななみは高校生、唯真と玲奈は中学生であり、三人とも親元から離れて児童養護施設で暮らしている。その施設の施設長が川上さんである。

ウ　唯真と玲奈は中学生であり、親元から離れて児童養護施設で暮らしている。川上さんはその施設の施設長であり、ななみはその施設で働く職員である。

エ　保護者がいない唯真と玲奈は同じ児童養護施設で暮らしている。その施設の施設長が川上さんであり、ななみは唯真と玲奈が通っている「よつば会」の先生である。

オ　高校生のななみと中学生の唯真と玲奈は、同じ児童養護施設で暮らしている。その施設の施設長が川上さんであり、三人とも「よつば会」という塾に通っている。

「よつばの先生は、ほんとにちゃんと分かってくれたんでしょうか」

たとえ謝りに来たところで、よつばの先生が、そういう言葉を三年生が言うのを見過ごしたのは事実だった。人の心がすぐ変わるとは、ななみには思えなかった。

すると、

「あそこは良心的な塾《じゅく》なんだよ」

と、川上さんが言った。

「月曜から土曜まで、いつ行ってもいいし、いつ帰ってもいい。本も借りられるだろ。子どもの居場所を作ってくれている。月四千円。寮《りょう》の子だけじゃなく、なかなか月謝を払えない子にはすぐ割引を適用してくれる。ここだけの話だが、滞納《たいのう》している子もいる。この町にああいう塾があるのは、うちの子だけじゃなく、家の子たちにとっても、本当に有難《ありがた》いことなんだよ。言ってしまった言葉がクソだったとしても、謝罪して、変わろうとしてくれているんだったら、俺はそこに懸《か》けたいと思う」

⑥ななみはまだ納得《なっとく》できなかった。だけど、唯真と玲奈の顔つきが明らかに変わっているのを見たら、もう何も言う気はなくなった。

（朝比奈《あさひな》あすか『ななみの海』）

問一　——線部①とありますが、この表現からわかる二人の様子としてふさわしいものを、次のア～オの中から一つ選び、記号で答えなさい。

ア　川上さんに怒られたら、ななみに守ってもらおうと人任せな様子。

イ　川上さんに呼び出され、何の話をされるのだろうかと不安な様子。

ウ　川上さんに二人で遊んでいたところを邪魔《じゃま》され、不満な様子。

エ　川上さんに口論で勝てるのだろうかと心配する様子。

オ　川上さんに自分たちの主張を伝えようと強気にふるまう様子。

問二　——線部②の説明としてふさわしいものを、次のア～オの中から一つ選び、記号で答えなさい。

ア　川上さんが、子どもたちと一緒に考えごとをするときの姿勢。

イ　川上さんが、子どもたちに対して率直《そっちょく》に意見を言うときの姿勢。

ウ　川上さんが、子どもたちを一方的にしかり付けるときの姿勢。

エ　川上さんが、子どもたちに対して本音をかくすときの姿勢。

オ　川上さんが、子どもたちに対して重たい話をするときの姿勢。

問三　——線部③とありますが、そのように考える理由を、「仕組み」「想像」ということばを使って六十字以内で答えなさい。

問四　——線部④とありますが、このときの唯真の様子としてふさわしいものを、次のア～オの中から一つ選び、記号で答えなさい。

ア　わざとふざけた言い方で、場の雰囲気《ふんいき》をやわらげようとしている。

イ　わざと驚《おどろ》いた言い方で、退屈《たいくつ》な話を早く終わらせようとしている。

ウ　わざと顔色を伺《うかが》うような言い方で、反省の意を示そうとしている。

エ　わざとひねくれたような言い方で、相手に反抗《はんこう》しようとしている。

オ　わざと分かっているような言い方で、話題を変えようとしている。

問五　□に入るふさわしい漢字一字を答えなさい。

問六　——線部⑤とありますが、よつば会での出来事は、唯真や玲奈にとってどのような点で「繊細」なのですか。ふさわしいものを、次のア～オの中から一つ選び、記号で答えなさい。

ア　通っていた塾をやめなければいけないところまで追い込《こ》まれた点。

イ　親元から離《はな》れて暮らしていることを改めて実感させられる点。

ウ　よつば会の先生に怒られ、自分に自信が持てなくなった点。

間が、いつどうなるか考えもしない、誰かに助けてもらう日が来るかもしれないってことを想像もできない馬鹿ってことだ」
「川上さん、馬鹿とかクソとか、言いすぎ」
「炎上、炎上」
　唯真と玲奈が同時に茶化す。
「ついでにもう一つ大事な話をしておくと、たとえそういうクソみたいなことを言う奴がいる世の中だとしても、おまえらだけは、どう頑張《がんば》ったって、泥棒にはなれないってことだ」
「えぇー？」
　玲奈がちいさく笑う。
「なれない!?」
　唯真も笑う。
「だって、おまえら、子どもじゃん。未成年じゃん。未成年は、親元で暮らせない時に社会的養護を受けることは権利でもあり、義務なんだ。生きなくちゃいけないからな。税金使ってちゃんと生きて、ちゃんと大人になるっていうことが、今、おまえたちのやらなきゃいけないことなんだ。そういう仕組みも理念もわかってなくて、おまえらみたいな子どもに税金がどうのこうのって言ってくる奴がいたら、そいつはトンチンカンのクソだって思っていればいい」
「クソ、クソ、言いすぎ」唯真が笑う。「炎上、炎上」玲奈も笑う。
「いや、俺だって、こんな言い方、よそではしないよ。いいか？　おまえらも、俺がこんなことを□部の信頼できる子どもの前だけ言いまくってるオヤジだってこと、分かってくれよ」
　川上さんは口の前で指を立てて、にまっと笑う。
「実は、よつば会の先生には、こういう話を、すーっとな、上澄《うわず》みだけ取って、大人の、社交ってやつと一緒《いっしょ》に伝えてやった。あそこにはグループホームの子たちも通ってるし、これからも小学生が通うことになるから、ほら、うまくやっていきたいだろう。けど、これだけはきっちり伝えておいたほうがいいと思ってな。そうしたら、あの人はちゃんと分かってくれて、謝罪に来た。おまえたちにその話をしなかったのは俺のミスだな。本当にすまん」
　と言って、川上さんが目の前で頭を下げた。
「えー、全然いい」
　玲奈が慌《あわ》てて言う。
「てか、俺も、遅刻《ちこく》しすぎたし」
　唯真も言った。
「そうだよ、それでこいつ忘れ物ばっかりだし、何もしないで帰るから、先生キレるのも少しは分かる」
　唯真と玲奈がすっかり明るくなって言い合っている。
　川上さんは、しばらく面白そうに聞いていたが、最後に言った。
「⑤俺としてはさ、もうおまえたちはよつばを辞《や》めたし、こういう繊細《せんさい》な話題を蒸《む》し返して変に意識させる必要はないと勝手に考えたわけだけど、おまえたちにとって、無かったことにできる言葉じゃなかったな。だから、ななみがちゃんと、俺に言ってくれて良かったよ。本当にありがとう」
　戦おうと身構えていたななみだったが、川上さんに真顔で礼を言われ、なんだかこそばゆくなる。
　熱い怒りはほどけていたが、それでも言っておきたかった。

校生だ。ななみはもちろん、唯真も玲奈も、同じ中学生の中でも自分の頭で物を考えられる大人びたところがあるからな、おまえたちに、俺の考えを伝えておく。正直に言うとだな、よつば会の先生はクソだ。その中三もクソだ。そういうことを言う奴《やつ》らはクソだと俺《おれ》は思った」

「え、え……っ、そんなこと言っちゃって、いいんすか」

　唯真が背中を軽くのけぞらせ、ちょっと笑う。ななみも、川上さんのあまりにストレートな物言いにびっくりした。こういう時、大人たちはこっそり手を組んで、子どもをなだめるものではないのか。

「そもそも、③人のやることに税金の話を持ち出して批評する奴はクソなんだ。『税金泥棒《どろぼう》』なんて言葉を言う奴は、誰かを下に見ないと生きていけない馬鹿なんだよ」

「川上さん言いすぎ。炎上《えんじょう》しますよ」

「施設長《しせつちょう》、人をクソと呼ぶ」

　ネットニュースの記事風の見出しを唯真と玲奈が言い合って笑う。

「言うよ。俺は言うよ。どうして俺がそう言うのかって言ったら、俺がいちばん怖いからだよ。『税金泥棒』って言われることが怖いからだ」

「え……!?」

「そりゃそうだろ。おまえらなんかじゃないよ。大人たちのほうがずっと怖いんだよ。だって、実際に、みんな税金で食わしてもらってるからな。ここの職員は皆そうだし、学校の先生もそうだ。警察官も、そこの大通りで工事してくれてる人も、毎朝ゴミを持ってってくれる人も、清き一票をー！って演説してる政治家も、裁判官だってそうだ。公務員だけじゃないぞ、言いようによっちゃ、みーんな『税金泥棒』ってことになる。おまえらの友達の親たちも、みんなだ。だってな、泥棒が入ってきた時に自分で警備員呼んだりできるか？　病気になったらいつでも掛《か》かれる専属の医者や、火事になったら必ず来てくれる専属の消防士を、自腹で雇《やと》えるか？」

「④雇え……ない？」

　と唯真がおどけた言い方で答える。

「だから、世の中の大人たちは、自分の稼《かせ》ぎの中から払《はら》えるだけの会費を国に払うことで、警察や病院や消防署からおんなじ安心や安全をもらってるわけだ。そういう大きな『会』に属してるんだよ、全員。それが社会ってやつだ。そんな中で、『税金泥棒』なんて言葉がまかり通ったら、いちばん多く払ってる金持ちが、それより少なくしか払えない他全員に、差額分を『泥棒だ』って決めつけられる、言いっぱなしの、とんでもねえ社会になるぞ。そのいちばんの金持ちだって、ある日突然《とつぜん》事故に遭《あ》うかもしれない。病気になるかもしれない。そしたらそいつも泥棒だ。そういう時のために……」

「セーフティーネットですね」

　ななみが言うと、川上さんは、「ほら、こういうところだよ」と唯真たちに言う。「ななみ先生は、こういう難しい言葉をちゃんと言えるだろ」

「知ってるよ！　わたしだって」

　と言い返す玲奈が、いつの間にか笑っている。

「みんなで、いざって時のために備えておこうって会費を払っているわけだよ。いざって時というのは、全員に来る可能性があるものだからな。そういう、長い歴史の中で、社会が培《つちか》ってきた会費システムをまるごと否定するようなことを軽々しく言う奴は、自分や、自分の周りの人

問七　――線部④が指し示す内容を、文章中のことばを使って、十字以内で答えなさい。

問八　――線部⑤とありますが、その理由が書かれた一文をぬき出し、そのはじめの五字を答えなさい。

問九　［C］に入る文としてふさわしいものを、次のア～オの中から一つ選び、記号で答えなさい。

ア　わたしたちの現実生活において、何らかの問題を解決したり、欲求を満たしたりするためのもの

イ　社会全体の財産として、あらゆる知恵や思考をまとめて保管したり、いつでも閲覧できるように整理したりするためのもの

ウ　個人の努力という観点において、多さを競ったり、質の高さで人間性をはかったりするためのもの

エ　身近な人々との人間関係において、意味あるものとしてネットワーク化したり、よりよい生活のために役立てたりするためのもの

オ　テスト以外の実生活でも使えるものとして、教科書を丸暗記したり、頭に詰め込んだりするためのもの

問十　この文章に書かれていることとして正しいものを、次のア～オの中から一つ選び、記号で答えなさい。

ア　人生の難題に直面しているときには気づかなくても、あとから自分の人生にとっての教養の意味を理解できる瞬間がある。

イ　無人島に漂流した時でも無事でいるためには、様々なサバイバル道具を使いこなせるように普段から備えておく必要がある。

ウ　テストのために教科書を丸暗記できるような人は、知識を道具として用いているため、教養を大切にしているとは言えない。

エ　対戦数が多い将棋の棋士ほど、次の最善の一手が瞬間的に閃くようになるので、多くの試合をこなすことが一流になる条件である。

オ　教養のクモの巣が頭の中に張り巡らされていると、人生の試練を乗り越えるための最適解が閃くことがある。

問十一　この本のタイトルは『未来のきみを変える読書術　なぜ本を読むのか？』です。「クモの巣電流流し」を起こすためには、わたしたちはどのようなことに気を付けて読書をしていくべきでしょうか。本文中の筆者の考えに沿って、「ネットワーク化」「読書経験」「興味」という言葉を使って、六十字程度で答えなさい。

［四］　次の文章を読み、後の問いに答えなさい。

「ちょっとあっちに行こうか。唯真《ゆいま》と、玲奈《れな》もだ」

穏《おだ》やかな声で、川上《かわかみ》さんが言った。

やり合うなら、やってやると、ななみは思った。これまで心に溜《た》めていた分も、川上さんに訴《うった》えたかった。唯真と玲奈を守るためにも、自分がしっかり主張しなければならないと思った。①唯真と玲奈は顔を見合わせ、おずおずとついてくる。

川上さんとななみたち三人は、一階の応接室に移動した。いつかななみが門限を守れなかった時に話し合いをしたところだ。

ぺこぺこ凹《へこ》むナイロン製のソファに座った川上さんは、②眉間《みけん》に指をあてて、うーん、と悩《なや》むようなポーズを取った。川上さんは前にも寮の子たちに道で大人に話しかけられた時の対応を伝える時に、こういうポーズをした。重たい話をする前触れだなとななみは思った。

「こんなことは話すつもりはなかったが、おまえたちはもう中学生と高

くらい忘れられてしまうと言われています。認知科学者たちに言われなくても、みなさんにもきっと実感があるはずです。それはまさに、学んだことが、自分にとって意味ある知識としてネットワーク化されていないからです。

　20世紀アメリカの哲学者、ジョン・デューイ（1895～1952）は、知識とは本来、〝道具的〟なものだと言いました。つまり、知識とは、[C]である、と。

　言われてみれば（言われなくても）、当たり前の話です。でもわたしたちは、しばしば、知識はただ多ければ多いほどすごいことだという錯覚《さっかく》を抱《いだ》いてしまいがちです。

　テストのために、教科書を丸暗記できてしまうような人は、それはそれですごいことです。でも、それがテスト以外の実生活でも本当に〝使える〟ものでなければ、何のための知識なのかわかりませんよね。大量のサバイバル道具を、いつもリュックに詰め込んでいながらも、実際に無人島に漂流《ひょうりゅう》した時にはそれらを使いこなせずオロオロしてしまう、なんてことでは、やっぱりあまり意味はないのです。

　いろんな知識を、自分にとって意味あるものとしてネットワーク化するために重要なのは、わたしたち自身の興味や問題意識です。もちろん、テストへの関心も、知識獲得《かくとく》の有力な動機ではあります。でもそれが長続きしないのは、さっきも言った通りです。

（苫野《とまの》一徳《いっとく》『未来のきみを変える読書術　なぜ本を読むのか？』）

問一　――線部①とありますが、それはどのようなものですか。指し示している内容を文章中から三十一字でぬき出し、そのはじめの三字を答えなさい。

問二　文章中のア～エを正しい順番に並べかえ、記号で答えなさい。

問三　――線部②の対義語としてふさわしいものを、次の【　】の中の漢字二字を組み合わせて答えなさい。

【性　頭　脳　芸　感　術　心　技　胸】

問四　次の図は、――線部③について説明したものです。〈Ⅰ〉〈Ⅱ〉に入るふさわしいことばを、指定された字数で文章中からぬき出しなさい。

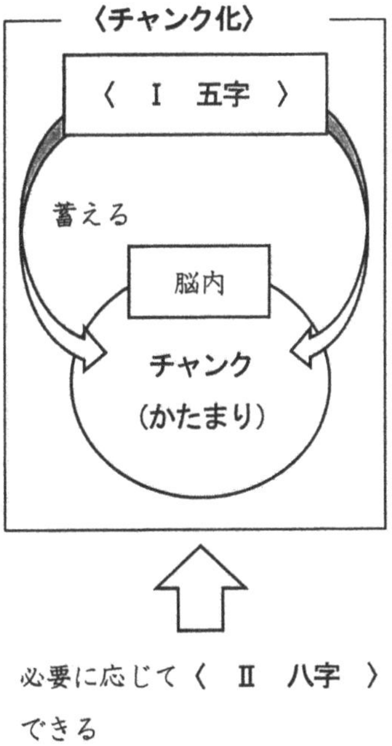

問五　[A]に入ることばとしてふさわしいものを、次のア～オの中から一つ選び、記号で答えなさい。

ア　まさに　　イ　ついに　　ウ　もちろん
エ　まるで　　オ　たとえば

問六　[B]に入ることばとしてふさわしいものを、次のア～オの中から一つ選び、記号で答えなさい。

ア　膨大な学習経験　　イ　次の最善の一手
ウ　人生の苦難の場面　　エ　知のネットワーク
オ　クモの巣電流流し

でも、そんな苦悩《くのう》の中にあっても、もしわたしたちの頭の中に〝教養〟がクモの巣のように張り巡らされていれば、ある時突然《とつぜん》、そのネットワークに一筋の電流がほとばしり、あらゆる知恵《ちえ》や知識や思考が一つにまとまり、人生の難題を解決するための最適解が見いだされることがあるのです。

そうか、いま、自分はこんなふうに問題を解決すればいいんだ！　こんな行動に出ればいいんだ！　そんな考えが、突如《とつじょ》として閃くのです。

「どんな壁《かべ》にぶつかったとしても、自分はちゃんと乗り越《こ》えられる」

〝教養のクモの巣〟を手に入れることができたなら、わたしたちはきっと、①そんな自信もまた手に入れることができるはずです。

〝教養のクモの巣〟が役に立つのは、人生の苦難の場面だけではありません。

ア　もちろん、それは偶然《ぐうぜん》の瞬間《しゅんかん》をただ受動的に待っているわけではありません。クモの巣の中には、電源ボタンもまたあって、「よし、そろそろこのボタンを押したら答えが見えるぞ」というタイミングを、わたしはいつも待ち構えているのです。

イ　たとえばわたしは、哲学者《てつがくしゃ》として、「よい教育とは何か、それはどうすれば実現可能か」とか、「よい社会とは何か、それはどうすれば実現可能か」とかいった問題を中心に、「自由とは何か」「幸福とは何か」「愛とは何か」といったテーマにこれまで取り組んできました。

ウ　わたしのような学者は、日々、自分にとってどうしても解かなければならない切実な問題と格闘《かくとう》しています。

エ　これらは本当にむずかしい問いです。でも、教養のクモの巣が頭の中に張り巡《めぐ》らされていれば、やはりある時、突如として電流がほとばしり、何をどう考えればこの問題が解けるのか、まるで目の前のスクリーンに答えが映るかのように、見えてくることがあるのです。

将棋《しょうぎ》の一流棋士《きし》は、対戦中、次の最善の一手が瞬間的に閃くことがしばしばあるそうです。数学や物理学などの天才的な研究者も、問題を見た瞬間にその解き方がわかることがよくあると言います。

これは、プロフェッショナルたちの膨大《ぼうだい》な学習経験に基《もと》づくものです。人間の②知性や心の働きを研究する認知《にんち》科学に、「③知識のチャンク化」という言葉があります。それがどのようなジャンルであれ、熟達者は、膨大な知識をかたまり（チャンク）にして脳内いっぱいに蓄《たくわ》えていて、必要に応じてそれらに瞬間的にアクセスできるらしいことがわかっています。

[A]、クモの巣に電流が走るのです。

読書でも、同じようなことが起こります。一定以上の意義ある読書経験を積んだ人なら、おそらくだれもが〝クモの巣電流し〟の経験をしたことがあるはずです。

ここで大事なのは、むやみに知識をため込《こ》むのではなくて、クモの巣、つまり[B]を編み上げることです。必要な時に電源ボタンを押せば、電流が流れて一本の筋が見えてくる。そんなネットワークを、縦横《じゅうおう》無尽《むじん》に張り巡らせることなのです。

どれだけ知識を頭に詰《つ》め込んでも、④それらがお互《たが》いに結ばれ、ネットワークになっていなければあまり意味はありません。認知科学によれば、⑤テストのため（だけ）に覚えた知識は、テストが終われば90％

【国　語】（五〇分）〈満点：一〇〇点〉

【注意】＊字数制限がある問題は、原則として「、」や「。」も一字に数えます（ただし、指示のあるものはのぞきます）。

一　次の①～⑥の――線部のカタカナを漢字になおしなさい。ただし、送りがなが必要なものは、送りがなも正しく送りなさい。また、⑦・⑧の――線部の漢字の読みを答えなさい。

①　ショウワ二十年に戦争が終わった。
②　運動会が雨のため翌日にノビル。
③　友達とワカレルのは悲しい。
④　父はギョギョウ関係者だ。
⑤　地元のハクブツカンに行く。
⑥　ソウコに荷物をしまう。
⑦　薬の副作用を調べる。
⑧　食べ物を貯蔵する。

二　次の各問いに答えなさい。

問一　次の――線部のことばを、ふさわしい敬語表現に直しなさい。

（1）私は小学校時代の恩師に心からお礼を言いました。
（ひらがな五字）

（2）担任の先生が家庭訪問のため、私の自宅に来ました。
（ひらがな六字）

問二　次の□に入る漢数字をそれぞれ答えなさい。

（1）□日□秋（待ち遠しくて、非常に長く感じられること）

（2）□束□文（数が多くても値段が非常に安いこと）

問三　次の文章はある古典作品の一節です。この作品名としてふさわしいものを、後のア～オの中から一つ選び、記号で答えなさい。

春はあけぼのやうやうしろくなりゆくやまぎは少しあかりて紫だちたる雲の細くたなびきたる

ア『竹取物語《たけとりものがたり》』　イ『平家物語《へいけものがたり》』　ウ『徒然草《つれづれぐさ》』
エ『万葉集《まんようしゅう》』　オ『枕草子《まくらのそうし》』

問四　次のことばを打ち消すときに、頭につける漢字としてふさわしいものを、後のア～オの中から一つずつ選び、記号で答えなさい。

（1）開発　（2）完全

ア　無　イ　非　ウ　未　エ　不　オ　否

問五　国語辞典で次のア～オのことばを引いたとき、三番目にくるものを一つ選び、記号で答えなさい。

ア　ホテル　イ　ホタル　ウ　ホッケー
エ　ホット　オ　ホチキス

三　次の文章を読み、後の問いに答えなさい。

クモの巣電流し？

聞きなれない言葉だと思いますが、これは文字どおり、頭の中に〝教養〟のウェブ、つまりクモの巣状の知のネットワークを張り巡《めぐ》らせ、そこに〝閃《ひらめ》き〟の電流を流すことです。

わたしたちの人生は、いつだって試練だらけです。人間関係がうまくいかなかったり、お金がなくなったり、失恋《しつれん》したり、成績が伸《の》び悩《なや》んだり、ウツになったり、愛する人が亡《な》くなったり……。

MEMO

大切なことはメモしておこうネ！

学科推薦

2023年度

解　答　と　解　説

《2023年度の配点は解答欄に掲載してあります。》

＜算数解答＞《学校からの正答の発表はありません。》

1. （1）245　（2）$2\frac{1}{4}$　（3）1　（4）0.7　（5）27　（6）2
2. （1）2210円　（2）3.5m　（3）90円　（4）24個　（5）28cm
3. （1）105度　（2）100度　（3）135cm^2　（4）84cm^2　（5）5cm
4. （1）24分後　（2）分速120m
5. （1）32.4m　（2）13.95m　（3）295人

○推定配点○

2. 各4点×5　他　各5点×16　計100点

＜算数解説＞

1. （四則計算）

（1）532－232－55＝245

（2）$\frac{6}{7}\times\frac{7}{4}\times\frac{3}{2}=\frac{9}{4}$

（3）$\frac{1}{6}+\frac{21}{12}-\frac{11}{12}=\frac{1}{6}+\frac{5}{6}=1$

（4）0.5×4－1.3＝0.7

（5）2.7×10＝27

（6）□＝{15－(15－8)}÷4＝2

2. （割合と比，植木算，消去算，数の性質）

基本　（1）1700×1.3＝2210(円)

基本　（2）119÷(35－1)＝3.5(m)

重要　（3）ケーキ3個とプリン3個…290×3＝870(円)

ケーキ3個とプリン2個…780円

したがって，プリン1個は870－780＝90(円)

基本　（4）48，120の最小公倍数…48＝24×2，120＝24×5より，24

したがって，ふくろは24個

重要　（5）Aさんのリボンの長さ…⑦とする。

Bさんのリボンの長さ…⑦×2＝⑭

Cさんのリボンの長さ…⑦×$\frac{3}{7}$＋4＝③＋4

100cm…⑦＋⑭＋③＋4＝㉔＋4

したがって，Aさんのリボンの長さは

(100－4)÷24×7＝28(cm)

3. （平面図形，数の性質）

基本　（1）角ア…図1より，90－30＋45＝105(度)

重要　（2）角イ…図2より，15＋55＋30＝100(度)

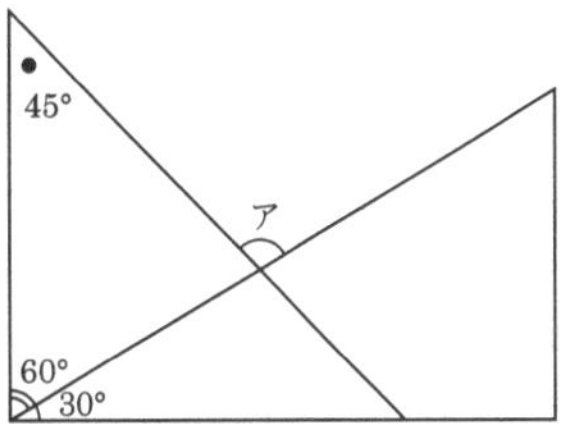

図1

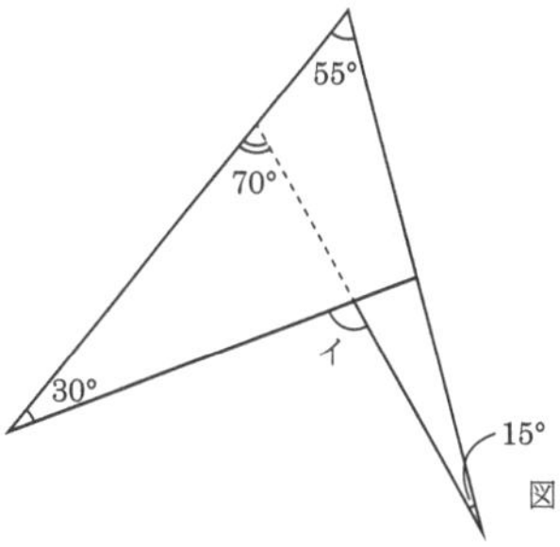

図2

基本　(3)　図3…9×20－(3＋6)×10÷2＝135(cm^2)

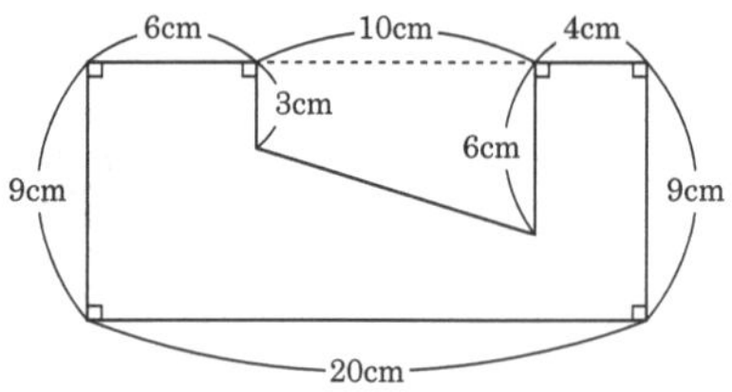

図 3

重要　(4)　図4…(8－2)×(16－2)＝84(cm^2)

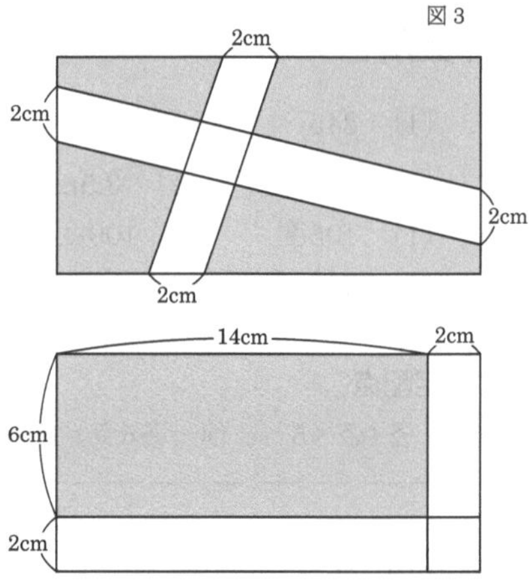

図 4

重要　(5)　図5…a×a×3.14÷2＝39.25(cm^2)

a×a＝39.25×2÷3.14＝25

したがって，25＝5×5より，aは5cm

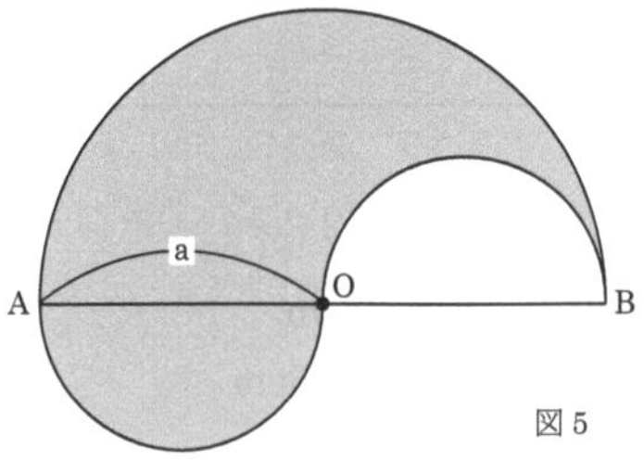

図 5

重要 4. (速さの三公式と比，旅人算)

(1)　1680×2÷(80＋60)＝24(分)

(2)　姉の往復の時間

…1680×2÷80＝42(分)

妹の帰りの時間

…42－1680÷60＝14(分)

したがって，妹の帰りの分速は1680÷14＝120(m)

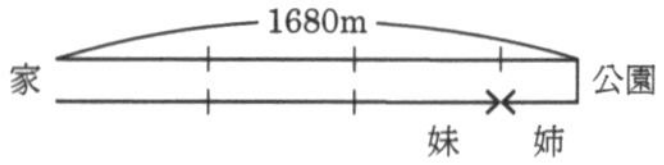

5. (平面図形，規則性，植木算，単位の換算)

重要　(1)　体育館の横の長さ

…0.45×2×36＝32.4(m)

(2)　1列目の前端から11列目の後端まで

…0.45×3×10＋0.45＝0.45×31

＝13.95(m)

Aさんの最初のイメージ図

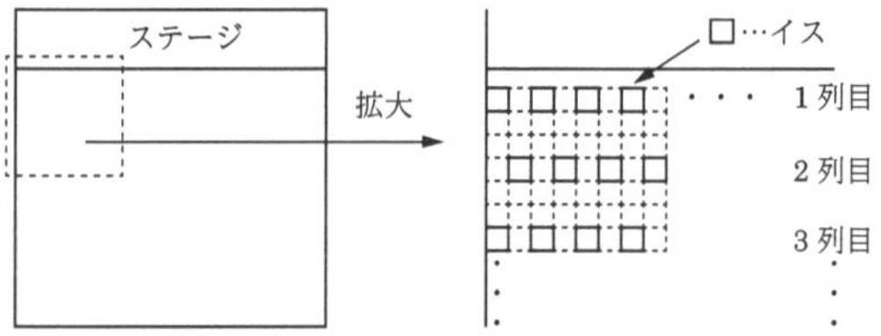

やや難　(3)　イスを並べられる1列の長さ

…(1)より，32.4－(4＋3.65)＝24.75(m)

奇数列のイスの脚数

…24.75÷(0.45×2)＝27余り0.45mより，27＋1＝28(脚)

偶数列のイスの脚数

…27脚

6年生の人数

…(28＋27)×5＋28－8＝295(人)

★ワンポイントアドバイス★

それほど面倒な問題はない。1.「四則計算」，2.「小問群」，3.「平面図形」，これらの問題数は全体の75%以上の割合であり，確実に得点しよう。4.(1)「姉妹が出会う時刻」は，往復の距離がわかるので「旅人算」で解ける。

＜国語解答＞《学校からの正答の発表はありません。》

一 ① 信用　② 視線　③ 治める　④ くわ(える)　⑤ さほう　⑥ き(き)

二 問一 ① ウ　② ア　問二 イ　問三 エ

三 問一 エ　問二 ア　問三 ア　問四 ウ

四 問一 エ　問二 1 ア　2 ウ　問三 (例) 車から「ぼく」を守ろうとしたから。(17字)　問四 鉄のかたまり　問五 ウ

五 問一 1 エ　2 ア　問二 A→C→B→D　問三 達成
問四 ア お父さん　イ そばにいて　問五 イ

六 問一 光の争奪に勝つこと　問二 エ　問三 ア　問四 すばしこく逃げたり，物陰に隠れたりすること(ができる点)　問五 イ

七 問一 知能を発達させてきたこと　問二 (例) 「助け合う」という能力を発達させたから。(20字)　問三 (一つ目) がっしりとした体　(二つ目) 優れた知能
問四 ウ　問五 (例) 新型コロナの影響でマスクが入手困難だった時，祖父母がすぐに送ってくれてとても助かった。今度は自分が困っている人を助けようと意識するようになり，そうした意識を持つことが助け合うことにつながるのだと思う。(100字)

○推定配点○

一・二 各1点×10　三 各3点×4
四 問二 各2点×2　問三 5点　他 各3点×3
五 問三 2点　他 各3点×6(問二完答)
六 問二・問三 各2点×2　他 各3点×3
七 問二 5点　問五 10点　他 各3点×4　計100点

＜国語解説＞

一 **(漢字の読み書き)**

①は確かなものと信じて受け入れること。②は人目を引くこと。③は混乱が起こらないよう平和な状態にすること。同訓異字の「収める」「納める」「修める」と区別する。④の音読みは「カ」。熟語は「加入」など。⑤は動作などの正しいやり方。⑥の音読みは「コウ」。熟語は「効果」など。

二 **(漢字の書き取り，四字熟語，文と文節)**

重要 問一 ①の「臨機」は状況にふさわしい行動を取ること，「応変」は変化に応じて対応すること，ということから。②の「右往」は右に行くこと，「左往」は左に行くことで，あわてふためいて混乱し，うろうろすることから。

基本 問二 イの「政」は正しくは「勢」。

や難 問三 ――線部の「小走り」は，エの「近寄った」様子を表している。

三 **(詩・解説文－要旨・大意の読み取り，ことばの意味，空欄補充，表現技法)**

重要 問一 「もっと高く／もっともっと高く」は似ている語句をくり返しているので，エが適切。アは人ではないものを人に見立てること，イは最後を体言(名詞)で終わらすこと，ウは同じような形の語句を並べて，それらの似ている部分と違う部分を強調させること。

問二 Xには，軽やかに浮いたり，降りたりするさまを表すアが入る。イは身軽にくり返し飛びはねるさま。ウは小さいものが飛び散るさま。エはあちこち身軽に動いたり，現れたりするさま。

基本 問三 ――線部①とアは，一番大切なものという意味。他はいずれも生物の生命という意味。

やや難 問四 Bの最後の段落で「紙風船」を「何度も打ち上げるそのことに生きる証を見つけよう，という……祈りに似た詩の心が伝わってきて，励ましさえ感じ」る，と述べているのでウが適切。この段落内容をふまえていない他の選択肢は不適切。

四 **(小説－心情・情景・細部の読み取り，空欄補充，記述力)**

問一 Aは「右からの車がこなくなったと思うと，左から車がきていて……そんな調子だった」ということなのでエが適切。A直後の段落内容をふまえていない他の選択肢は不適切。

基本 問二 1は手をゆり動かしているさまを表すア，2は痛みを絶え間なく感じているさまを表すウが入る。イは動作が静かにゆっくりと行われるさま。エは動作などが生き生きとして気持ちのよいさま。

やや難 問三 ――線部①後で，接近した車が「ぼく」をつき飛ばしたお父さんの直前で急ブレーキを踏んだことが描かれているので，車から「ぼく」を守ろうとしたから，というような内容で①の理由を説明する。

問四 冒頭の段落で，大型トラックをたとえている「鉄のかたまり(6字)」が，――線部②と対照的な意味の表現になる。

重要 問五 B後で「方角をみきわめて，ぼくが歩きだす……」と描かれているのでウが適切。

五 **(小説－心情・情景・文章構成・細部の読み取り，空欄補充，熟語)**

問一 1は「生まれ育った街なのに，知らない場所がある」ことに興味をそそられ，心が引かれるという意味でエが入る。2は「きっとうまく切り抜けられる」と，自分で自分をはげましているのでアが入る。

問二 A～Dの前後をふくめて整理すると，一本道をお父さんと歩いている→A→Aの「線路」をわたるための「踏切」のこととしてC→線路をわたる不安を表すB→不安ではあるが，電車の本数が少ないことの説明としてD→Dを補う描写，という流れになる。

基本 問三 □には，物事を成しとげたときに得られる喜びや感動という意味の「達成(感)」が入る。

重要 問四 ――線部は，お父さんと手をつないでいる時の「ぼく」の心情なので，――線部の段落最後の描写から，アには「お父さん(4字)，イには「そばにいて(5字)」がそれぞれ入る。

やや難 問五 四では大通りをわたる時に危ない目にあって転んでしまったが，「まっすぐ進むことをやめようとは，いっさい考えていなかった」こと，五でも父とともに線路を無事にわたり終え，一緒に喜んでいる様子が描かれているのでイが適切。四・五で共通して描かれている，あきらめずに進むということを説明していない他の選択肢は不適切。

六 **(説明文－要旨・大意・細部の読み取り，接続語，空欄補充，四字熟語)**

やや難 問一 ――線部①の理由として直後の4段落で，「競争に強い」ことを挙げ，その説明として「光の争奪に勝つこと(9字)」であることを述べている。

問二 いずれのXも，直前の内容とは相反する内容が直後で続いているのでエが入る。

基本 問三 Yは直後の「競争や戦いに強いものが勝つ」ことを表すので，弱者が強者の犠牲になるという意味のアが入る。イはひどく苦しんで転げまわること。ウは大人物になる者は世に出て大成するまでに時間がかかることのたとえ。エは多くの人がみな口をそろえて同じことをいうこと。

問四　――線部②の説明として②直後の段落で,「すばしこく逃げたり,物陰に隠れたりすること(21字)」を具体的に述べている。

重要　問五　――線部③の説明として最後の3段落で,「ガゼルは巧みなステップで……ジグザグに走って逃げ」,「走り方を複雑に」して「チーターにはできない走り方をすることでガゼルがチーターに勝ってしまう」と述べているのでイが適切。最後の3段落の内容をふまえていない他の選択肢は不適切。

七 (説明文－要旨・大意・細部の読み取り,記述力)

基本　問一「知能を発達……」で始まる段落で,「知能を発達させてきたこと(12字)」は「人間の強さの一つで」あることを述べている。

問二　――線部②に対する答えとして「力が弱かった……」で始まる段落で,「力が弱かったホモ・サピエンスは,……『助け合う』という能力を発達させ」ていたことを述べているので,この部分を指定字数以内でまとめる。

問三「ネアンデルタール人は,……」で始まる段落で,ホモ・サピエンスより優れていたネアンデルタール人の特徴として「がっしりとした体(8字)」を持ち,「優れた知能(5字)」を発達させていたと考えられていることを述べている。

重要　問四　本文では,「力が弱かったホモ・サピエンス」が発達させた「『助け合う』という能力」は,「生き抜くために発揮した能力」であること,「優れた能力を持つネアンデルタール人は,集団生活をしなくても生きていくことができ」たが,「環境の変化が起こったとき,仲間と助け合うことができ」ず「その困難を乗り越えることができなかった」ことを述べているので,これらの内容をふまえたウが適切。最後の段落内容をふまえていない他の選択肢は不適切。

やや難　問五　解答例では,助けてもらったことで気づいた意識が,助け合うことにつながることを述べているが,本文で「現代を生きる私たちも,人の役に立つと……満たされた気持ちにな」ることの具体例を挙げているように,自分が助けた経験,あるいはお互いに助け合った経験がある人もいるだろう。いずれの経験も,「『助け合う』経験から学んだこと」というテーマに沿って,具体的に述べていくことが重要だ。

★ワンポイントアドバイス★

小説では,登場人物同士の関係の変化も読み取っていこう。

一般

2023年度

解　答　と　解　説

《2023年度の配点は解答欄に掲載してあります。》

＜算数解答＞《学校からの正答の発表はありません。》

1.　(1)　111　(2)　35　(3)　2　(4)　$\frac{7}{15}$　(5)　9

2.　(1)　124L　(2)　60人　(3)　10時18分　(4)　9点　(5)　6通り

3.　(1)　85度　(2)　39.14cm^2　(3)　36cm^3

4.　(1)　405段目左から3番目　(2)　21

5.　(1)　分速60m　(2)　28分間　(3)　9時40分

6.　(1)　15cm　(2)　9cm

○推定配点○

各5点×20(4.(1)完答)　計100点

＜算数解説＞

1. (四則計算)

(1)　92＋29－10＝111

(2)　7×5＝35

(3)　$\frac{8}{3}-1+\frac{1}{3}=2$

(4)　$\frac{13}{5}-\frac{8}{5}\times\frac{4}{3}=\frac{7}{15}$

(5)　□＝13－(45－17)÷7＝9

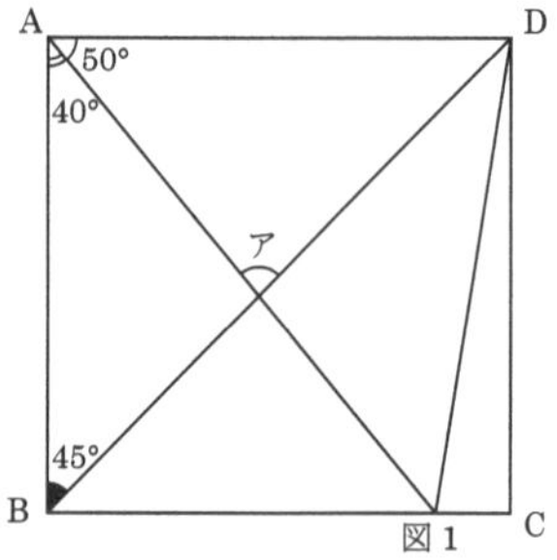

図1

2. (割合と比，数の性質，単位の換算，平均算，場合の数)

基本　(1)　4÷5×155＝124(L)

基本　(2)　300×0.5×0.4＝3×20＝60(人)

基本　(3)　12，16の最小公倍数…48

したがって，9時30分＋48分＝10時18分

基本　(4)　8×5－(9＋5＋7＋10)＝40－31＝9(点)

重要　(5)　100×3…300円

100×2＋50×1…250円　100×2＋10×1…210円

100×1＋50×2…200円　100×1＋50×1＋10×1…160円

50×2＋10×1…110円　したがって，全部で6通り

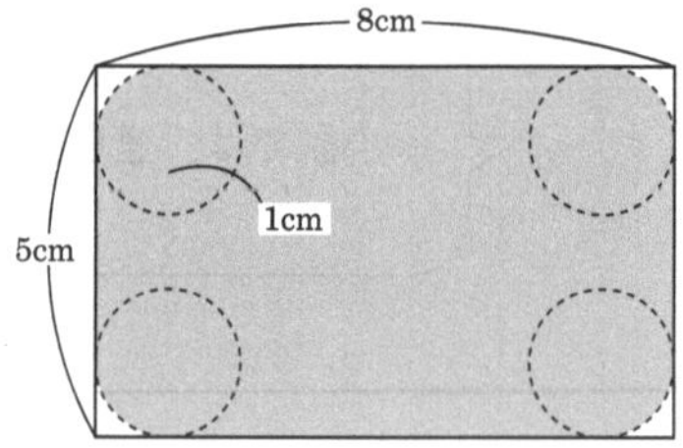

図3

3. (平面図形，図形や点の移動，立体図形)

基本　(1)　図1…角アは90÷2＋90－50＝85(度)

重要　(2)　図2…白い部分は2×2－1×1×3.14＝0.86(cm^2)

したがって，図3より，色が塗れる部分は

5×8－0.86＝39.14(cm^2)

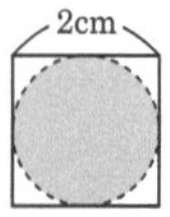

図2

重要　(3)　アcm…図4において，ア×12＋3×4＝84より，

(84－12)÷12＝6(cm)

したがって，三角柱の体積は3×4÷2×6＝36(cm^3)

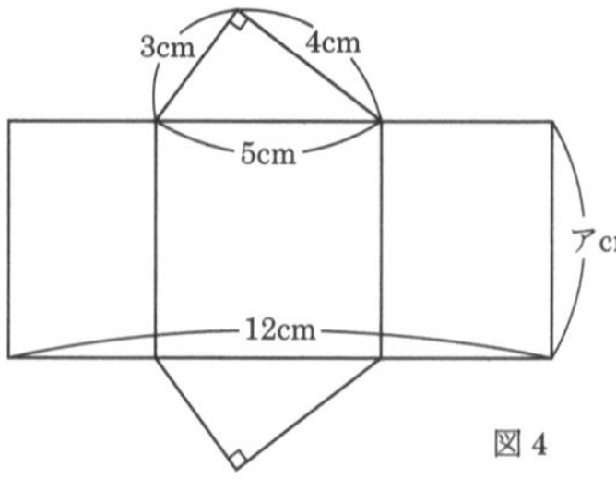

図4

重要 **4.** **(規則性，数の性質)**

(1) $\frac{2023}{5}\cdots404\frac{3}{5}$

したがって，$\frac{2023}{5}$は405段目の左から3番目

(2) △段目の合計…5×△－2

したがって，5×△－2が100より大きくなる場合，△は(100＋2)÷5＝20.4より，21段目

1段	$\frac{1}{5}$	$\frac{2}{5}$	$\frac{3}{5}$	$\frac{4}{5}$	1	…	合計 3
2段	$\frac{6}{5}$	$\frac{7}{5}$	$\frac{8}{5}$	$\frac{9}{5}$	2	…	合計 8
3段	$\frac{11}{5}$	$\frac{12}{5}$	$\frac{13}{5}$	$\frac{14}{5}$	3	…	合計 13
⋮			⋮				

5. **(速さの三公式と比，グラフ，割合と比)**

基本 (1) 拓哉さんの分速…グラフより，拓哉さんの分速は3000÷50＝60(m)

重要 (2) 正広さんが走った時間…3000÷200＝15(分)

したがって，正広さんが公園にいたのは50－7－15＝28(分間)

やや難 (3) 分速200mと分速60mで等しい距離を進む時間の比…60：200＝3：10

したがって，右図より，(ア)は43－3＝40(分)

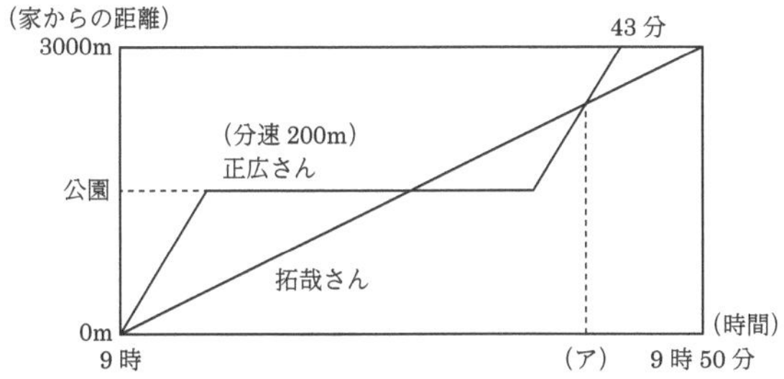

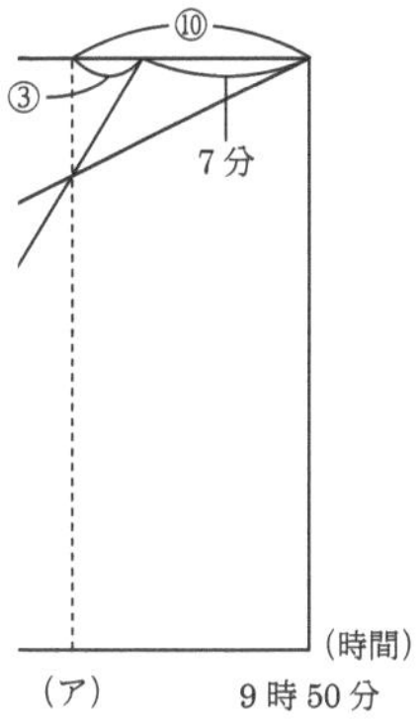

6. **(平面図形，立体図形)**

<もとの図>

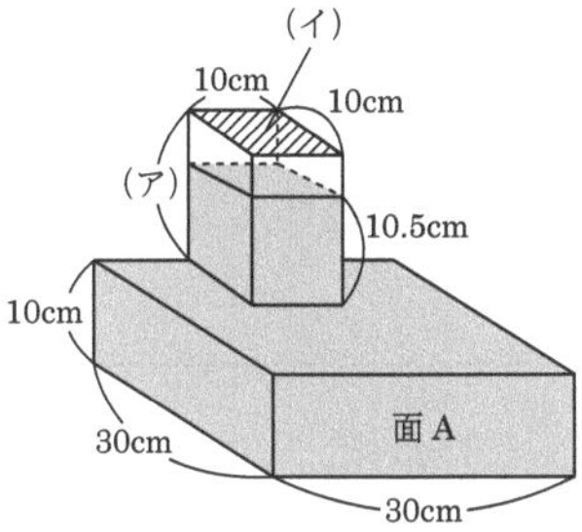

<真横から見た図>

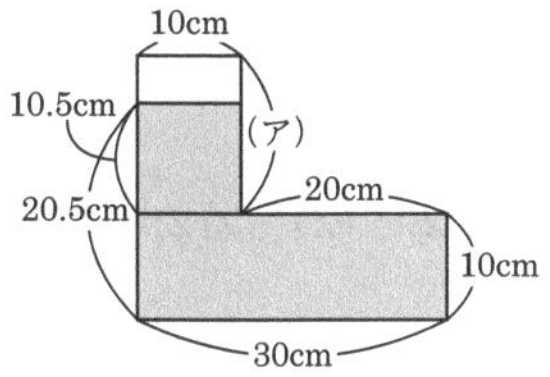

<図1>

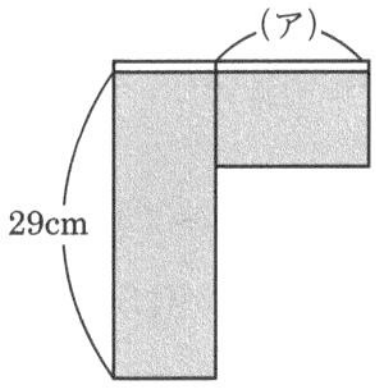

<図2>

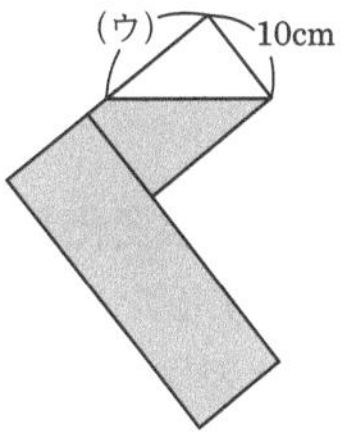

<図3>

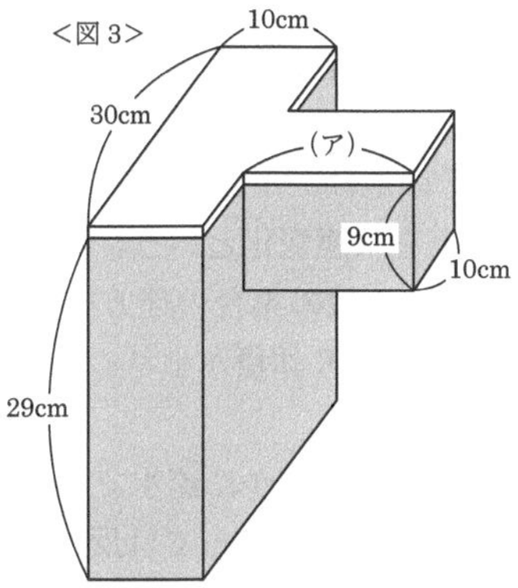

やや難 (1)　水の体積
もとの図…$30\times30\times10+10\times10\times10.5$(cm^3)
図3…$30\times10\times29+9\times10\times$(ア)(cm^3)
したがって，$30\times10\times29+9\times10\times$(ア)$=30\times30\times10+10\times10\times10.5$より，$30\times29+9\times$(ア)$=30\times30+10\times10.5$，(ア)$=(30\times30+105-30\times29)\div9=(30+105)\div9=15$(cm)
(2)　白い部分の面積
真横から見た図…(1)より，$(15-10.5)\times10=45$(cm^2)
図2…(ウ)$\times10\div2=45$(cm^2)
したがって，(ウ)$=45\div5=9$(cm)

★ワンポイントアドバイス★
2.(5)「3枚の硬貨の合計金額」は，注意しないとミスしやすく，4.「何段目の何番目の数」を求める問題も，注意しないと1段ずれる可能性がある。6.(1)「(ア)の長さ」は，水の体積を計算して求める。

<理科解答>《学校からの正答の発表はありません。》

1. (1)　酸素を取り込めなくなるから　(2)　ア，エ　(3)　(質量)　ウ　(体積)　ア
(4)　イ，エ　(5)　20%　(6)　双子葉植物　(7)　柔突起[柔毛]　(8)　桜島
(9)　アルタイル　(10)　ウ　(11)　プレート　(12)　海　(13)　イ　(14)　イ
2. (1)　鳥類　(2)　①　C　②　D，E
(3)　採食や繁殖において争いを減らして，群れが大きくなれる。
3. (1)　5cm　(2)　21cm　(3)　450g　(4)　17cm

○推定配点○
1.　各2点×14((2)～(4)各完答)　2.　(2)　各2点×2　他　各3点×2
3.　各3点×4　計50点

<理科解説>

重要 **1.** **(理科総合―小問集合)**
(1)　アルコールランプにふたをすると，外から酸素を取り込むことができなくなるので火が消える。
(2)　塩酸と炭酸水は酸性の水溶液である。その他はアルカリ性を示す。
(3)　物質が固体や液体や気体に変化することを状態変化という。物質の質量は状態変化が起きても変化しない。しかし，体積は物質を構成する粒の集合の仕方(状態)が変化するために変化する。一般的には，同じ質量では固体の方が液体より体積が小さくなるが，水は固体(氷)の方が液体(水)より体積が大きくなる。
(4)　手に水酸化ナトリウム水溶液がついた時は，速やかに流水で手を洗う。塩酸をかけるとさらに被害が大きくなる。使用した液体を混ぜると，物によっては反応して危険なことがある。使用する器具にヒビが入っていないか使用前に確認する。

(5)　食塩水の濃度は，(20÷100)×100＝20％である。

(6)　このような植物を双子葉植物という。一方，根がひげ根で，葉脈が平行脈のものを単子葉植物という。

(7)　小腸の小さな突起を柔突起または柔毛という。表面積を大きくして，効率よく栄養分を吸収できるようになっている。

(8)　この火山は桜島である。

(9)　夏の大三角は，こと座のベガ，はくちょう座のデネブ，わし座のアルタイルからなる。

(10)　水の流れが速いほど浸食作用は大きくなり，堆積作用は小さくなる。流れが遅いほど運搬作用は小さくなり，浸食作用も小さくなる。

(11)　地球の表面を覆う十数枚の岩盤をプレートと呼ぶ。プレートは少しずつ移動しており，その上にのっている大陸も移動している。プレートの衝突のエネルギーが溜まって，一度に放出されると巨大地震が発生する。

(12)　海と陸では海の方が温まりにくく冷めにくい。水がそのような性質を持つためである。

(13)　ふりこの周期は糸の長さだけできまり，おもりの重さやふれ幅には関係しない。糸の長さが4倍になると周期は2倍になる。

(14)　空気中から水中に光が進むとき，入射角は屈折角より大きい。

2.　(動物―ニワトリのつつき)

基本　(1)　鳥類は肺呼吸をし，体温は外気温に左右されずに一定に保つ恒温動物である。卵から子供が生まれる卵生である。

(2)　①　Cのニワトリはつつかれた回数が6回，つついた回数は0回で，最も順位が低い。

②　DとEのニワトリはともにつつかれた回数が1回，つついた回数が5回で，最も順位が高い。

(3)　集団内に順位があると，エサや繁殖の相手をめぐって争うことが少なくなる。そのため集団が安定し大きくなり，生存競争に生き残れる機会が増える。

3.　(ばね―ばねの伸び)

基本　(1)　ばねAは50gで2cm伸びる。50gのとき7cmなので，もとの長さは5cmである。

重要　(2)　ばねBは50gで1cm伸びる。もとの長さは14cmであり，350gのおもりで7cm伸びるので，ばねの長さは21cmである。

重要　(3)　ばねAとBのもとの長さの差が9cmで，50gのおもりでばねの長さの差が1cm少なくなる。9×50＝450(g)のおもりをつるすと，両方のばねの長さが同じになる。

(4)　ばねBの長さが20cmになるので，もとの長さから6cm伸びた。このとき，おもりの重さは6×50＝300(g)である。ばねAは300gで12cm伸びるので，ばねAの長さは5＋12＝17(cm)になる。

★ワンポイントアドバイス★

大半が基本問題である。基礎知識をしっかりと身につけること。また，身近な科学的出来事についての質問も多ので，ニュースにも目を通しておきたい。

<社会解答>《学校からの正答の発表はありません。》

1. (1) ウ　(2) 山梨県　(3) エ　(4) ウ
(5) A 宮城県　B 福島県　C 滋賀県　D 山口県

2. (1) イ　(2) (例) (本のタイトル) 注文の多い料理店　命の大切さはもちろんだが，モノの見方は一つではなく，相手の立場で考えることが民主的な政治ではとても大切だということ。

3. (1) ア　(2) ① イ　② 管領　(3) (例) 所領を保証してもらう御恩に対し，軍事奉仕や御所の警備などの奉公で報いる関係。　(4) 頼朝　(5) イ
(6) A 征夷大将軍　B 時政　C 六波羅探題　D 泰時

4. (1) ウ　(2) ① ア　② イ　(3) ウ　(4) (例) 年齢で区別するのではなく，責任のある判断や行動を取ることができる人のこと。

○推定配点○
1. (1)・(3)・(4) 各1点×3　他 各2点×5　2. (1) 1点　(2) 4点
3. (1) 1点　(2)・(4)～(6) 各2点×8　(3) 4点
4. (1)・(2)①・(3) 各2点×3　(2)② 1点　(4) 4点　計50点

<社会解説>

1. (日本の地理―国土と自然・産業など)

(1) 国と地方の関係と同様に都道府県と市町村の関係もそれぞれに役割分担がある。しかし，あくまで地域住民から選ばれた組織で対等であり，決して上下の関係を持つものではない。

重要 (2) 甲府盆地に点在する扇状地では昼夜の温度差や長い日照時間などから果実栽培がさかんである。特にブドウやモモ，スモモは栽培面積・収穫量ともに日本一となっている。

(3) 国宝の天守で知られる彦根城は滋賀県の中東部，琵琶湖の東岸に位置する。この地は古くから水陸交通の要地として発展してきた。田沢湖は秋田，サロマ湖は北海道，霞ケ浦は茨城。

(4) 山口県の水揚量は全国で5位前後だが，下関の南《は》風《え》泊《びまり》市場は日本で唯一のフグ専門の市場で全国各地からフグが運ばれ取扱量は日本一といわれる。毎年時期になると業者が袋の中に手を入れて指先で価格を決める袋セリの様子がニュースで流されている。

(5) A 東北地方の政治・経済・文化の中心でもある宮城県。　B 山梨県に次ぎモモの生産が2位でナシやリンゴの栽培も盛んな福島県。　C 県の6分の1を日本一の琵琶湖が占める滋賀県。　D トンネルや橋で九州とつながる本州最西端の山口県。

2. (総合―図書館の働きなど)

図書館の機能は日々刷新され，最近では電子図書館も導入されるようになってきている。目的の本の貸し出し状況は知ることができるが，誰に貸し出されたかは個人情報となってしまうため，知ることはできない。

3. (日本の歴史―鎌倉時代の政治・社会など)

(1) 平家を滅ぼした後，兄・頼朝と不仲になった義経は頼朝の打倒を図ったが失敗して奥州平泉に逃亡，藤原秀衡はこれをかくまったが基衡は父の死後頼朝に屈して義経を殺害した。

(2) ① 初めは公文所と呼ばれていた役職。侍所は御家人の統制や軍事外交，問注所は裁判機関。　② 足利一族の細川・斯《し》波《ば》・畠山の3家が交代で務めたため3管領とも呼ばれた。

重要 (3) 土地の給付を通じて将軍と御家人といった主人と従者の間に成立した政治的，社会的な主従

関係。鎌倉幕府の成立とともに発展し江戸期に完成したといわれる。

(4)　北条義時追討の院宣に衝撃を受けている御家人に対し，実朝死後の事実上の将軍であった政子が夫であった頼朝の御恩を強調し，今こそ奉公の必然性があることを説いた演説。

(5)　武家社会の道理と頼朝以来の先例を基準とした法令。当初は幕府の勢力範囲のみで公家社会には適用されなかった。アは17条の憲法，ウは分国法，エは武家諸法度。

(6)　A　鎌倉時代以降は武家政権の首領を意味した。　B　伊豆の豪族で配流された頼朝を庇護《ひご》した政子の父親。実朝の廃位を計画して失脚。　C　執権や連署に次ぐ重職で北条一族が世襲。　D　義時の長男で承久の乱における幕府軍の中心人物。初代の六波羅探題を務めた。

4. (政治―憲法・政治のしくみなど)

(1)　内閣総理大臣は国務大臣を自由に任免できるが，その過半数は国会議員でなければならない。

(2)　①　憲法で認められた政治に参加する権利(参政権)には選挙権や被選挙権，最高裁判所裁判官の国民審査，特別法制定の住民投票，憲法改正のための国民投票，国や地方自治体に希望を述べる請願権などがある。　②　被選挙権は参議院議員と都道府県知事のみが30歳であとはすべて25歳，2015年の選挙年齢の引き下げでも被選挙権には変化がなかった。

重要 (3)　裁判官はその良心に従い憲法および法律にのみ拘束される(憲法76条)。国民の自由を守り裁判の公平を期するためには外部からの干渉は決して許されない。

(4)　2022年4月より成人年齢が18歳に引き下げられ大学生や一部の高校生も成人として扱われる。成人になると自分の判断でいろいろなことがきめられるが，その反面責任を問われる場面も増えてくる。社会の構成員としての役割を果たすため今まで以上に自己に厳しくなる必要がある。

★ワンポイントアドバイス★

一般的な社会という教科から外れた内容を問うものも多い。普段から自分で考え，意見を述べることができるようにしよう。

＜国語解答＞《学校からの正答の発表はありません。》

一　①　昭和　②　延びる　③　別れる　④　漁業　⑤　博物館　⑥　倉庫
⑦　ふくさよう　⑧　ちょぞう

二　問一　(1)　もうしあげ　(2)　いらっしゃい　問二　(1)　一(日)千(秋)
(2)　二(束)三(文)　問三　オ　問四　(1)　ウ　(2)　エ　問五　ウ

三　問一「どん　問二　ウ→イ→エ→ア　問三　感性　問四　Ⅰ　膨大な知識
Ⅱ　瞬間的にアクセス　問五　ア　問六　エ　問七　(例)　頭に詰め込んだ知識
問八　それはまさ　問九　ア　問十　オ　問十一　(例)　いろいろな知識を意味あるものとしてネットワーク化するために，読書経験を通して，自分の興味についての知識を豊富にすること。(60字)

四　問一　イ　問二　オ　問三　(例)　税金の仕組みもわからず，自分や自分の周りの人間が誰かに助けてもらう日が来るかもしれないことを想像できていないから。(57字)
問四　ア　問五　内　問六　ア　問七　A　人の心がすぐに変わる　B　三年生[中学三年生]　C　口先　問八　イ

○推定配点○

一　各1点×8　　二　問四　各1点×2　　他　各2点×6

三　問七　5点　　問十一　8点　　他　各3点×10

四　問三　8点　　他　各3点×9　　計100点

＜国語解説＞

一　(漢字の読み書き)

①は平成の前の元号。②は時間などが延長すること。同訓異字の「伸びる」と区別する。③は離れ離れになること。同訓異字の「分かれる」と区別する。④の「ギョ」は「氵(さんずい)」がつくことに注意。⑤の「博」の九画目の「丶」に注意。⑥は物品などたくわえて保管するための建物。⑦は薬品などの望ましくない作用。⑧は物をたくわえておくこと。

二　(漢字の書き取り，四字熟語，文学作品，敬語，ことばの用法)

重要　問一　(1)は「私」が主語なので，謙譲語の「もうしあげ(5字)」に直す。(2)は「担任の先生」が主語なので，尊敬語の「いらっしゃい(6字)」に直す。

問二　(1)の「千秋」は「千年」のことで，一日が千年にも長く思われるということから。(2)の「文」は昔のお金の単位のことで，二束でも三文というわずかな金額にしかならないことから。

やや難　問三　他の作品の冒頭は，アは「今は昔，竹取の翁といふ者ありけり。……」，イは「祇園精舎の鐘の声，諸行無常の響あり。……」，ウは「つれづれなるままに，日暮らし，……」。エは歌集。

問四　(1)はまだ開発されていないという意味でウが適切。(2)は完全でないという意味でエが適切。

基本　問五　国語辞典では，五十音順→清音→濁音→半濁音の順になるので，イの「ホタル」→オの「ホチキス」→ウの「ホッケー」→エの「ホット」→アの「ホテル」の順番になる。

三　(論説文－要旨・大意・細部の読み取り，指示語，空欄補充，反対語，記述力)

重要　問一　――線部①は直前の段落の「『どんな壁にぶつかったとしても，自分はちゃんと乗り越えられる』(31字)」を指し示している。

問二　ア～エを前後をふくめて整理すると，〝教養のクモの巣〟が役に立つのは人生の苦難の場面だけではない→筆者自身のこととして，日々切実な問題と格闘していることを述べているウ→ウの「問題」の具体例としてイ→イの「問題」についての説明としてエ→「問題」に対する筆者の姿勢としてア→アの「タイミング」に関する具体例として将棋の棋士や研究者の説明，という流れになる。

問三　――線部②の，物事を知り，考え，判断する能力という意味の「知性」の対義語は，直感的な心の働きという意味の「感性」である。

基本　問四　――線部③直後の内容から，Ⅰは「脳内」に「蓄える」ものなので「膨大な知識(5字)」，Ⅱは「必要に応じて」できることなので「瞬間的にアクセス(8字)」が入る。

問五　Aには，まちがいなく，本当に，という意味でアが入る。

問六　Bは脳内の「クモの巣」のことなので，「聞きなれない……」で始まる段落内容からエが入る。

問七　――線部④は直前の「知識を頭に詰め込んで」いることなので，このことをふまえて「頭に詰め込んだ知識」というような内容で説明する。

問八　――線部⑤の理由として⑤後の「それはまさに，学んだことが，自分にとって意味ある知識としてネットワーク化されていないからです。」という一文で述べている。

やや難 問九　Cは「本来〝道具的〟なもの」である「知識」のことなので，「問題を解決したり，欲求を満たしたりするためのもの」とあるアが適切。C直前の「本来〝道具的〟なもの」であることをふまえていない他の選択肢は不適切。

重要 問十　オは「聞きなれない……」から続く3段落内容をふまえている。アの「教養の意味を理解できる瞬間」は不適切。「無人島に漂流した時」は知識を使いこなせないことの例として述べているので，イも不適切。ウは「テストのために……」で始まる段落内容と合わない。エの「多くの試合を……条件」も述べていない。

やや難 問十一　最後の段落で「いろんな知識を，自分にとって意味あるものとしてネットワーク化するために重要なのは，わたしたち自身の興味や問題意識です」と述べていることをふまえ，いろいろな知識を意味あるものとして「ネットワーク化」するために,「読書経験」を通して，自分の「興味」についての知識を豊富にする，というような内容で説明する。

四　**(小説－心情・情景・細部の読み取り，空欄補充，記述力)**

問一　――線部①の「おずおずと」は不安などでためらいながらする様子を表すのでイが適切。「おずおずと」をふまえていない他の選択肢は不適切。

問二　――線部②について②直後で「こういうポーズ」は「重たい話をする前触れだな」という，ななみの心情が描かれているのでオが適切。②直後のななみの心情をふまえていない他の選択肢は不適切。

やや難 問三　川上さんの「『みんなで……』」で始まるせりふをふまえ，――線部③の「奴」は，税金の「仕組み」も分からず，自分や自分の周りの人間が誰かに助けてもらう日が来るかもしれないことを「想像」できていない，というような内容で，川上さんが③のように考える理由を説明する。

問四　――線部④を「唯真がおどけた言い方で答え」ているので，「ふざけた言い方」とあるアが適切。④直後の「おどけた言い方」をふまえていない他の選択肢は不適切。

基本 問五　□には「『よそ』」に対する，組織などに属する人という意味で「内」が入る。

問六　――線部⑤の「繊細な話題」は「よつばを辞めた」ことなのでアが適切。塾のよつばを辞めたことを説明していない他の選択肢は不適切。

問七　「たとえ謝りに……」で始まる段落で描かれているななみの心情から，Aは「人の心がすぐに変わる」というような内容，Bは「三年生」または「『こんなこと……』」で始まる川上さんのせりふから「中学三年生」が入る。Cは本心でないうわべだけの言葉という意味で「口先」が入る。

重要 問八　「『こんなことは……』」で始まる川上さんのせりふから，ななみは高校生，唯真と玲奈は中学生であることが読み取れ,「唯真が背中を……」で始まる場面で，唯真たちが川上さんに対して「『施設長，……』」と言い合っているのでイが適切。ア・ウ・エはななみの説明，オの「三人とも」は不適切。

★ワンポイントアドバイス★

論説文では，具体例を通して筆者が何を述べようとしているのかを読み取っていこう。

MEMO

大切なことはメモしておこうネ！

2022年度

★★★★★★★★★★★★★★★★★★★★★★★★

入　試　問　題

2022年度

八千代松陰中学校入試問題(学科推薦)

【算　数】（40分）　　＜満点：100点＞

【注意】　＊　分数は，それ以上約分できない分数で答えなさい。

＊　消費税は，考えないものとします。

＊　円周率は3.14とします。

1.　次の □ にあてはまる数を求めなさい。

(1)　2021－1964＝□

(2)　$\frac{5}{6}+0.25-1=$ □

(3)　$\frac{12}{25}\div\frac{9}{10}\times\frac{3}{5}=$ □

(4)　46÷2.3－3.5×4＝□

(5)　12×3.5＋12×1.5＝□

(6)　$\left(1\frac{3}{5}-\frac{1}{2}\right)\times\frac{2}{3}\div\frac{22}{25}=$ □

(7)　(17＋□)×8－32＝168

2.　次の □ にあてはまる数を求めなさい。

(1)　ガソリン1Lで10km走る自動車が，27km走るのに必要なガソリンの量は □ Lです。

(2)　500円で仕入れた品物に30%の利益を見込《みこ》んで売るときの値段は □ 円です。

(3)　たてと横の長さの比が3：2の長方形があります。この長方形のまわりの長さが240cmであるとき，たての長さは □ cmです。

(4)　りんご1個とみかん1個を買うと210円で，りんご3個とみかん5個を買うと790円です。このとき，みかん1個の値段は □ 円です。

(5)　水族館に大人と子ども合わせて1530人が入場しました。そのうち，子どもの入場者数が大人の入場者数の2倍であったとき，子どもの入場者数は □ 人です。

3.　次の各問いに答えなさい。

(1)　右の図の五角形で，5つの角の大きさの和は何度ですか。

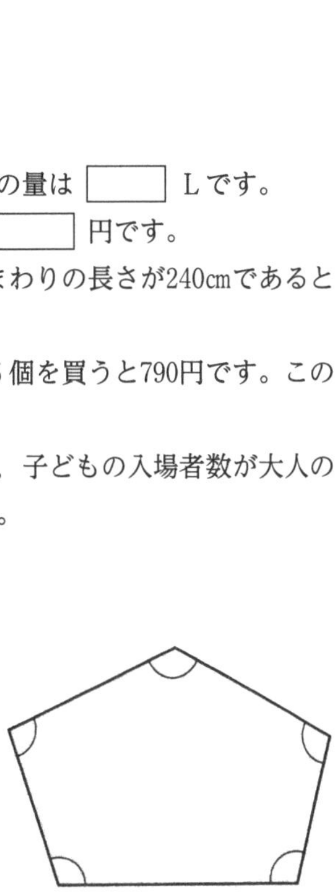

(2)　円周が125.6cmの円の半径は何cmですか。

(3)　右の図は，1辺の長さが等しい正方形ABCDと正三角形BCEを組み合わせたものです。このとき，（ア）の角の大きさは何度ですか。

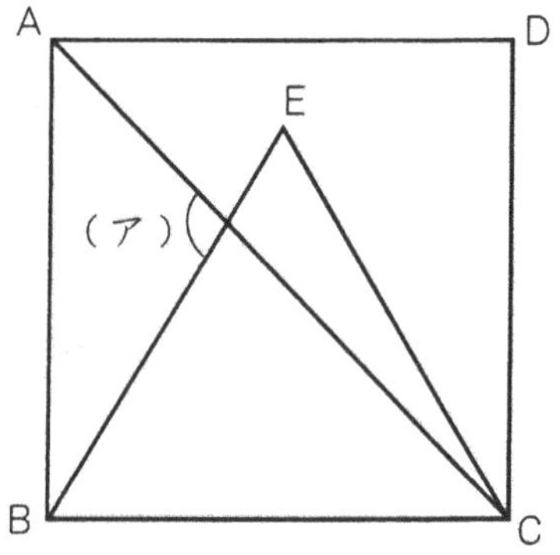

(4)　右の図は，1辺が12cmの正方形と直径12cmの円の一部を組み合わせたものです。 このとき，色が塗《ぬ》られた部分の面積は何cm^2ですか。

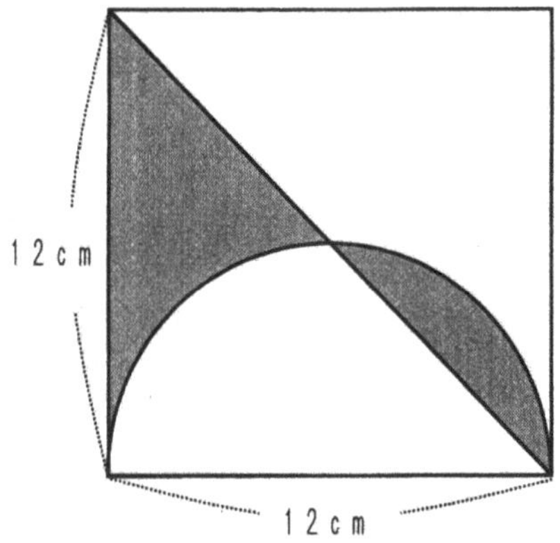

(5)　右の図は，底面が直角三角形の三角柱です。色の塗られた部分の面積が24cm^2のとき，この三角柱の表面積は何cm^2ですか。

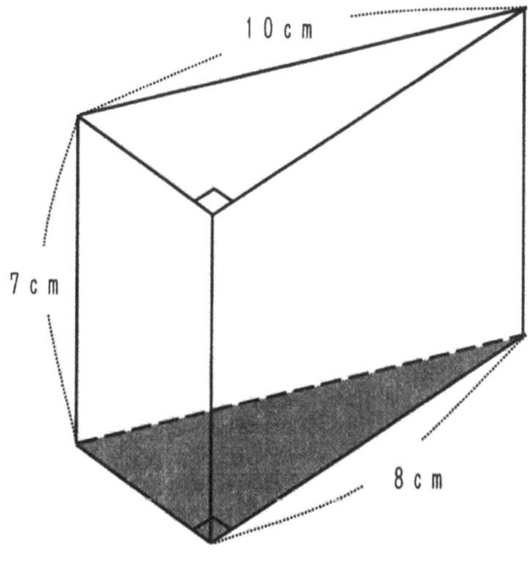

4.　次の各問いに答えなさい。

(1)　たて10cm，横15cmの長方形のタイルがあります。このタイルを同じ向きにすき間なくしきつめて正方形を作ります。この正方形の1辺の長さが4m以上4.5m未満であるとき，使用したタイルの枚数は何枚ですか。

(2)　大きさが異なるA，B，Cの玉があります。玉の直径を比べると，Aの直径はBの直径の1.6倍で，Cの直径の$\frac{3}{2}$倍です。このとき，Cの直径はBの直径の何倍ですか。

5. 下の図は，1辺が15㎝の正方形ABCDです。点Pは点Aを出発し，点B，C，D，A，…の順に秒速2㎝で動きます。点Qは点Cを出発し，点B，A，D，C，…の順に秒速3㎝で動きます。点Pと点Qは正方形ABCDの周上を動くものとします。点Pと点Qが同時に出発するとき，後の各問いに答えなさい。

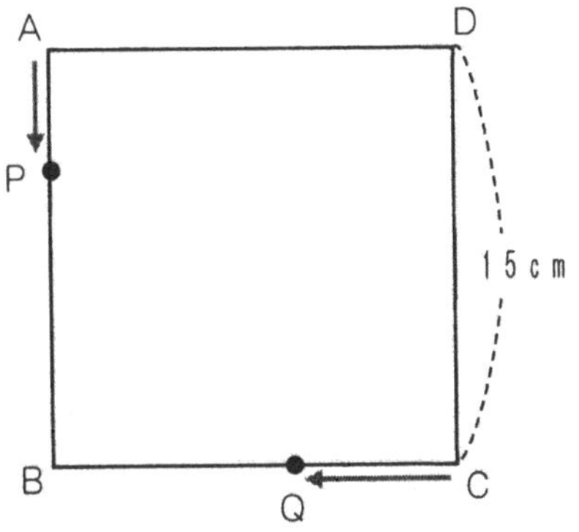

(1) 点Pと点Qが1回目に出会うのは，出発してから何秒後ですか。

(2) 点Pと点Qが点Aで1回目に出会うのは，出発してから何秒後ですか。

(3) 点Pが正方形ABCDを2周するまでの間に，点Pと点Qは何回出会いますか。

ある時、ネイティブ・アメリカンの人々に伝わる教えを知って、ハッとしました。それは、この地球は先祖から受け継《つ》いだものではなく、「**未来からの借り物**」だとするものです。借りているのだから、きれいなまま返さなければならない。彼らは、そう考えるのです。

私たちも、普通《ふつう》はたとえハンカチ一枚であっても、借りたものはきれいに使い、洗ってアイロンをかけて返します。大事な借り物である地球に、私たちは今、どれだけの負担をかけているのでしょう。地球に対しても、①ハンカチと同じ発想を持てたら、きっと普段のあり方も変わるはずです。

［X］、工業化以前の生活に戻ろうとしても無理な話です。

地球一個分の生活に戻すためにはどうしたらいいか、自分にできることを一つ一つ積み重ねていくしかありません。——電気をこまめに消す、再生可能エネルギーで作った電力を選ぶ、バスや電車に乗る、ゴミを減らす、CO_2の②排出《はいしゅつ》量の少ないエコカーを選ぶ、③節電できるLED照明を選ぶ…などなど。

ここで並べたことは、本当にどれも小さなことばかりです。小学校の時から、言われていることも多いかもしれません。

でも、私たちは小さな選択《せんたく》の積み重ねでできています。「えっ！」と驚《おどろ》いたその先で、自分が＊ベターだと感じる選択をすることを、忘れないでいたいと思います。

＊ことばの意味

ベター…他よりもよいさま。

問一　次の文は、——線部①を説明したものです。〈1〉～〈4〉に入るふさわしいことばを、文章中から指定された字数でぬき出しなさい。

地球を〈1　二字　〉が残してくれたものとせず、ネイティブ・アメリカンのように、未来から〈2　五字　〉なのだから、〈3　二字　〉をかけず〈4　六字　〉で返すという考え。

問二　［X］に入ることばを、次のア～エの中から一つ選び、記号で答えなさい。

ア　ということで　　イ　とはいえ

ウ　というならば　　エ　とすると

問三　——線部②・③について、熟語の構成が同じものを、次のア～カの中から一つずつ選び、記号で答えなさい。

ア　南北　　イ　市営　　ウ　登山

エ　救助　　オ　花束　　カ　海底

問四　〰〰線部について、「あなたにできること」や「あなたがすでにやっていること」について、具体的な方法を挙げて百字以内で書きなさい。なお、［　］で囲われた文章中の内容は使わないものとします。

問一　══線部A～Eのカタカナを漢字に、漢字はひらがなに直しなさい。ただし、送りがなが必要なものは、送りがなも正しく送りなさい。

問二　――線部①のことばの意味としてふさわしいものを、次のア～エの中から一つ選び、記号で答えなさい。

ア　しむけること　　イ　みなすこと

ウ　こじつけること　　エ　とりつくろうこと

問三　[X]に入るふさわしい文を、次のア～エの中から一つ選び、記号で答えなさい。

ア　地球1個分の生活をする方向に進んでいかなくても、自然の再生力に任せておけばいつかは回復しているはずだから

イ　自然の再生力について考えても見当がつかないから、研究の結果がでてくるまでの間は、今まで通りの生活をしても

ウ　資源を使っても、それが自然の再生力に対応したスピードであれば、地球1個分の生活ができているということになり

エ　地球上の資源を使うスピードを、自然の再生力を上回るペースに合わせていけば地球1個分の生活を下回る訳だから

問四　――線部②と同じ意味を表すことばとしてふさわしいものを、次のア～エの中から一つ選び、記号で答えなさい。

ア　モンスーン　　イ　スローライフ

ウ　エコノミー　　エ　サステナブル

問五　――線部③とありますが、「未来の資源」を**使わないための行動として、ふさわしくないもの**を、次のア～エの中から一つ選び、記号で答えなさい。

ア　漁師が商品になる大きさのホタテだけを選び、小さなホタテは海に戻《もど》すこと。

イ　買い物に行くとき、あらかじめ買うものを決めて余計にお金を使わないこと。

ウ　新しい洋服は、素材や生産の流れを意識して、手放し方まで考えて選ぶこと。

エ　食品を買いすぎず、自分で買った分は使いきって無駄《むだ》に捨てたりしないこと。

問六　この文章の内容として正しいものを、次のア～エの中から一つ選び、記号で答えなさい。

ア　すべての人間が同じ生活をするはずがないので、地球「２・５個分」という試算に意味はない。

イ　地球を持続可能なものにするためには、自然の回復力を上回る科学技術の開発が求められている。

ウ　資源が回復して地球を再生できたら、人間が活動するスピードを平均的なものにせねばならない。

エ　人間の活動によって地球に負荷を与えているが、資源を使いすぎている地域にはかたよりがある。

五

次の文章は四の文章に続くものです。これを読んで、後の問いに答えなさい。

２０５０年には、地球の人口が９７億３千万人を超えると言われています（国連「世界人口推計――２０１５改訂版《かいていばん》」）。将来のための資源を私たちが使ってしまっているのに、これ以上人口が増えたらどうなるのでしょう。

問三　――線部③の類義語（似た意味を表すことば）を、次の[　]の中の漢字二字を組み合わせて答えなさい。

然　突　平　静　熱　寒　心　感

問四　――線部④の説明としてふさわしいものを、次のア～エの中から一つ選び、記号で答えなさい。

ア　素直になれない自分に嫌気《いやけ》がさしていたエリカが、堂々《どうどう》と自分の意見を伝えるツバサに影響《えいきょう》を受け、笑顔が増えていく様子。

イ　三つ子とプレーすることを不安に思っていたエリカが、ツバサの前向きな姿勢に心を動かされ、戸惑《とまど》いながらも不安に立ち向かう様子。

ウ　後ろ向きな気持ちばかり抱《いだ》いていたエリカが、下手なことをかたくなに認めないツバサから勇気をもらい、自分なりに頑張《がんば》ろうとする様子。

エ　コタとの実力差から自信を失っていたエリカが、下手でも真剣《しんけん》に思いを伝えるツバサの発言で笑顔を取り戻し、不安が吹《ふ》っ切《き》れる様子。

四　次の文章を読み、後の問いに答えなさい。

わかりやすいA試算があります。今世界中の人々――73億人（2019年時点で77億人に増加）と言われています――が1億2千万人の日本人と同じような生活をすると①仮定します。この時、73億人分の水や資源を求めると、なんと「2・5個分」の地球が必要になります。

この試算は、日本人は一人あたり、地球の自然回復力の2・5倍分の資源を使って生活していることを意味します。つまり、地球が回復するスピードより2・5倍も速く、資源を消費していることがわかります。

アメリカ人の生活をBキジュンにすると、地球5・3個分が必要となり、*EU加盟国平均では、2・7個分という試算です。先進国の人間が、いかに資源を使っているかわかります。

地球は人間に資源を恵《めぐ》み、私たちはそれを*享受《きょうじゅ》して生きています。私たちが[　X　]、問題ありません。でも、資源を使いすぎると地球の回復を待つことはできず、一つの地球では間に合わなくなります。

別のCシテンから見てみましょう。

たとえば、1本の木が成長し、木材Dセイヒンになるまで30年かかると言われています。

この場合、30年後に伐採《ばっさい》して再び植林するというサイクルなら、地球は②持続可能です。でも、材木が必要だからといって30年経《た》つ前に伐《き》ってしまうと、それだけで森林は減り、そこにあった森や林はEウシナワレルことになるのです。

地球全体で見ると、魚の乱獲《らんかく》、石油資源の浪費《ろうひ》など、数限りない場面で、私たち人間は、地球が再生できる能力を超《こ》えた活動をおこなっています。

これは、地球そのものに対して負荷《ふか》を与《あた》えているだけではありません。私たちは、これから生まれてくる人々に残すべき、③未来の資源をすでに使ってしまっていることになります。

（末吉里花《すえよしりか》『はじめてのエシカル』）

＊ことばの意味

EU…ヨーロッパ連合（欧州《おうしゅう》連合）のこと。

享受…受け取って自分のものにすること。

たのは三つ子のチーム。桃山プレデター」

桃山小は、エリカが時々、様子を見に行く坂の上にある学校だ。

ものすごく上手な男の子たちが、校庭でボールを蹴《け》っていたところ。

目立ったていたのは、たしかに三人だった気がする。

三つ子の悪魔の噂《うわさ》も聞いたことがあった。学校やチームは知らないけれど、とにかくうまくて、性格は最悪の三つ子の選手。

①そっか、うちは知っていたんだ。

コタが、校庭の三人のうちの一人だったとしたら納得《なっとく》だし、三つ子の悪魔だと聞いても驚《おどろ》かない。

②ずっと前に、一緒にやりたい！　なんて願っていたのは我ながら思い上がっていたみたい。

「うちのレベルじゃ、足を引っ張っちゃうよ」とエリカは言った。

ふだんは、エリカはこんなように素直《すなお》に弱音を吐《は》いたりしない。

相手がツバサだと、言いやすいというか。なんでだろ。そうか、ツバサがサッカー下手だからだ、と変なところで納得する。

「えーっ」とツバサが大声を出した。

エリカは受話スピーカを耳から十センチ以上離した。

「だって、ぼくもいるんだよ。ぼくが一番下手だよ！足引っ張るのはぼくの方だよ。エリカさんは、スピードがあるし、タイミング取るのもうまいし、三つ子と一緒にやったらすごい戦力だよ」

エリカは思わず笑った。

自分のことを下手だ、下手だって言うツバサが、なんでそんなに説得力があるのか。

そっか、本当に下手だからだ。

「でも、下手でも、できることってあるんだよ」と③しれっとツバサは言う。

「なに、それ……」

「状況《じょうきょう》をよく見て、声を出すこと。これうちの家訓。だから、エリカさんはぼくが走れって言えば、走ればいいわけ」

おかしいっ！　エリカは笑いが止まらなくなった。

「三つ子がその気になったんだから、それだけで五人。あと三人いれば八人になるよね。五人でもフットサルのルールならできるよね」

エリカがどれだけ大笑いしても、ツバサは真面目に言っている。それがおかしくて、エリカはもっと笑った。

そして、④ひとしきり笑ったら、霧《きり》が晴れた。

ここ何日か、ずっと後ろ向きの気持ちを持っていたのが嘘《うそ》みたいだった。一度は一緒にやりたいと思っていた三つ子とチームが作れる！　コタのあの熱量だって、うちを成長させてくれるかもしれない。

＊ことばの意味

コスモスやヒラソル……新東京ＦＣと同じ社会人のサッカーチームのこと。

問一　次の文は――線部①について説明したものです。《1》・《2》に入るふさわしいことばを、文章中からそれぞれ六字以内でぬき出しなさい。

エリカは《　1　》と呼ばれる有名な選手の一員である《　2　》に初めて会ったと思っていたが、かつて桃山小で見た男の子のうちの一人が《　2　》であったということ。

問二　――線部②とありますが、どのようなことを「思い上がっていた」と考えているのですか。四十字以内で答えなさい。

＊ことばの意味

ＦＷ……最前部に位置し、主に攻撃《こうげき》に当たる人のこと。

リスタート……あらためてプレーを開始すること。

パントキック……ゴールキーパーが手にしたボールを地面に着く前に蹴《け》ること。

ＤＦ……後方部に位置し、主に守備に当たる人。

縦に速い……ゴール方向に向かってのスピードが速いこと。

問一　＝＝線部Ａ～Ｄのカタカナを漢字に、漢字はひらがなに直しなさい。ただし、送りがなが必要なものは、送りがなも正しく送りなさい。

問二　――線部①と**異なる**意味で用いられているものを、次のア～エの中から一つ選び、記号で答えなさい。

ア　まるで夢の中にいるようだ。

イ　二人の意見はまるで異なる。

ウ　君はまるで太陽みたいな存在だ。

エ　彼はまるで山のごとく立っていた。

問三　――線部②とありますが、この時の「エリカ」の気持ちの説明としてふさわしいものを、次のア～エの中から一つ選び、記号で答えなさい。

ア　コタの上手なプレーを目の当《ま》たりにして、自信を失う気持ち。

イ　コタの自分へのするどいまなざしを感じて、不安に思う気持ち。

ウ　コタとともにプレーができることに対して、得意に思う気持ち。

エ　コタのただならぬ熱量に圧倒《あっとう》されて、気後れする気持ち。

問四　次の一文が入るふさわしいところを、文章中の《ア》～《エ》の中から一つ選び、記号で答えなさい。

この子、すごいかも、と直感した。

問五　次の文は――線部③について説明したものです。〈ａ〉・〈ｂ〉に入るふさわしいことばを、後のア～カの中から一つずつ選び、記号で答えなさい。

コタのサッカーに対する熱量や技術への〈　ａ　〉と自分自身への〈　ｂ　〉という二つの感情に加えて、説明のつかない何かに動揺する気持ち。

ア　不安　イ　困惑《こんわく》　ウ　尊敬

エ　満足　オ　失望　カ　後悔《こうかい》

三　次の文章は二の文章の後に続くものです。これを読んで、後の問いに答えなさい。

「もしもし、太田だけど」と受話スピーカを離《はな》しても聞こえるくらいの大きな声！言われなくたってわかってますって！

「降矢《ふるや》くんたちが、新東京ＦＣのレディースと試合したいって。またサッカーやってもいいって言ってるんだ。きっとコタくんが説得したんだと思う」

最初は何のことかと思った。

「降矢くんたちが、戻《もど》ってくれば、きっと集まるやつがいる。ミサキさんは八人揃《そろ》えて来いって言ったんでしょ。＊コスモスやヒラソルと試合できるんだから一緒《いっしょ》にやろうよ！」

それで、頭の中で切れていた糸が見事につながった。

「コタくんってのは、降矢コタで、小学校は……」

「ぼくと同じで、桃山小《ももやましょう》。三つ子の悪魔《あくま》って聞いたことない？ぼくがい

「あーっ」とものすごく大きな声が響《ひび》いた。

ツバサだった。《ア》

「コタくん、来てくれたの？　一人だけ？　あー、ミサキさん、もう一人、入ってもいいですか！」

ツバサの声は、体育館のバスケ鬼《おに》コーチの声よりも、ずっと大きく響いた。

ツバサがいるゴール脇《わき》に、もしも小学生だとしたらかなり背の高い男子が立っていた。

腕《うで》を組んで、目を細めて、①まるでコーチみたいにミニゲームを見つめている。そのわりには、短パンとシャツ姿で、いつでもピッチに入れるぞとアピールしているようにも見える。黄色いバンダナをA額に巻いていて、雪の中でその色だけが鮮《あざ》やかに光って見えた。《イ》

エリカは超能力者《ちょうのうりょくしゃ》じゃないけれど、こんな寒い中で、一人だけ静かで、心も体も熱い。そんなように見えたのだ。

「アヤ、アウト！」とミサキさんが叫《さけ》んだ。

アヤと呼ばれたのは、エリカと一緒に2トップを組んでいた*FW《フォワード》だ。年下のエリカを気遣《きづか》って、ラストパスを回してくれたり、結構「いい人」だった。

でも、代わりに入ってきた、コタという男子は、いったんエリカをにらみつけると、ぷいっとよそを向いた。《ウ》

いや、適当なところを向いたわけじゃなくて……ゴールをまっすぐに見据《みす》えたんだ。だんだん激しくなる雪の中で、本当に一人だけすごい熱量をもった選手がいて、近くにいるだけで、ぴりぴり肌《はだ》が痛むほどだった。それと同時に、エリカはユニフォームの隙間《すきま》から背筋に雪がたくさん入り込《こ》んだような、②体中が冷えていくみたいな気分になった。

ピッ、とホイッスルが鳴り、ゲームが*リスタートする。

ツバサからの*パントキックに、コタが反応した。

ああっ、思い出した！

いつかツバサが言っていた、スピードスター。

エリカは勝負したいって言ったはず。

コタは一気にスピードに乗って、最初のトラップで*DF《ディフェンス》の裏を取った。そこまではさっきエリカがしたのと一緒。

でも、コタは股間《こかん》を狙《ねら》うなんてせずに、そのまま思い切り蹴《け》り込んだ。

試合に入って三十秒もたたずにゴール。ネットが揺《ゆ》れた。

それも、あのうまい高校生キーパーから！　シュートコースなんて、すごく狭《せま》かったのに！

スピードスター？

たしかに速い。でも、それだけじゃない。

もっと強く激しい何かが、この選手の中では渦巻《うずま》いている。エリカとはBカクが違《ちが》う。

自信喪失《そうしつ》？　そうかもしれない。エリカは男子も含《ふく》めて、同年代の子が、自分よりも*縦に速いと思ったことがない。今、はじめてそう思った。

そして、それ以上の何かすら、感じてしまったのだから。《エ》

すごい！　という素直《すなお》なCコウフンならある。同時に、自分なんてこんなものかという落胆《らくたん》も。

でも、正直なところ、そんな単純な両極端《りょうきょくたん》の感情にはDオサマリきらないくらい、③エリカは動揺《どうよう》していた。

（川端裕人《かわばたひろと》『風のダンデライオン　銀河のワールドカップ　ガールズ』）

【国　語】（四〇分）〈満点：一〇〇点〉

【注意】＊字数制限がある問題は、原則として「、」や「。」も一字に数えます（ただし、指示のあるものはのぞきます）。

一　次の詩を読み、後の問いに答えなさい。

スミレ　　まど・みちお

アブや
チョウチョウたちのように
かってに
にげてしまわないように
スミレは　うつむいて
いつも　みまもっています
じぶんの　かげを
そして　じぶんの　こころを
あんまり　さびしい
やまみちだものですから

問一　――線部とありますが、「アブ」や「チョウチョウたち」の他に何が「にげてしま」うと考えているのですか。詩の中からそれぞれ三字以内で**すべて**ぬき出しなさい。

問二　次の会話文はこの詩を読んだ後に、二人の生徒が話し合っている場面です。〈a〉に入るふさわしいことばを一字で答えなさい。また、〈b〉・〈c〉に入るふさわしいことばを詩の中から、それぞれ指定された字数でぬき出しなさい。

先　生　この詩から読み取れたことを話し合ってみましょう。
生徒A　「うつむいて」という表現からわかるように、スミレは〈a　一字　〉向きに花を咲《さ》かせる植物だよね。
生徒B　そうだね。作者はこの様子を人間の姿と重ね合わせたんじゃないかな。〈b　四字　〉時、〈c　三字　〉を見失わないように生きていく姿勢は私たちも大切にしたいね。

問三　この詩に用いられている表現の特徴《とくちょう》として**ふさわしくないもの**を次のア～エの中から一つ選び、記号で答えなさい。
ア　漢字を用いないことによって詩全体が柔《やわ》らかい印象になっている。
イ　第一連では「ように」の連続によって詩にリズムが生まれている。
ウ　本来の語順とは逆にすることによって詩の印象を強めている。
エ　文の切り方を工夫することによってあきさせないようにしている。

二　次の文章を読み、後の問いに答えなさい。

【　ここまでのあらすじ　】
小学五年生のエリカは、所属していたサッカーチームが解散し、同い年のツバサと練習相手を探す日々を送っている。ある日、エリカは社会人のミサキさんに自身の率いる新東京ＦＣレディース・ローサの練習を見に来るように誘《さそ》われた。現地に足を運んだエリカとツバサは、一緒《いっしょ》に練習へ参加していた。

2022年度

八千代松陰中学校入試問題（一般）

【算　数】（40分）　　＜満点：100点＞

【注意】　＊　分数は，それ以上約分できない分数で答えなさい。

　　　　　＊　円周率は3.14とします。

1. 次の □ にあてはまる数を求めなさい。

(1)　$28-16\div4\times2=$ □

(2)　$1\frac{1}{2}\times\frac{4}{9}+\frac{10}{21}\div\frac{2}{7}=$ □

(3)　$5.95+3.12\div1.3=$ □

(4)　$47+(63-$ □ $)\div2=56$

(5)　$\left(\frac{4}{3}-\frac{1}{2}\right)\times\frac{11}{15}+\frac{4}{27}\div\frac{2}{3}=$ □

2. 次の各問いに答えなさい。

(1)　2022秒は何分何秒ですか。

(2)　自動車が時速54kmの速さで20分間走るとき，進んだ距離《きょり》は何kmですか。

(3)　5.8にある数をたす計算を間違《まちが》えて，その数をかけてしまったために答えが56.26になりました。もとの正しい答えはいくつですか。

(4)　体育館で，バスケットボールクラブが使用している場所の面積は864m^2で，これは体育館全体の64％にあたります。このとき，体育館全体の面積は何m^2ですか。

(5)　ある学校の男子の人数は生徒全体の$\frac{2}{3}$より82人少なく，女子の人数は生徒全体の$\frac{1}{2}$より26人少ないとき，この学校の生徒数は何人ですか。

3. 次の各問いに答えなさい。

(1)　[1]，[2]，[2]，[3] の4枚のカードの中から3枚を並べて3けたの整数をつくります。つくることができる整数のうち，小さい方から数えて6番目の整数はいくつですか。

(2)　4けたの整数を四捨五入して百の位までのがい数で表したところ，3500になりました。このような整数のうち，一番大きい数から一番小さい数をひくといくつになりますか。

(3)　右の図で，角アの大きさは何度ですか。

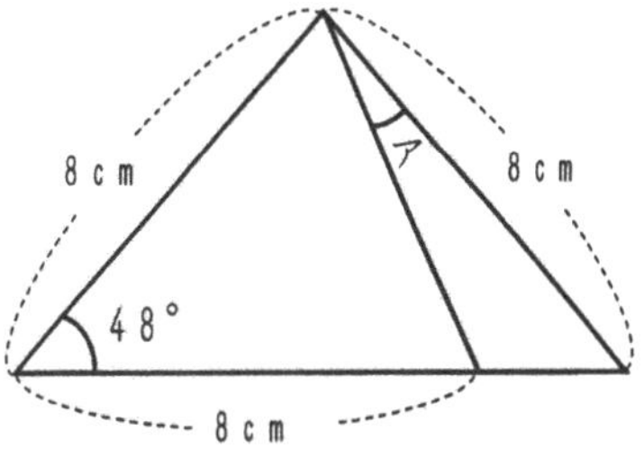

(4) 右の図は，円と正方形を組み合わせたもので，円の直径と正方形の対角線の長さはとも12cmです。色をつけた部分の面積の和は何cm^{2}ですか。ただし，点Oは円の中心と対角線が交わる点です。

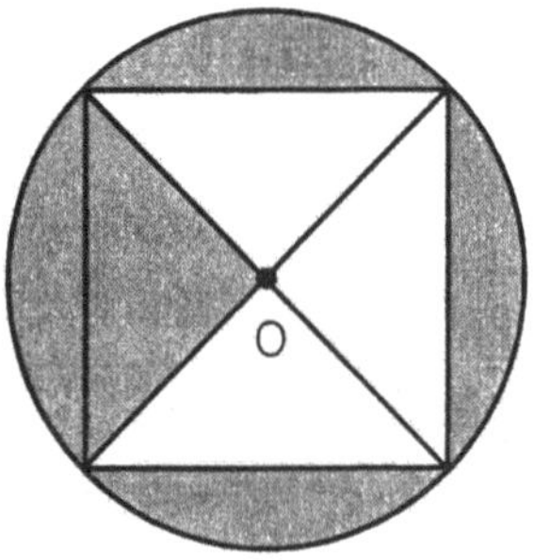

4. 後の各問いに答えなさい。

図 1

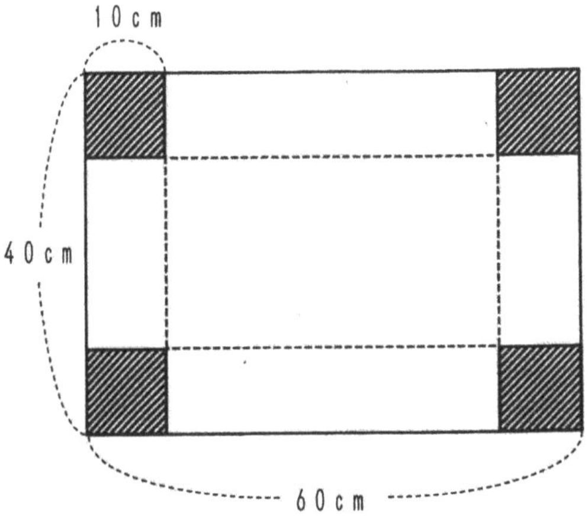

図 2

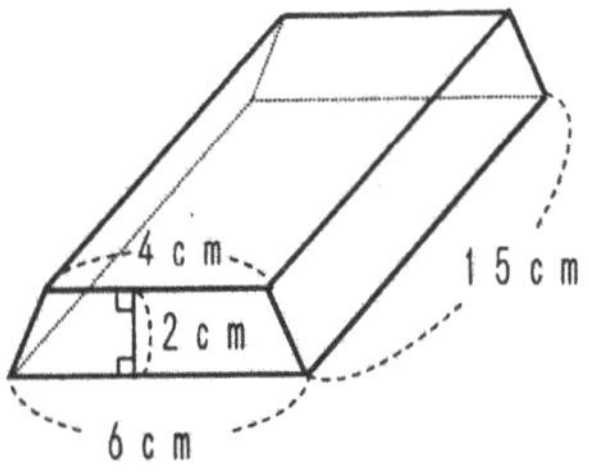

(1) 図1の長方形から1辺が10cmの4つの正方形（斜線《しゃせん》部分）を切りとって，ふたのない容器をつくります。この容器の体積は何cm^{3}ですか。

(2) 図2のような2つの面が台形の四角柱の形をしたおもりがあります。このおもりの体積は何cm^{3}ですか。

(3) (1)でつくった容器に水をすべて満たしたのち，図2のおもり8個を完全に水に沈《しず》めたところ，水があふれました。その後，すべてのおもりを取り出しました。このとき，容器に残った水の深さは何cmですか。

5. 下の表は，Aさんを先頭にEさんまでの5人が，一列に並んだときの前の人との身長の差を表したものです。記号△は前の人と比べて身長が何cm高いかを，記号▲は何cm低いかを表します。例えば，BさんはAさんよりも6cm身長が高いことを表し，EさんはDさんより身長が8cm低いことを表します。Aさんの身長が155cmのとき，後の各問いに答えなさい。

	Aさん	Bさん	Cさん	Dさん	Eさん
前の人との身長の差（cm）	—	△6	▲4	〈ア〉	▲8

(1) Cさんの身長は何cmですか。

(2)　Aさん，Bさん，Cさんの３人の身長の平均は何cmですか。四捨五入して$\frac{1}{10}$の位まで求めなさい。

(3)　AさんからEさんの５人の身長の平均が157cmのとき，前のページの表の中の〈ア〉を記号（△または▲）と数字で表しなさい。

6.　１辺が10cmの正方形の折り紙を下の図のように２枚，３枚，４枚，…とのりで貼《は》り付けながら長方形をつくっていきます。このとき，後の各問いに答えなさい。ただし，重なっている部分の横の長さは１cmとします。

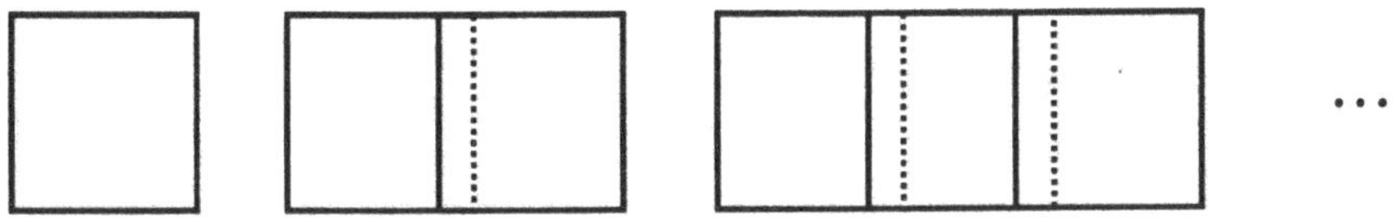

１ 枚　　２ 枚　　３ 枚

(1)　下の表は，使った折り紙の枚数とできた長方形のまわりの長さとの関係を表したものです。〈ア〉に当てはまる数はいくつですか。

折り紙の枚数（枚）	1	2	3	4	…
まわりの長さ（cm）	40			〈ア〉	…

(2)　折り紙を10枚使ったとき，長方形のまわりの長さは何cmですか。

(3)　長方形のまわりの長さが490cmになるとき，使った折り紙の枚数は何枚ですか。

【理　科】（40分）　＜満点：100点＞

【注意】　＊　割り切れない答えは，四捨五入して小数第１位まで求めなさい。

1． 次の(1)～(20)に答えなさい。

(1)　酸素の性質として，正しいものを次のア～エの中からすべて選び，記号で答えなさい。

ア．空気中でものをよく燃やす。　イ．無色でにおいがない。

ウ．空気より軽い。　エ．水に溶《と》けにくい。

(2)　ろうそくの炎《ほのお》で最も温度が高い部分として，正しいものを図１のア～ウの中から１つ選び，記号で答えなさい。

図１

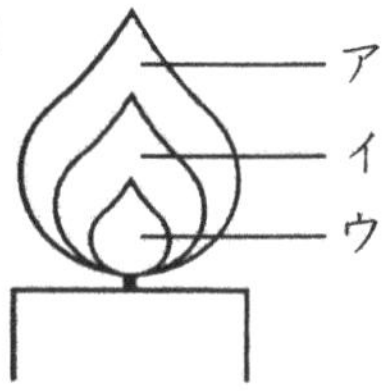

(3)　水（液体）の表面から，水が水蒸気（気体）に変化する現象のことを何というか答えなさい。

(4)　水70ｇに食塩10ｇを溶かした水溶液《すいようえき》の濃《こ》さは何％か答えなさい。

(5)　試験管やビーカーなど，実験で使用する容器や器具の多くは，ガラスでできています。その理由を簡潔《かんけつ》に答えなさい。

(6)　ホニュウ類のように，気温が上がったり下がったりしても，体温を一定に保つしくみを持っている動物の総称《そうしょう》を答えなさい。

(7)　次のア～エのプランクトンのうち，光合成をすることができる種類を２つ選び，記号で答えなさい。

ア．ミカヅキモ　イ．ゾウリムシ　ウ．アオミドロ　エ．ミジンコ

(8)　魚類がもつ，水中に溶けている酸素を取り込《こ》むつくりの名称《めいしょう》を答えなさい。

(9)　日光の当たる場所にしばらく置いた植物の緑色の葉を，ヨウ素液につけると何色になるか答えなさい。

(10)　植物の発芽に必要な条件は，水と温度以外にもう１つあります。その条件は何か答えなさい。

(11)　日本付近では，ある風の影響《えいきょう》で天気は西から東へ変化していきます。この風の名称を答えなさい。

(12)　富士山の噴火《ふんか》によって起こる可能性のある現象として，正しいものを次のア～エの中からすべて選び，記号で答えなさい。

ア．海岸に大きな波が押し寄せる。　イ．地表が火山灰でおおわれる。

ウ．強い風が吹《ふ》き大雨が降る。　エ．大きなくぼ地ができる。

(13)　流れる水が土や石を運ぶはたらきを何というか答えなさい。

(14)　2021年５月26日，日本の広い範囲《はんい》でスーパームーンと同時にある天体現象が観測されました。その天体現象を答えなさい。

(15)　星座早見を図２の向きで使用するのは，どの方角を観測するときか東西南北で答えなさい。

図２

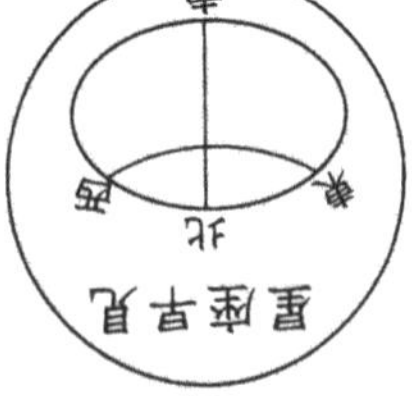

(16) 10gのおもりを下げると2cm伸びるばねに，25gのおもりを下げると何cm伸びるか答えなさい。

(17) 光が空気中から水中に進むとき，その境目で折れ曲がって進みます。この現象を何というか答えなさい。

(18) てこを使用する際に，てこを支えていて，力を加えても動かない点のことを何というか答えなさい。

(19) 音の3要素とは，音の高さと，音の大小と，あと1つは何か答えなさい。

(20) 1つの豆電球と2つの乾電池《かんでんち》をつなぐ方法は，下の図3，図4のような直列つなぎと並列つなぎの2種類があります。直列つなぎと並列つなぎを比べたとき，並列つなぎの利点を答えなさい。

図 3

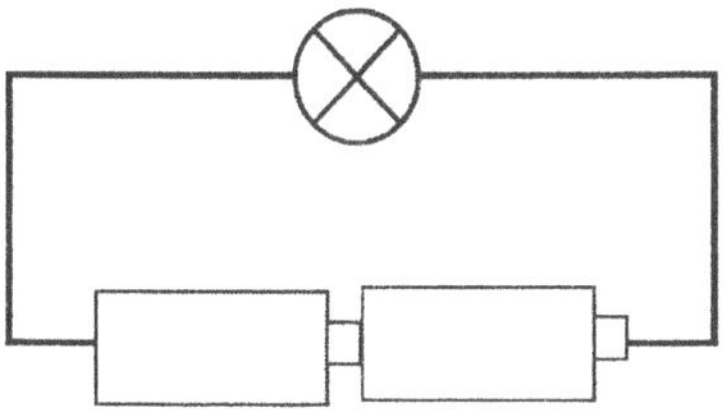

図 4

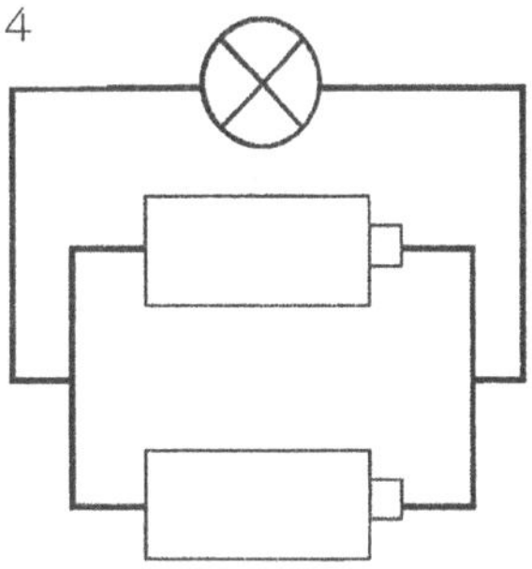

2. 次の7種類の水溶液について，あとの(1)～(5)に答えなさい。

7種類の水溶液A～Gは，食塩水，砂糖水，石灰水《せっかいすい》，炭酸水，水酸化ナトリウム水溶液，アンモニア水，うすい塩酸のいずれかであることがわかっています。それぞれがどの水溶液であるか調べるために，次の実験を行いました。

＜実験1＞

水溶液A～Gのにおいをかいだところ，水溶液BとCは鼻をさすようなにおいがあった。

＜実験2＞

水溶液A～GにBTB溶液を加えたところ，水溶液AとGは緑色，水溶液CとFは黄色，水溶液B，D，Eは青色になった。

＜実験3＞

水溶液A～Gをそれぞれ蒸発皿に入れて加熱すると，水溶液A，D，Eからは白色固体が生じ，水溶液Gからは黒色固体が生じた。

(1) ＜実験1＞の下線部について，試験管に入れた水溶液のにおいをかぐときは，どのようにかがなければいけないか簡潔に答えなさい。

(2) 水溶液A～Gのうち，溶けている物質が常温のとき気体であるものをすべて選び，記号で答えなさい。

(3) 水溶液Cとして，正しいものを次のア～キの中から1つ選び，記号で答えなさい。

ア．食塩水　イ．砂糖水　ウ．石灰水　エ．炭酸水
オ．水酸化ナトリウム水溶液　カ．アンモニア水　キ．うすい塩酸

(4) 水溶液Cにスチールウールを入れると，気体が発生しました。この気体の性質として，正しい

ものを次のア～エの中から１つ選び，記号で答えなさい。

ア．マッチの火を近づけると，燃焼する。　イ．ものが燃えるのを助けるはたらきがある。

ウ．水によく溶ける。　エ．黄緑色をしている。

(5)　＜実験１＞～＜実験３＞では判別できない水溶液をＡ～Ｇの中から２つ選び，記号で答えなさい。また，この２つの水溶液を判別する実験と，予想される結果を簡潔に答えなさい。

3.　下の図⇨は，水中の生物の「食べる―食べられる」の関係を，Ａ，Ｂはそれぞれの生物が吸収または放出する気体を表しています。あとの(1)～(5)に答えなさい。

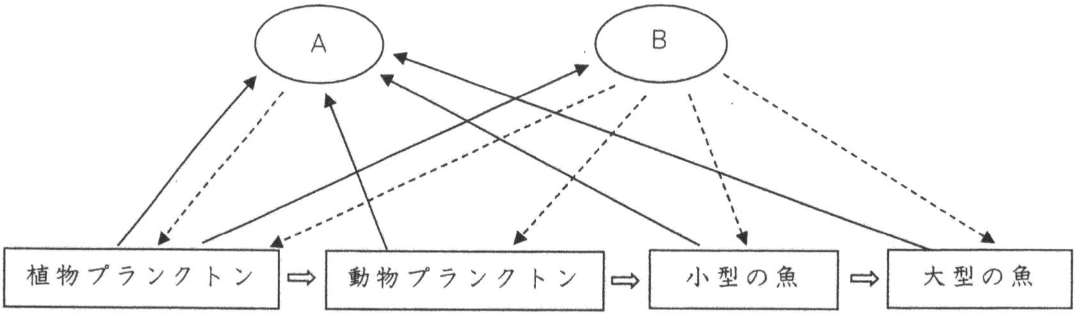

(1)　図の⇨で表された生物の「食べる―食べられる」の関係を何というか答えなさい。

(2)　図のＡとＢの気体の名称をそれぞれ答えなさい。

(3)　図の気体Ａの増加が主な原因となる，世界規模《きぼ》で生じる気候変動を抑制《よくせい》するために，2015年フランスのある都市で国際的な協定が採択《さいたく》されました。この都市名のついた協定名を答えなさい。

(4)　(3)の協定の目標を達成するために，図の気体Ａを含《ふく》む温室効果ガスの排出量《はいしゅつりょう》と森林や海洋等への吸収量を差し引いて『実質ゼロ』を目指すことを日本も発表しました。これを達成するためには，発電で使用している次のア～ケのエネルギーのうち，どのエネルギーの使用を減らすべきだと考えられますか。すべて選び，記号で答えなさい。

ア．石炭　イ．石油　ウ．天然ガス　エ．原子力　オ．水力

カ．風力　キ．地熱　ク．太陽光　ケ．バイオマス

(5)　2050年に『実質ゼロ』を達成するため，再生可能エネルギーを最大限使用することが必要と考えられています。日本で『実質ゼロ』を達成するために有効と考える再生可能エネルギーを１つ記し，そのように考えられる理由を簡潔に答えなさい。

4.　次の文章を読んで，あとの(1)～(5)に答えなさい。

松陰君は，雲はどのようにしてできるのかについて疑問に思い，空気に含まれる水蒸気量や空気のかたまりが上昇《じょうしょう》するときの温度変化について調べました。その結果，次の５つのことが分かりました。

①　標高が高いほど空気の温度は低い。

②　雲がないときの空気の温度は，標高100ｍあたり約１℃変化する。

③　雲があるときの空気の温度は，標高100ｍあたり約0.6℃変化する。

④　雲がないときには，空気のかたまりに含まれる水蒸気量は変化しない。

⑤　空気1 m^3あたりに含まれる水蒸気量が下の表の値をこえると雲ができる。

表　空気の温度と空気1 m^3あたりに含むことのできる水蒸気の量の関係

空気の温度〔℃〕	0	2	4	6	8	10	12	14	16	18	20
水蒸気の量〔g/m^3〕	4.9	5.6	6.4	7.3	8.3	9.4	10.7	12.1	13.6	15.4	17.2

いま，下の図のように，日本のある山において日本海側の標高0mのA地点で，16℃の空気が斜《しゃ》面《めん》にそってふき上がりました。このとき，600mのB地点から空気中に雲ができはじめ，2000mの山頂C地点まで雲ができていました。その後，空気のかたまりはC地点を越え，太平洋側の標高0mのD地点までふき下りました。ただし，空気のかたまりは十分大きいため，周りの空気と混ざり合わないものとします。

図

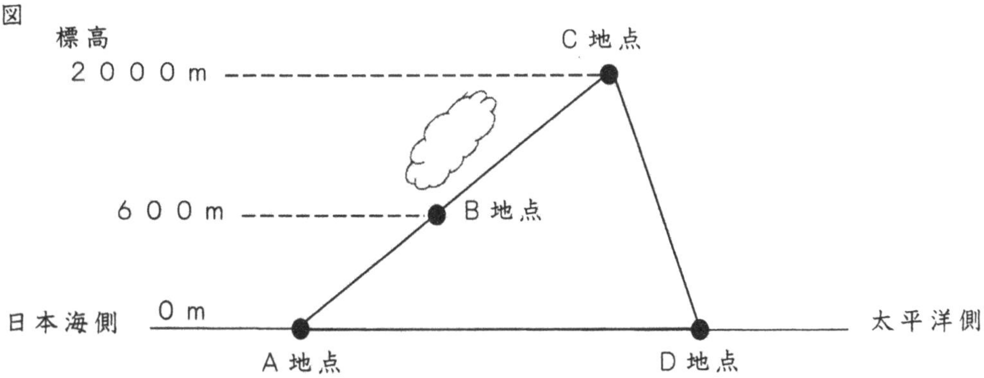

(1)　B地点での温度は何℃か答えなさい。

(2)　A地点では，空気1 m^3あたり水蒸気は何g含まれているか答えなさい。

(3)　A地点での空気の湿度《しつど》は何%か答えなさい。

(4)　C地点の温度は何℃か答えなさい。

(5)　C地点では，空気1 m^3あたり水蒸気は5.4g含まれていました。C地点を過ぎてからD地点までは雲が発生するか，しないか，また，このことから，太平洋側の天気について考えられることの組み合わせとして正しいものを次のア～クの中から1つ選び，記号で答えなさい。

記号	雲の発生	天気
ア	する	日本海側と比べて湿度が低く晴れることが多い。
イ	する	日本海側と比べて湿度が高く晴れることが多い。
ウ	する	日本海側と比べて雨や雪が降ることが多い。
エ	する	日本海側の天気と変わらない。
オ	しない	日本海側と比べて湿度が低く晴れることが多い。
カ	しない	日本海側と比べて湿度が高く晴れることが多い。
キ	しない	日本海側と比べて雨や雪が降ることが多い。
ク	しない	日本海側の天気と変わらない。

5. 数年前に，たくみさんとこうじさんでイタリア旅行に行ったときの会話文を読み，あとの(1)，(2)に答えなさい。

たくみさん　せっかくイタリアに来たんだから有名な何とかの斜塔《しゃとう》に行こうよ。
こうじさん　何とかのって，（　ⅰ　）の斜塔のこと？
たくみさん　そうそう。（　ⅰ　）の斜塔。
こうじさん　あれは，大聖堂の鐘楼《しょうろう》って知ってた？
　　　　　　定刻になると鐘の音が聞こえるんだって。
たくみさん　そうなんだ。そういえば，この斜塔で実験をした有名な物理学者がいたよね。何ていう名前だったっけ？
こうじさん　（　ⅱ　）・ガリレイかな。
たくみさん　そうそう。（　ⅱ　）・ガリレイ。どんな実験をしたんだっけ？
こうじさん　それはね，昔，アリストテレスが，「重いものほど落下速度が速い」と言って，それが信じられていたんだけど，（　ⅱ　）は，「重さに関係なく落下速度は一定」と言って，重さの異なる２つの球を落としたのがこの斜塔と言われているんだよ。
たくみさん　そうか。それでその２つの球はどうなったの？
こうじさん　同時。または，ほぼ同時に落ちたよ。
たくみさん　そうか……。難しい話はそのくらいにして，（　ⅰ　）の斜塔から５分くらいのところにおいしいジェラート屋さんがあるんだけど，そこに行かない？
こうじさん　……。いいよ。行こう。

(1)　次の①，②に答えなさい。

①　（ⅰ）には都市名を，（ⅱ）には人物名を答えなさい。

②　下線部の実験で使用した重さの異なる２つの球Ａ，Ｂと，その２つをとれないようにひもでくっつけた物体Ｃを同時に落としたとき，アリストテレスの言ったことが正しいとすると，次のア～キのうち２つの場合が考えられ，矛盾《むじゅん》が生じてしまいます。その２つを選び，記号で答えなさい。

ア．Ａ，Ｃ，Ｂの順に落ちる　　イ．Ａ，Ｂ，Ｃの順で落ちる
ウ．Ｂ，Ａ，Ｃの順で落ちる　　エ．Ｂ，Ｃ，Ａの順で落ちる
オ．Ｃ，Ａ，Ｂの順で落ちる　　カ．Ｃ，Ｂ，Ａの順で落ちる
キ．同時に落ちる

(2)　（ⅱ）の人物に関する次の①，②に答えなさい。

①　この人物は，天文学者でもあり，自作の望遠鏡で天体観測を行いました。その望遠鏡には，とつレンズを使用しました。１つのとつレンズを通った光によってスクリーンにできた像は，実物と比べどのようにうつりますか。次のページのア～エの中から正しいものを１つ選び，記号で答えなさい。

ア．上下左右が逆　　　　　イ．上下が逆で左右が同じ

ウ．上下は同じで左右が逆　エ．上下左右が同じ

② この人物は，（ i ）の大聖堂にあるシャンデリアがゆれるのを見て，ふりこの等時性《とうじせい》を発見したといわれています。ふりこの等時性というのは「長さの同じふりこであれば，おもりが一往復するのにかかる時間は，ふれはばに関係なく一定である」というものです。次のア～エのふりこのうち，一往復にかかる時間が異なるものを1つ選び，記号で答えなさい。

	ふりこの長さ〔cm〕	おもりの重さ〔g〕	ふれはば〔cm〕
ア	１０	１０	4
イ	１０	２０	4
ウ	１０	１０	6
エ	１５	１０	4

【社　会】（40分）　＜満点：100点＞

【注意】 ＊ 答えを書くとき，漢字で書けるものは，すべて漢字で書きなさい。

1. 次の地図は，2004年以降に夏季オリンピック・パラリンピックが開かれた都市を示しています。これを見て，あとの問いに答えなさい。

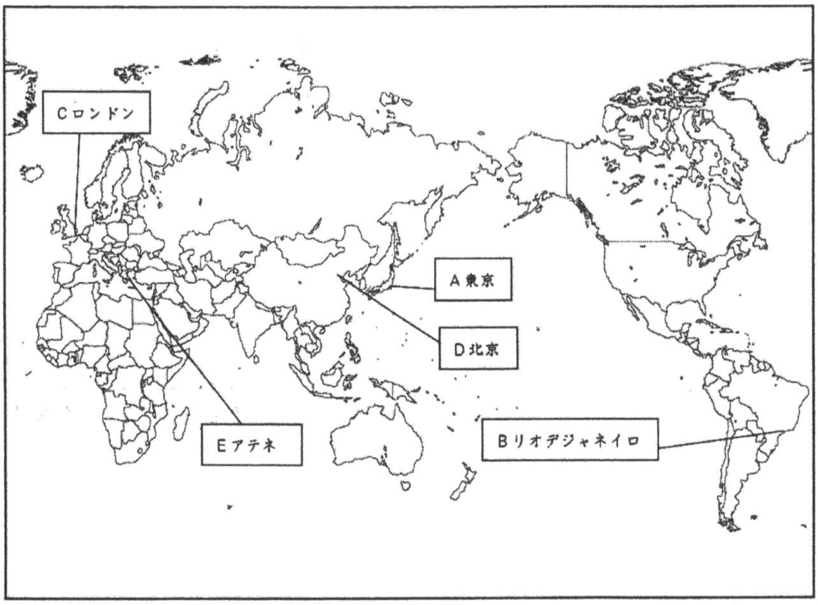

(1) 地図中に示された都市のうち，その国の首都ではないものを，A～Eの中から一つ選び，記号で答えなさい。

(2) 地図中のA東京について，以下の問いに答えなさい。

問１ 東京で出版業が盛《さか》んな理由としてふさわしくないものを，次のア～エの中から一つ選び，記号で答えなさい。

ア．山が多く林業が盛んで，良質な紙が生産されているため。

イ．国の政治・経済の中心地であるため。

ウ．多くの人が住んでいるため。

エ．外国の大使館などが多く，海外とのつながりが強いため。

問２ 右の図は，東京周辺の都市化の影響《えいきょう》による８月の平均気温の変化を表しており，気温の変化が大きい地域が濃《こ》い色で塗《ぬ》られています。このように，都市の気温が周囲よりも高くなる現象を何というか答えなさい。

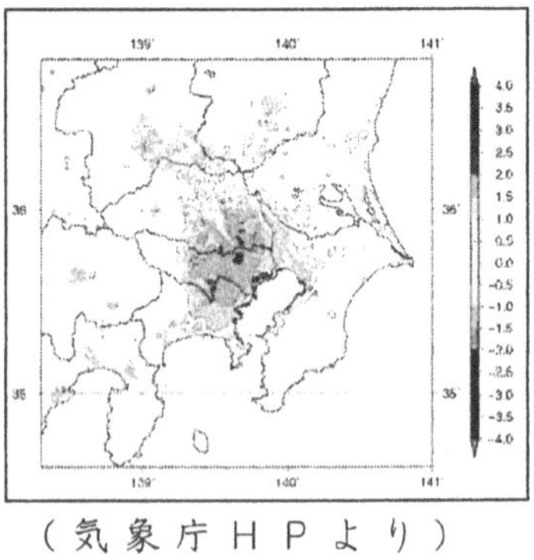

（気象庁ＨＰより）

問３　東京湾《わん》西岸に発達した工業地帯の名称を答えなさい。

問４　次の表は，2015年における，埼玉県，東京都，千葉県，神奈川県の，夜間人口と昼間人口のおおよその数を表しています。東京都にあてはまるものを，表のア～エの中から一つ選び，記号で答えなさい。なお，昼間人口とは，夜間人口に他の地域から通勤・通学してくる人口を足し，さらに他の地域へ通勤・通学する人口を引いたものです。

	夜間人口	昼間人口
ア	730万人	650万人
イ	1350万人	1590万人
ウ	620万人	560万人
エ	910万人	830万人

（総務省統計局『国勢調査報告』より）

問５　問４の表を用いて，東京都の昼夜間人口比率を四捨五入して一の位まで求めなさい。なお，昼夜間人口比率とは，夜間人口を１としたときの昼間人口の割合に，100をかけたものです。

問６　昼夜間人口比率が高い地域の説明としてふさわしいものを，次のア～エの中から一つ選び，記号で答えなさい。

ア．多くの人々がほかの地域に移住しています。

イ．ほかの地域へ通勤・通学する人が多い地域です。

ウ．交通網《こうつうもう》があまり発達していません。

エ．学校や企業《きぎょう》が数多くあります。

(3)　前のページの地図中のＢリオデジャネイロについて，以下の問いに答えなさい。

問１　この都市がある国の名前を答えなさい。

問２　東京が１月20日午前10時のときの，この都市の日時を次のア～エの中から一つ選び，記号で答えなさい。

ア．１月20日　午前９時　　イ．１月19日　午後10時

ウ．１月21日　午前10時　　エ．１月20日　午後１時

(4)　地図中のＣロンドンの中心部を流れ，大西洋にそそぐ川の名前を，次のア～エの中から一つ選び，記号で答えなさい。

ア．ナイル川　　イ．アマゾン川　　ウ．黄河《こうが》　　エ．テムズ川

(5)　右の写真は，地図中のＤ北京で2016年に撮影されたものです。この写真の説明としてふさわしいものを，あとのア～エの中から一つ選び，記号で答えなさい。

（朝日新聞デジタル2017年１月14日より）

ア．新型コロナウィルス感染症《しょう》（COVID－19）を予防するため，人々はマスクを着用しています。

イ．中国では車が生産されないため，交通量は限られています。

ウ．都市部の主な移動手段は車から自転車に移り変わりました。

エ．都市部を中心に，大気汚染《おせん》が深刻化しています。

(6) 20ページの地図中のＥアテネについて，以下の問いに答えなさい。

問１　この都市がある国の名前を答えなさい。

問２　この都市の雨温図としてふさわしいものを，次のア～エの中から一つ選び，記号で答えなさい。

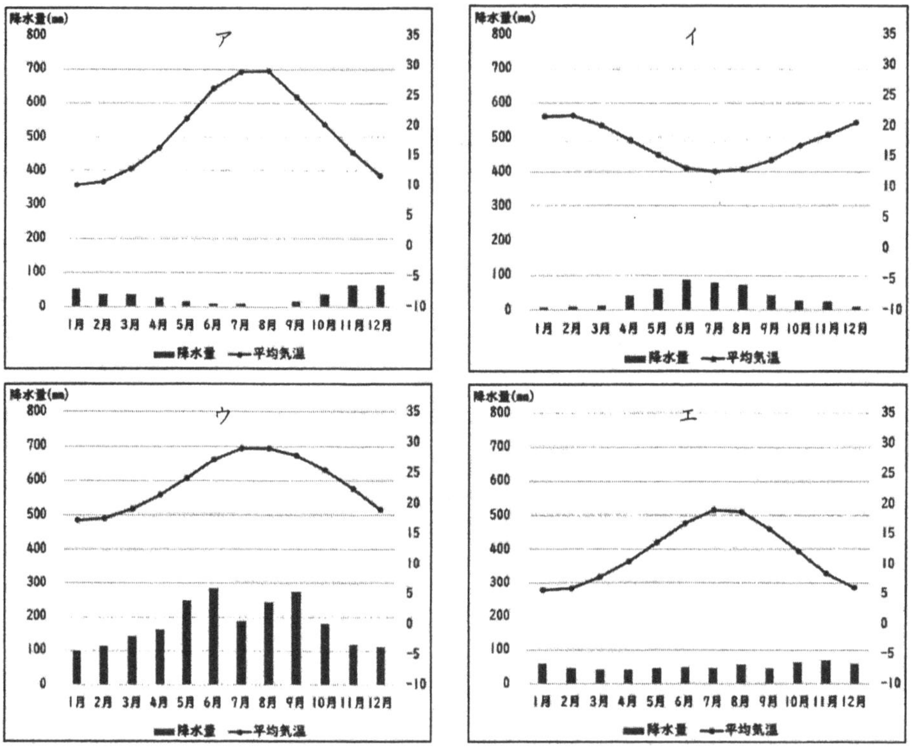

（すべて気象庁　地点別平年値データより）

2. 次の文章を読み，あとの問いに答えなさい。

グリーンランド山頂に降雨　観測史上初

標高3000メートルを超《こ》すグリーンランドの山頂で，2021年８月14日に降雨が観測された。雪ではなく雨が降ったのは，観測史上初めてだった。

山頂の気温は先の週末にかけ，氷点下を超えて上昇した。氷点下を上回ったのはこの10年足らずで３度目。同地は暖気の影響で豪雨《ごうう》に見《み》舞《ま》われ，氷床《ひょうしょう》の上に70億トンもの水が降り注いでいた。

米国立雪氷データセンターによると，降雨量は1950年に記録を取り始めて以来，最も多く，15日に失われた氷の質量は平年の１日平均の７倍に上った。

米国立雪氷データセンターの研究員テッド・スカンボス氏はＣＮＮに対し，この現象はグリーンランドの温暖化が急速に進んでいる証《あかし》だと述べ，「これは単純に気候パターンが変動する中で10年か20年温かさが続くといった現象ではない」「前代未聞《みもん》だ」と指摘《してき》した。

（CNN. co. jp　2021年８月20日　より）

(1)　この記事についての説明としてふさわしいものを，次のア～エの中から一つ選び，記号で答えなさい。

ア．グリーンランド全土は標高3000メートル以上です。

イ．山頂の気温が氷点下を上回ったのは，2021年になって３度目でした。

ウ．今後もグリーンランドで降雨が見られる可能性は限りなく低いとテッド・スカンボス氏は話しています。

エ．平年の１日に失われる氷の質量は，2021年８月15日に失われた量のおよそ７分の１です。

(2)　下の地図中ア～エの中から，グリーンランドの位置としてふさわしいものを一つ選び，記号で答えなさい。

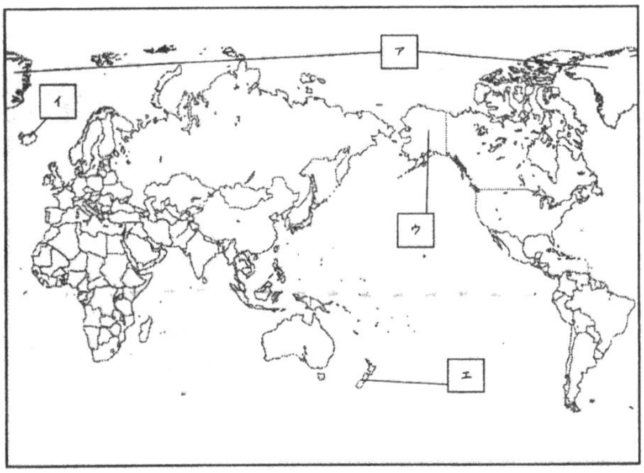

(3)　雪からできた氷に比べ，雨からできた氷は色が暗くなるとされています。氷の色が暗くなることで，どのようなことが起こると考えられますか。次のア～エの中から一つ選び，記号で答えなさい。

ア．木などの植物が根を張りづらくなります。

イ．渡り鳥が移動の際に迷いやすくなります。

ウ．氷が熱を吸収し，溶《と》けやすくなります。

エ．氷が太陽光を反射しやすくなります。

(4)　地球温暖化による日本への影響と考えられているものとしてふさわしくないものを，次のア～エの中から一つ選び，記号で答えなさい。

ア．洪水《こうずい》をもたらすような大雨が増えます。

イ．夏の熱中症患者《かんじゃ》数が増えます。

ウ．海水の蒸発量が増え，海面が低下します。

エ．地域ごとの作物の収穫《しゅうかく》量が変化します。

(5)　次のページの図を参考にして，地球温暖化の原因について説明しなさい。また，地球温暖化の進行を緩《ゆる》やかにする，あるいは止めるためには，誰《だれ》が・どのようなことをするべきか，あなたの考えを書きなさい。

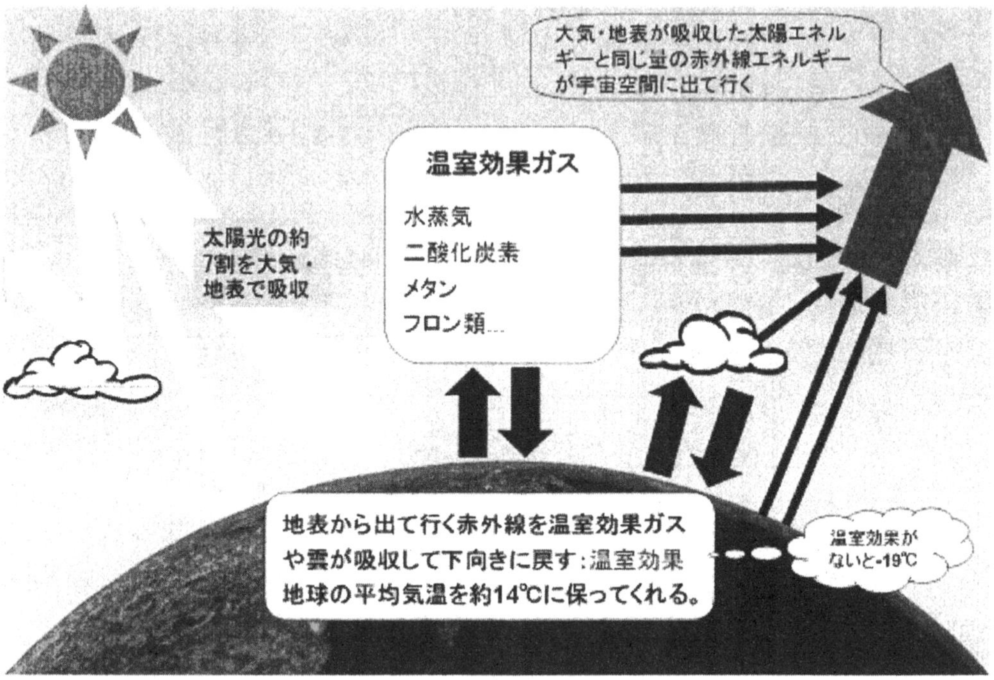
大気・地表が吸収した太陽エネルギーと同じ量の赤外線エネルギーが宇宙空間に出て行く
温室効果ガス
水蒸気
二酸化炭素
メタン
フロン類…
太陽光の約7割を大気・地表で吸収
地表から出て行く赤外線を温室効果ガスや雲が吸収して下向きに戻す：温室効果
地球の平均気温を約14℃に保ってくれる。
温室効果がないと-19℃

（環境省ＨＰより）

3. 次の各年代の特色を参考に，あとの問いに答えなさい。

時代	特色
縄文時代	青森県の A 遺跡《いせき》からは、今からおよそ５５００年前から１５００年間にわたって、B．人々が暮らしたあとが見つかっています。
弥生時代	福岡県の板付《いたづけ》遺跡からは、水田のあとが見つかりました。九州北部でC．稲作《いなさく》を行うようになったことで人々の暮らしも大きく変化しました。
古墳時代	前方後円墳がつくられました。 D 県の稲荷《いなり》山古墳から発見された鉄剣《てっけん》に漢字が刻まれていました。
奈良時代	中国の都長安を手本にして、E．平城京がつくられました。国の政治を行う役所が置かれ、約１０万人が住む都には、全国各地から大量の品物が運び込《こ》まれました。
平安時代	貴族の住まいとしてF．寝殿造《しんでんづくり》と呼ばれる日本風の屋敷《やしき》がつくられました。唐《とう》との交流が途絶《とだ》えた頃《ころ》、G．かな文字が発達しました。

鎌倉時代	幕府を開いた［H］は征夷《せいい》大将軍に任命され、全国の武士を従える地位につきました。Ｉ.仏教の新しい宗派が誕生し、民衆に広まっていきました。
室町時代	Ｊ.枯山水《かれさんすい》と呼ばれる様式の庭園が作られました。武士や貴族の間では、［K］を飲む習慣が広がりました。
江戸時代	Ｌ.江戸や大阪などの大都市では、町人たちが中心となって、新しい文化を生み出していきました。現代に伝わる相撲《すもう》・七夕・花火などが生まれました。
明治時代	すべての国民が名字（姓《せい》）を用いるようになりました。Ｍ.政府は、近代的な産業を盛んにするため、民間の会社を育成することに力を入れました。
昭和時代	Ｎ.１５年におよぶ戦争に敗戦した後、２０歳以上の男女が選挙権を持つようになりました。１９５０年代から１９７０年代にかけてのＯ.高度経済成長により、日本では急速に産業が発達しました。
平成時代	阪神淡路《あわじ》大震災やＰ.東日本大震災（東北地方太平洋沖地震）が起こり、各地に大きな被害《ひがい》をもたらしました。

(1) 空らん［A］にあてはまる遺跡の名称を，次のア～エの中から一つ選び，記号で答えなさい。

ア．登呂《とろ》

イ．吉野ヶ里《よしのがり》

ウ．江田船山

エ．三内丸山

(2) 下線部Bについて，資料1～3から読み取れる当時の人々のくらしの様子としてふさわしくないものを，次のページのア～エの中から一つ選び，記号で答えなさい。

資料1

復元した大型掘立柱建物　　発掘された大型掘立柱建物跡

資料２

復元した竪穴建物　　発掘された竪穴建物跡

資料３

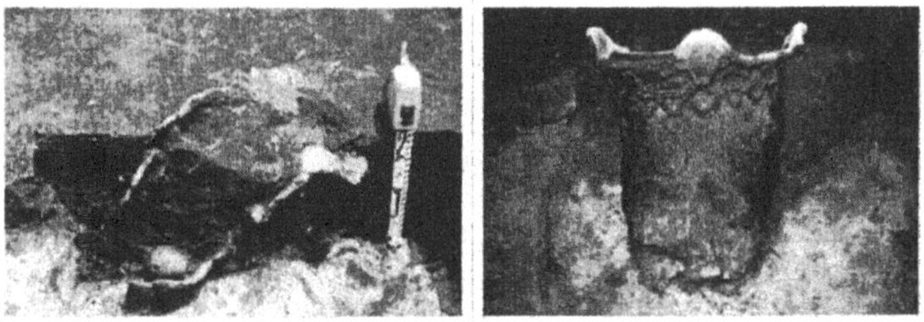

発掘された埋設土器　　発掘された埋設土器

ア．竪穴《たてあな》住居に住んでいました。

イ．土器に食料をたくわえていました。

ウ．土器を使って食べ物の煮炊《にた》きをしていました。

エ．戦乱に備えて弓や槍《やり》を数多く生産していました。

(3)　下線部Cについて述べた文章としてふさわしくないものを，次のア～エの中から一つ選び，記号で答えなさい。

ア．安定して食料が得られるようになり，人口が増加しました。

イ．むらには，人々をまとめる指導者が現れました。この指導者は米づくりを命じ，豊作を祈《いの》る祭りを行いました。

ウ．富を持つ者が生まれ，しだいに身分の差が広がりました。

エ．むらからはなれて個人で生活することが増え，次第《しだい》にむらは米づくりのためだけに集まる場所となりました。

(4)　空らん D にあてはまる県名を，次のア～エの中から一つ選び，記号で答えなさい。

ア．静岡　　イ．埼玉　　ウ．奈良　　エ．熊本

(5)　下線部Eの，平城京が政治の中心であった時代について述べた文章としてふさわしくないものを，次のア～エの中から一つ選び，記号で答えなさい。

ア．農民たちは，米や地方の特産品を税として納める他にも，遠くはなれた都の工事や九州の守りを担当しました。

イ．聖武天皇は，仏教の力を借りて人々の不安をしずめ，国家を守ろうと考えました。そして，都に東大寺を建立《こんりゅう》し，大仏をつくらせました。

ウ．平城京の遺跡から大量の木簡が出土しました。木簡には，都に運び込《こ》まれた物資などが記されていました。

エ．農民たちが税をおさめるために都へ行く場合，必要な食料やお金は，都の貴族がすべて負担しました。

(6) 下線部Ｆの写真としてふさわしいものを，次のア～エの中から一つ選び，記号で答えなさい。

ア

イ

ウ

エ

(7) 下線部Ｇによって作られた，平安時代の代表的な作品としてふさわしいものを，次のア～エの中から一つ選び，記号で答えなさい。

ア．春はあけぼの。やうやう白くなりゆく山ぎはすこし
　あかりて，むらさきだちたる雲のほそくたなびきたる

イ．閑《しずか》さや　岩にしみ入る　蝉《せみ》の声

ウ．天の原　ふりさけ見れば　春日《かすが》なる　三笠《みかさ》の山に　いでし月かも

エ．天は人の上に人を造らず，人の下に人を造らずと言えり。

(8) 空らん H にあてはまる人物名を，次のア～エの中から一つ選び，記号で答えなさい。

ア．源頼朝

イ．平清盛

ウ．藤原道長

エ．北条政子

(9) 下線部Ｉについて，宗派を起こした人物と宗派の内容あるいは人物の功績としてふさわしいものを，次のア～エの中から一つ選び，記号で答えなさい。

ア．日蓮《にちれん》　—　法華経《ほうけきょう》の題目「南無妙法蓮華経《なむみょうほうれんげきょう》」を唱える。

イ．法然　—　西方の極楽浄土《ごくらくじょうど》に向かって一心に座禅《ざぜん》を組む。

ウ．一遍《いっぺん》　—　伊勢《いせ》神宮へ参拝することで悟《さと》りを得る。

エ．行基　—　法隆寺をたった一人で建立した。

(10) 下線部Ｊについて，この様式の庭園としてふさわしいものを，次のページのア～エの中から一つ選び，記号で答えなさい。

ア

イ

ウ

エ

⑾　空らん K にあてはまる語句を，次のア～エの中から一つ選び，記号で答えなさい。

ア．コーヒー　　イ．酒　　ウ．茶　　エ．酢《す》

⑿　下線部Lについて，当時の江戸には不要なものやこわれたものを資源として活用するしくみがありました。当時行われていたリサイクルとその内容としてふさわしくないものを，次のア～エの中から一つ選び，記号で答えなさい。

ア．灰買い－灰を買い集めて，農地の改良に使いました。

イ．古着屋－不要なった着物を買い取り，店で売りました。

ウ．飛脚《ひきゃく》－すり減った下駄《げた》を修理しました。

エ．提灯張《ちょうちんはり》替《か》え－破れたりこわれたりした提灯を直しました。

⒀　下線部Mについて，日本で最初の銀行の他，500余りの会社の設立にたずさわり，日本経済の発展に尽力《じんりょく》した人物としてふさわしいものを，次のア～エの中から一つ選び，記号で答えなさい。

ア．大久保利通　　イ．木戸孝允　　ウ．渋沢栄一　　エ．大隈重信

⒁　下線部Nについて，戦時中の出来事を説明した次のア～エの文章を年代の古い順に並べたとき，３番目にくるものを記号で答えなさい。

ア．日本は，アメリカ軍の空襲によって都市が焼かれ，沖縄が占領《せんりょう》されました。政府が戦争をやめる決断ができないまま，広島と長崎に原子爆弾《げんしばくだん》が投下されました。

イ．日本は，ドイツ，イタリアと軍事同盟を結びました。石油やゴムなどの資源を求めて，東南アジアに軍隊を送りました。

ウ．日本は，満州事変を起こし，中国泉北部を占領して「満州国」をつくりました。これにより，多くの中国農民が故郷を追われました。

エ．日本は，戦時体制を強化するために，国家総動員法を成立させ，多くの物資や人員を戦争のために優先的に使えるようにしました。

⒂　下線部○に関する，資料４～７の説明として正しいものを，次のア～エの中から一つ選び，記号で答えなさい。

資料４　産業別の人口の変化

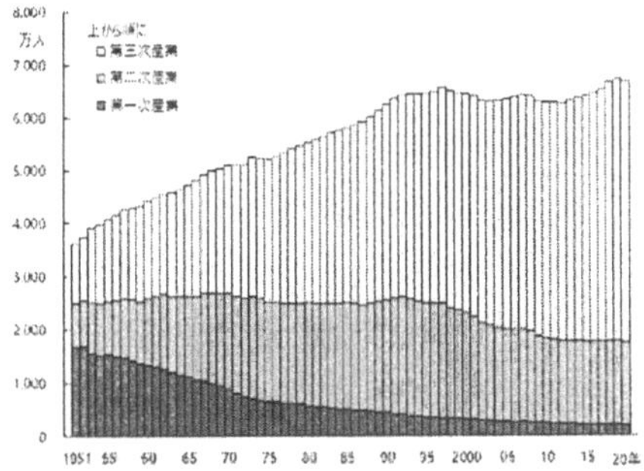

資料５　東海道新幹線

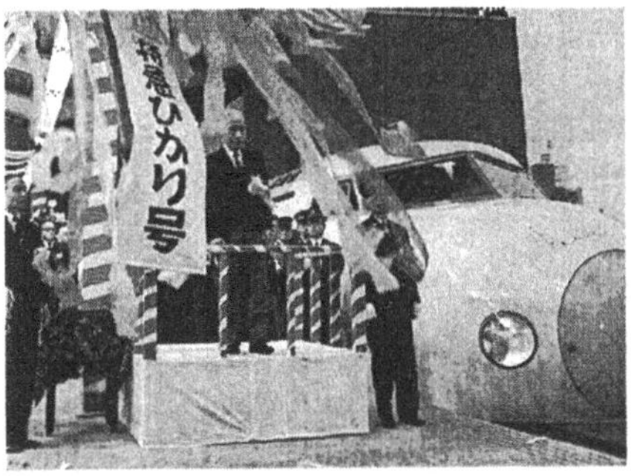

資料６　公害

資料７　主要耐久消費財《しゅようたいきゅうしょうひざい》の普及《ふきゅう》

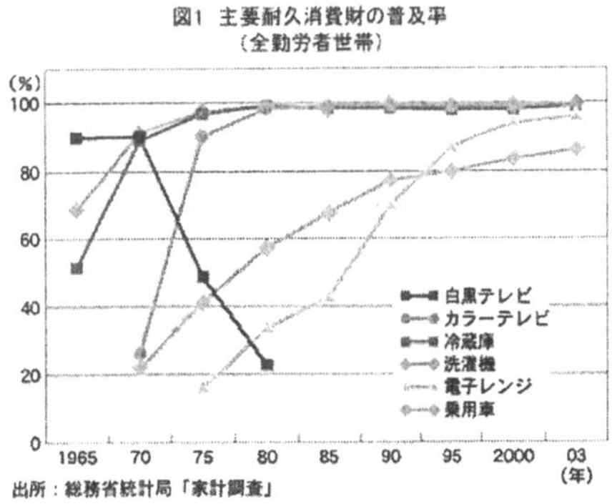

ア．資料４の1950年から1970年にかけて，第３次産業に従事する人の割合が２倍に増えています。これは農業に携《たずさ》わる人が増加したことを示しています。

イ．資料５の東海道新幹線は東京，名古屋，大阪間を結ぶ高速鉄道として開通し，1964年の東京オリンピック直前に開業しました。

ウ．資料６の四日市の工場では，石油化学コンビナートからの排煙《はいえん》により，近隣《きんりん》の住民に「イタイイタイ病」が広がりました。

エ．資料７のように主要耐久消費財が普及したことによって高度経済成長が起こり，人々の賃金が減少しました。

⒃　過去に東北地方で発生した津波《つなみ》の被害《ひがい》などを記した石碑《せきひ》が，東北地方沿岸部の各地で見られます。先人はその様子や教訓を「自然災害伝承碑」に刻み，後世へ残しました。下線部Ｐの後，その教訓を伝えるために国土交通省国土地理院により登録された「自然災害伝承碑」の地図記号を，次のア～エの中から一つ選び，記号で答えなさい。

ア．

イ．

ウ．

エ．

⒄ 小学校の歴史学習をとおして印象に残っている歴史上の人物を一人あげなさい。また，その人物に関する出来事をあげて，当時の世の中にどのような影響を与えたか説明しなさい。

4. 次の資料は，日本国憲法の条文を抜粋《ばっすい》したものです。これを読んで，あとの問いに答えなさい。

第１条　「天皇は，日本国の [A] であり日本国民統合の [A] であつて，この地位は，主権の存する日本国民の総意に基《もとづ》く。」

第９条①　「日本国民は，正義と秩序《ちつじょ》を基調とするB.国際平和を誠実に希求し，[C] の発動たる戦争と，武力による威嚇《いかく》又は武力の行使は，国際紛争《ふんそう》を解決する手段としては，永久にこれを放棄《ほうき》する。」

第９条②　「前項の目的を達するため，陸海空軍その他の [D] は，これを保持しない。国の [E] は，これを認めない。」

第11条　「国民は，すべてのF.基本的人権の享有《きょうゆう》を妨《さまた》げられない。この憲法が国民に保障する基本的人権は，侵すことのできない永久の権利として，現在及び将来の国民に与《あた》へられる。」

第41条　「G.国会は，[C] の最高機関であつて，国の唯一《ゆいいつ》の立法機関である。」

第66条②　「内閣総理大臣その他の国務大臣は，H.文民でなければならない。」

第66条③　「I.内閣は，行政権の行使について，国会に対し連帯して責任を負ふ。」

第76条①　「J.すべて司法権は，最高裁判所及び法律の定めるところにより設置する下級裁判所に属する。」

第86条　「内閣は，毎会計年度のK.予算を作成し，国会に提出して，その審議《しんぎ》を受け議決を経なければならない。」

⑴ 空らん [A] にあてはまる語句を漢字２字で答えなさい。

⑵ 下線部Bについて，国際平和の維持《いじ》を目的とする国際連合の専門機関の一つで，世界の人々の健康維持のために様々な活動を行う組織の名称としてふさわしいものを，次のア～エの中から一つ選び，記号で答えなさい。

ア．WHO　イ．UNICEF　ウ．UNHCR　エ．WTO

⑶ 空らん [C] ～ [E] にあてはまる語句の組み合わせとしてふさわしいものを，次のア～クの中から一つ選び，記号で答えなさい。

ア．C－統帥権《とうすいけん》　D－権力　E－交戦権
イ．C－統帥権　D－戦力　E－交戦権
ウ．C－統帥権　D－権力　E－自衛権
エ．C－統帥権　D－戦力　E－自衛権
オ．C－国権　D－権力　E－交戦権
カ．C－国権　D－戦力　E－交戦権
キ．C－国権　D－権力　E－自衛権
ク．C－国権　D－戦力　E－自衛権

⑷ 下線部Fについて述べた文章として**ふさわしくないもの**を，次のア～エの中から一つ選び，記号で答えなさい。

ア．日本国憲法において，基本的人権は公共の福祉《ふくし》に反しない限り，最大に尊重されます。

イ．法の下の平等とは，人種や信条，性別によって差別されないという権利です。

ウ．生存権は，日本国憲法には明記されておらず，近年になって主張されている新しい人権です。

エ．自由権における思想・良心の自由や表現の自由は，精神の自由に分類されます。

(5) 下線部Gについて述べた文章としてふさわしいものを，次のア～エの中から一つ選び，記号で答えなさい。

ア．衆議院議員と参議院議員の任期はどちらも4年ですが，参議院議員は2年ごとに半数が改選されます。

イ．国会は，不正を行った国会議員を裁くための弾劾《だんがい》裁判所を設ける権限を持っています。

ウ．法律案の議決や条約の承認においては，参議院よりも衆議院により強い権限があり，これを衆議院の優越《ゆうえつ》と呼びます。

エ．衆議院の選挙制度は，大選挙区と比例代表の並立《へいりつ》制となっています。

(6) 下線部Hとは，具体的にどのような人を指すのか，簡潔に説明しなさい。

(7) 下線部Ｉについて，内閣と国会の関係について述べた次の文章を読み，文章中の □ にあてはまる語句を漢字2字で答えなさい。

> 国会で不信任決議案が可決された場合，内閣は10日以内に衆議院を □ するか，総辞職をしなければなりません。

(8) 下線部Ｊについて，日本の裁判所や裁判制度について述べた文章としてふさわしくないものを，次のア～エの中から一つ選び，記号で答えなさい。

ア．最高裁判所の裁判官は，国民審査によって，裁判官として適当かどうかを審査されます。

イ．殺人などの重大刑事《けいじ》事件を対象に，2009年から裁判員制度が始まりました。

ウ．裁判は原則として非公開で行われますが，政治や人権に関する訴訟《そしょう》については公開で行われます。

エ．被告人《ひこくにん》には，自分に不利になることは話さなくてもよいという黙秘権《もくひけん》があります。

(9) 下線部Kについて，図1を見ると，近年，社会保障関係費が増加していることがわかります。社会保障関係費とは，どのような支出を指しているのか，具体例を1つ以上挙げて説明しなさい。また，社会保障関係費が増大している理由や背景について，次のページの図2を参考に説明しなさい。

図1　一般会計予算の内訳の推移

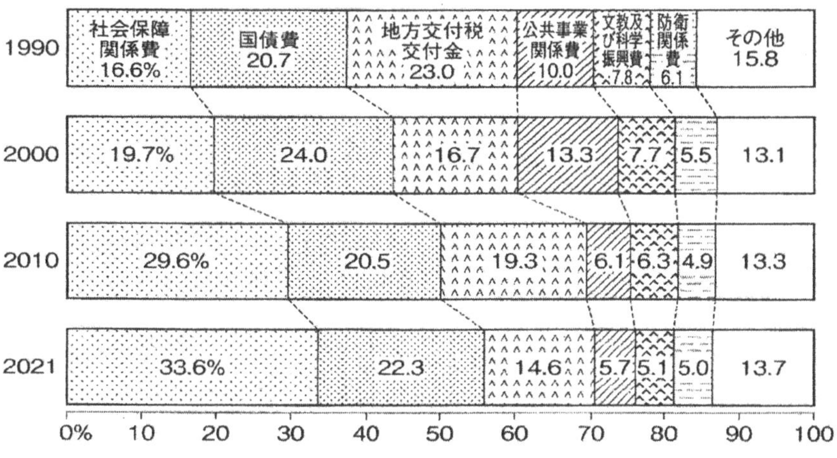

図 2　年齢階級別人口構成

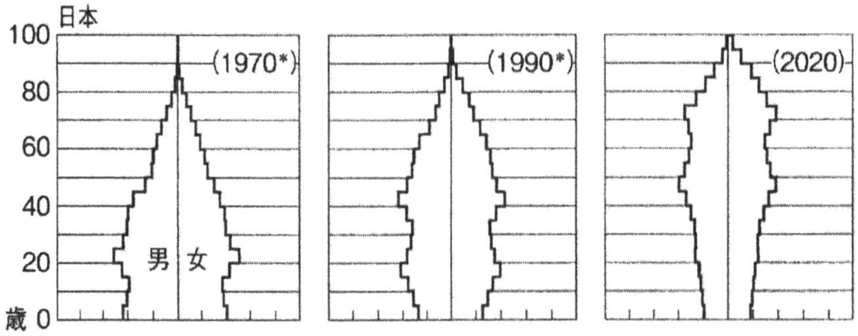

（図 1 、図 2 ともに『日本国勢図会 2021/2022』より）

オ　貧しい自分の家よりも他の家を気にかけていたことが悔《くや》しかったから。

問十　次の文は「ヤッちゃん」が――線部⑤のように考えた理由を説明したものです。〈a〉～〈c〉に入るふさわしいことばを、文章中からそれぞれ指定された字数でぬき出しなさい。また、〈d〉に入る内容を文章中の言葉を使って十字以内で答えなさい。

研之介さんは何年たっても感謝されるような〈　a　八字　〉けれども、その事実を〈　b　十字　〉で亡くなったということがさびしく、たとえ〈　c　十三字　〉としても、〈　d　〉のでばかばかしいと思ったから。

問十一　――線部⑥とは、どのような人ですか。三十字以内で答えなさい。

＊ことばの意味

ライカ……ドイツのカメラ会社

女の人……手紙の本当の受取人である「矢野内研之介」の娘

問一　〈1〉に入る手紙のはじめに書くあいさつのことばとしてふさわしいものを、次のア～オの中から一つ選び、記号で答えなさい。

ア　敬具　イ　拝啓《はいけい》　ウ　追伸《ついしん》　エ　拝復　オ　草々

問二　――線部①の理由としてふさわしいものを、次のア～オの中から**二つ**選び、記号で答えなさい。

ア　会社の金庫からお金を盗もうとしたことを、いつかばらされてしまうかもしれないと思うと心配でたまらない気持ちになるから。

イ　研之介さんがお金を貸してくれなかったら、病気の妻も子どもも助からなかったかもしれないと不安な気持ちになるから。

ウ　苦労することなく会社のお金を盗むことができたので、会社の危機意識の低さにがっかりした気持ちになるから。

エ　矢野内さんに止めてもらえなければ、人として許されないことをしてしまったかもしれないと、自分を恥《は》じる気持ちになるから。

オ　会社のお金を盗もうとしたことが他の人に知られていたら、家族の状況《じょうきょう》はさらに悪くなっていただろうとおそろしい気持ちになるから。

問三　文章中の～～線部a～eの中で、かなづかいとして**まちがいがあるもの**を一つ選び、記号で答えなさい。

問四　――線部②とありますが、どのような「事情」ですか。四十字以内で答えなさい。

問五　――線部③とありますが、この場合の「都合」に近い意味で使われていることばを、手紙の文面以外の文章中から二字でぬき出しなさい。

問六　〈2〉に入ることばとしてふさわしいものを、次のア～オの中から一つ選び、記号で答えなさい。

ア　知らぬが仏　イ　仏の顔も三度まで　ウ　地獄《じごく》で仏

エ　鬼《おに》に金棒　オ　鬼の目にも涙《なみだ》

問七　〈3〉に共通して入ることばを、次のア～オの中から一つ選び、記号で答えなさい。

ア　いそいそ　イ　そろそろ　ウ　かねがね

エ　とうとう　オ　なかなか

問八　〈4〉に入る敬語表現としてふさわしいものを、次のア～オの中から一つ選び、記号で答えなさい。

ア　おられました　イ　いらっしゃいました

ウ　まいりました　エ　いただきました　オ　もらいました

問九　――線部④の理由としてふさわしいものを、次のア～オの中から一つ選び、記号で答えなさい。

ア　おもしろそうに笑いながらも、母におびえる父が情けなかったから。

イ　心優しい父の性格や、母に頭が上がらない姿が思い出されたから。

ウ　父に重大なできごとを死ぬまで隠《かく》されていたことがさびしかったから。

エ　探していたカメラの所在がわかり、母が喜ぶだろうと思ったから。

ありませんでした。そして、ほんとうにありがとうございました。

ここに、矢野内さまにご用立てていただいた金額にわたしの感謝の気持ちをこめて、三十万ほど送らせていただきます。ほんとうはもっと早く、この金額の倍ほどにしてお返ししなければならなかったのですが……。

ほんとうにありがとうございました。

矢野内さま、そしてご家族のみなさまのご健康とご多幸をいのりつつ筆をおきます。eごきげんよう、さようなら」

「そういえば、思い出したわ。父が大事にしていた*ライカのカメラを、いつだったかなくしたといって、母におこられていたことがあった……あれだったのね。うちもお金がなかったから、お父さんたら、人さまにお金を工面してあげるなんて、母にはこわくて言えなかったんだわ！」

*女の人はそういって、おもしろそうに笑って④なみだぐんだ。

矢野内研之介さんの家からの帰り道、ぼくもヤッちゃんもだまって歩いた。ぼくは心の中があたたかかった。

夕暮れの空をカラスがカア、カアと鳴きながらとんでいく。

すると、ヤッちゃんが、とつぜん叫《さけ》んだ。

「結論！」

「……ん？」

「⑤あの矢野内研之介さんはバカだね！」

「ええっ！　どうして？」

「だって、死んでからお金が返ってきたって、なんの役にも立たねぇもん。それに、家族にまで話さなかったなんて、バカだよ。あんな立派なことをしたのに、家族にも知られないで死んじゃったんだぞ。そんなのさびしすぎるよ。バカバカしいよ」

「そうかな」

「そうだよ。そんなこといってると、おまえもあっちの研之介さんみたいになるぞ」

ヤッちゃんはそういって帰っていった。

ぼくは、ヤッちゃんにそういわれても、あの研之介さんみたいになってもいいと思った。

へいぼんでもいい。ふつうでもいい。

研之介さんは、工藤さんとその家族をすくったんだ。

そして研之介さんはそれをだれにも自慢《じまん》したりせず、家族にもだまったまま死んでいったんだぞ。

それはすごいことだと思う。

だれにでもできることではないと、思う。

矢野内研之介さんはえらい！

だから、ぼくは、⑥あの矢野内研之介さんみたいな人になれたらいいと思う。

もし、研之介さんが生きていてあの手紙を見たら、どんな気持ちだっただろう。

きっと百点の答案用紙をもらったような気分だったんじゃないかな……。

ぼくはなんだか口笛をふきたくなった。

口笛はあまりうまく鳴らなかったけれど、ぼくは足取り軽く三丁目の矢野内研之介のうちへ帰っていった。

（丘修三《おかしゅうぞう》『みつばち』「手紙」）

ウ　復帰させたオオカミが被害を出した場合には、その一部のオオカミを駆除し、補償金を出すといった難しい活動を継続《けいぞく》していること。

エ　多くの人や時間を使わなくても、一度に多くのオオカミを駆除できるような先進的な技術を取り入れたこと。

オ　生態学者や土地の関係者たちが議論・分析《ぶんせき》を重ね、オオカミの撲滅が失敗だと気づいて復帰させたこと。

三　次の文章を読み、後の問いに答えなさい。

ある日、主人公「ぼく」（矢野内研之介《やのうちけんのすけ》）のもとに、名前は同じだが全くの他人である「矢野内研之介」さんあての手紙が間違《まちが》って届いた。その手紙を本当の受取人にわたすために探しまわり、やっとのことで見つけることができた。ところが、手紙の受取人の「矢野内研之介」さんはすでに亡《な》くなっていたので、「ぼく」はその手紙を彼の娘《むすめ》にわたすことにした。次の文章は、手紙の文面から始まる場面である。

「〈　1　〉、とつぜんの便りおゆるしください。矢野内さまにおかれましては、お元気でお暮らしのことと存じます。

ずいぶんと昔の話になりますが、わたしの名前をご記憶《きおく》でしょうか。大阪のサンライト工業でいっしょに働いていた工藤幸夫《くどうゆきお》です。その節は、大変おせわになりました。

わたしはその後、九州へわたり、さまざまな仕事をしてきました。しかしながら、生来の不器用さがたたって、どの仕事もうまくいかず、一家の生活をささえるのが精一杯《せいいっぱい》で、矢野内さまへのご恩はいつも頭の中にありながら、ついにきょうまでご恩に報《むく》いることができませんでした。

あのときのことを思い出すと、①いまでも冷や汗《あせ》が出ます。会社の金庫から金を盗《ぬす》んだところを目撃《もくげき》したのが矢野内さまでなかったら、わたしはきっと刑務所《けいむしょ》暮らしだったでしょう。ａそうなれば、病気の妻はもちろん、子どもらも、生きてはいけなかったでしょう。

矢野内さまは、わたしの事情を聞いてくださいました。病弱なわたしは勤務成績がわるく、満足いく給料がいただけないところに、妻の治療《ちりょう》費《ひ》がどうしても入り用になり、わるいことは知りつつｂやむをえず手を出したのでした。

②その事情を知ると、あなたさまは愛用のカメラなどを売って、わたしが盗もうとした金を③都合してくださいました。それも、貸してやるとも、いついつまで返せともｃいわず、ただ、これを使えといって手わたしてくださったのです。わたしは「〈　2　〉」とはこのことをいうのだと、あなたさまに手を合わせました。

あのお金で、わたしたち一家はすくわれました。けれども、生活はいっこうに楽にならず、〈　3　〉にげるようにして妻の里へもどったのでした。そのときも、恩義ある矢野内さまにあいさつさえできず、申しわけない申しわけないと、心でわびながらきょうまで暮らして〈　4　〉。

あれから、およそ四十年の年月がたちました。暮らしは子どもたちがそれぞれに自立してだいぶ楽になりました。それにつけてもわすれることのできない、矢野内さまへの恩義。ｄいつかわ報いなければと思いつつ、〈　3　〉こんなに時間がたってしまいました。ほんとうに申しわけ

と気づいて反省し、困難な復帰計画を成功させたことは高く評価できます。こういう姿勢は大いに学ぶべきだと思います。オオカミ復帰の結果、少数ながら家畜が襲われるということもあり、その場合はオオカミを駆除し、補償金《ほしょうきん》を出すなどの対応がなされています。そのような困難な活動を粘《ねば》り強く進めていることも、また⑥見習うべき点と言えるでしょう。

（高槻成紀《たかつきせいき》『動物を守りたい君へ』）

問一　――線部①とありますが、筆者はどのようなことを「不思議」だと思っているのですか。四十字以内で答えなさい。

問二　――線部②の内容を正しく並べたものとしてふさわしいものを、次のア～オの中から一つ選び、記号で答えなさい。

ア　オオカミの減少→エルクの増加→ビーバーの減少→植物の減少→土砂崩れの増加
イ　オオカミの増加→エルクの減少→植物の減少→土砂崩れの増加→ビーバーの減少
ウ　オオカミの減少→エルクの減少→土砂崩れの減少→植物の増加→ビーバーの増加
エ　オオカミの増加→エルクの減少→ビーバーの減少→植物の減少→土砂崩れの増加
オ　オオカミの減少→エルクの増加→植物の減少→土砂崩れの増加→ビーバーの減少

問三　[A] に入ることばとしてふさわしいものを、文章中から二字でぬき出しなさい。

問四　――線部③とありますが、文章中には、その**【できごと】**と**【教えてくれたこと】**がそれぞれ二つ書かれています。一つ目は、「ヨーロッパからの移民がオオカミを悪魔とみなす文化を持ち込んだ」というできごとが、「自分が育った文化のなかではぐくまれた価値観から逃れることは難しい」ということを教えてくれたことです。では、もう一つは何ですか。次の文の【X】・【Y】に当てはまるように、それぞれ四十字以内で答えなさい。

【　X　】ことが【　Y　】ということを教えてくれた。

問五　[B] に入ることばとしてふさわしいものを、次のア～オの中から一つ選び、記号で答えなさい。

ア　独断的　イ　合理的　ウ　絶対的　エ　相対的
オ　日常的

問六　――線部④・⑤のここでの意味としてふさわしいものを、次のア～オの中から一つずつ選び、記号で答えなさい。

④「偏見」
ア　あらゆることを疑うこと　イ　相手を見下すこと
ウ　広く見渡すこと　エ　固定的な見方をすること
オ　間違《まちが》った判断をすること

⑤「フェア」
ア　安全　イ　公平　ウ　充分《じゅうぶん》　エ　健全　オ　賢明《けんめい》

問七　――線部⑥としてふさわしいものを、次のア～オの中から**二つ**選び、記号で答えなさい。

ア　オオカミは人に大きな利益をもたらす動物なのだという考えを、学校が説明会を開いて子どもに教育したこと。
イ　オオカミやヒグマなどのように、人間に明らかな害を与える生き物に関しては駆除することが推奨されていたこと。

このように、オオカミがいなくなり、エルクが増えたことが、イエローストーンの生態系全体のさまざまな面に大きな影響を与《あた》えることがはっきりしてきました。

②こういう事態を見て、生態学者や公園関係者が議論した結果、オオカミを戻《もど》したほうがよいということになりました。そしてオオカミに対する悪いイメージを取り去るために、学校でも社会でも説明会などを開くなどして、実はオオカミはすばらしい動物なのだ、ということを伝える努力がなされました。そしてついに「オオカミ、お帰りなさい計画」が実現しました。長いあいだ［A］のように考えられていたオオカミを、地元の小学生たちが「お帰りなさい」と歓迎《かんげい》したのです。

その後、さまざまな準備期間を経て、オオカミがイエローストーン国立公園に放たれました。オオカミの動きが追跡《ついせき》され、オオカミがどういう場所でエルクを襲うか、どれくらいのエルクを食べるか、またそれはいつのことで、殺されるエルクの年齢《ねんれい》はどれくらいかなどのデータもとられました。もちろんエルクの頭数や、エルクがオオカミに対してとる警戒《けいかい》行動、利用する場所の変化なども調べられました。

オオカミが戻って来たことの影響ははっきり現れました。たしかにエルクは減り、森林も甦《よみがえ》ってゆきました。川ももとのようになり、ビーバーも戻ってきたのです。

③イエローストーンでのできごとはたくさんのことを教えてくれます。ひとつは、ヨーロッパからの移民はオオカミを悪魔とみなす文化を新天地にまで持ち込《こ》んだということです。たしかに、オオカミの撲滅が進められた背景のひとつには、放牧家畜が襲われたことがありました。その意味ではオオカミを殺すことは［B］な判断でもあったのです。

しかしそれが理由であるならば、被害《ひがい》を出す一部のオオカミを駆除《くじょ》すればよいのであって、見さかいなく皆《みな》殺しにする必要はないはずです。それを撲滅にまで追いやった根本には、オオカミに対する④偏見《へんけん》があったことはたしかでしょう。人は自分の育った文化のなかで価値観をはぐくむもので、そこから逃《のが》れるのはとてもむずかしいことなのです。

学ぶべきことのもうひとつは、オオカミを撲滅したとか、関係者は、人とオオカミという二者対立の図式だけでしか考えていなかったということです。まさかオオカミを殺すことで鳥がいなくなるとか、川の水の流れが影響されるなど思いも及《およ》ばなかったことでしょう。しかし、自然界の生き物はつながっているのです。イエローストーンでのオオカミに関するできごとは、自然のしくみを理解していないと大きな過《あやま》ちを犯《おか》す、ということを教えています。

このようにさまざまな問題や過ちがありましたが、アメリカでのできごとを批判するだけでは⑤フェアではありません。私たち日本人が反省すべきこともあります。日本でも二〇世紀の初めに本州のオオカミと北海道のオオカミが絶滅しましたが、少なくとも北海道のオオカミは「撲滅」されたのであり、それには「先進国」アメリカの撲滅技術が導入されました。ストリキニーネという毒薬を使って撲滅したのです。日本人はオオカミを悪魔のように毛嫌《けぎら》いはしていませんでしたが、明治時代の北海道開拓では森林を伐採《ばっさい》することやオオカミやヒグマを駆除することはむしろ正当な仕事であり、推奨《すいしょう》されていたのです。そうした流れの中で北海道のオオカミ撲滅がおこなわれました。

アメリカではオオカミ撲滅の悪影響に気づき、大きなプロジェクトとしてオオカミ復帰を実現させました。失敗をしても論理的に過ちである

【国　語】（四〇分）〈満点：一〇〇点〉

【注意】＊字数制限がある問題は、原則として「、」や「。」も一字に数えます（ただし、指示のあるものはのぞきます）。

一　次の①〜⑥の――線部のカタカナを漢字になおしなさい。ただし、送りがなが必要なものは、送りがなも正しく送りなさい。また、⑦〜⑩の――線部の漢字の読みを答えなさい。

① アマヤドリをする。
② メジルシがある方へ進む。
③ ショウテンガイに行く。
④ 国をボウエイする。
⑤ 一家のシチュウとなる。
⑥ 紙をタバネル。
⑦ 白昼堂々おこなわれた。
⑧ 上着を羽織る。
⑨ 聖人君子のような人。
⑩ 結論を委ねる。

二　次の文章を読み、後の問いに答えなさい。

新大陸が発見されると、ヨーロッパから北アメリカに移住がおこなわれるようになりました。北アメリカには野生動物が溢《あふ》れるようにいました。バイソンやリョコウバトなどが、いかにたくさんいたかについての記述が残されています。オオカミもいましたが、ヨーロッパから渡《わた》ってきた人々はオオカミについて悪魔《あくま》のようなイメージを持っていましたから、新しく渡った土地でもオオカミを見れば殺しました。開拓《かいたく》は東部から始まり、西へ西へと進んでいきました。

ロッキー山脈と呼ばれる大きな山脈がカナダとアメリカを貫《つらぬ》いて南北に走っています。その一角にワイオミング州があり、イエローストーン国立公園があります。ここは一八七二年に世界で初めて国立公園になった場所で、今でもすばらしい自然が残されています。考えてみれば①不思議なことですが、動植物を保護するためのこの国立公園の中でも、オオカミは殺され続けました。理由は家畜《かちく》を襲《おそ》うからということもありますが、それよりも「オオカミは悪魔だから」というイメージが先行していて、オオカミという動物がいれば殺すのが当然のように考えられていたためです。そうして一九二三年に最後のオオカミが殺されて、「撲滅《ぼくめつ》」が成功しました。

そうしてオオカミがいなくなると、オオカミに食べられていたシカが増えました。イエローストーンには三種類のシカがいますが、中でも体が大きく数も多いのがエルクと呼ばれるシカです。エルクはオオカミがいなくなってから急激に増えました。その結果、植物に影響《えいきょう》が出るようになりました。

その程度はどんどん強くなり、森林の跡継《あとつ》ぎになる若い木がほとんどなくなるようになりました。こうなると森林が維持《いじ》できなくなります。また、低木類や草本類も強い影響を受けて植物の量が少なくなりました。そのために土砂崩《どしゃくず》れが起きたり、土地に保水力がなくなって洪水《こうずい》が頻繁《ひんぱん》に起きるようになりました。

さらに、低木類がなくなったために、ある種の鳥が巣を作れなくなりました。また、川が変化したためにビーバーが暮らせなくなりました。

【英　語】（40分）　＜満点：100点＞

≪リスニング問題≫

問1　次のNo.1～No.3について，放送される英語の答えとして最も適切なものを，ア～エの中から一つずつ選び，記号で答えなさい。放送は1回ずつ流れます。

No.1　ア　I think so.　イ　James Brown.
　　　ウ　In the kitchen.　エ　He is kind.

No.2　ア　Yes, I can.　イ　No, I'm not.
　　　ウ　Yes, we were.　エ　No, thank you.

No.3　ア　I enjoyed playing soccer.　イ　I'm fine.
　　　ウ　It was the last one.　エ　Next week.

問2　次のNo.1～No.3について，放送される英語と最も関係の深いものを，ア～エの中から一つずつ選び，記号で答えなさい。放送は2回ずつ流れます。

No.1　ア　clothes shop　イ　restaurant　ウ　hospital　エ　park

No.2　ア　before eating　イ　before taking a bath
　　　ウ　before studying　エ　before sleeping

No.3　ア　sea　イ　mountain　ウ　forest　エ　river

問3　次のNo.1～No.3について，英語の対話を聞き，その後に流れる英語の質問の答えとして最も適切なものを，ア～エの中から一つずつ選び，記号で答えなさい。放送は2回ずつ流れます。

No.1　ア　Spaghetti.　イ　Chicken.　ウ　Salad.　エ　Pizza.

No.2　ア　One day.　イ　Four days.
　　　ウ　Five days.　エ　One week.

No.3　ア　Talk to Emma.　イ　Return a book.　ウ　Call John.　エ　Go home.

問4　これから放送されるスピーチの内容について，次のNo.1～No.4の文を完成させるのに最も適切なものを，ア～エの中から一つずつ選び，記号で答えなさい。放送は2回流れます。

No.1　Emma got a smartphone ________.
　　　ア　today　イ　yesterday　ウ　two weeks ago　エ　last year

No.2　We feel sad to ________.
　　　ア　send good messages　イ　receive bad messages
　　　ウ　buy a smartphone　エ　talk to our friends

No.3　We should not use smartphones when we ________.
　　　ア　walk　イ　feel sad or angry
　　　ウ　make friends　エ　see an accident

No.4　Adults should ________.
　　　ア　be school teachers if they have kids
　　　イ　teach children the right way to use smartphones
　　　ウ　use smartphones more in their houses
　　　エ　think about a big accident with their kids

※リスニングテストの放送台本は非公表です。

≪筆記問題≫

問５　次の(1)～(5)の（　）に入れるのに最も適切なものを，ア～エの中から一つずつ選び，記号で答えなさい。

(1) Please (　　　) quiet during the class.

ア are　　イ be　　ウ do　　エ can

(2) I will play the violin at the next (　　　).

ア towel　　イ language　　ウ concert　　エ information

(3) A：You are going to play with your friend in the park, right?

B：No. We're going to play (　　　).

ア in the afternoon　　イ at my friend's house

ウ a little early　　エ for your friend

(4) A：What are they talking (　　　)?

B：The math test on Monday.

ア about　　イ as　　ウ from　　エ with

(5) A：How long does it take to go to Yachiyo station from here by bus?

B：It takes (　　).

ア about 300 meters　　イ about 10 minutes

ウ 150 yen　　エ 7 times

問６　次の(1)～(3)の英文を読み，その内容を30字以内の日本語で説明しなさい。ただし，句読点も字数に含《ふく》みます。

(1) My friends and I were going to play in the park. But we couldn't because there were so many children there.

下書き用

									10					
				20										30

(2) I watched the news on TV. It said it would be very cold this winter, so I will be careful.

下書き用

									10					
				20										30

(3) I like soccer the best, but in my class, baseball is the most popular sport.

下書き用

									10					
				20										30

問７　インターネット上の連絡《れんらく》ツールに松井《まつい》先生が連絡を投稿《とうこう》し，その後，クラスの生徒である早《はや》見《み》くんと先生がやり取りをしています。これを読み，(1)～(3)の問いに答えなさい。

Matsui [January 10th ,2022]
Sophia leaves Japan

- -

Hi, class.

You know Sophia is from Australia and is now living in Japan. She has lived here in Japan for about two years but last week her parents told us that they would leave Japan at the end of this month. I heard that it is because of her father's job. And this time they will move to the U.K.

I think you will miss her and she will miss you too. Let's have a farewell party for her. Her last day at school will be on the 28th. So we can have the party on that day. Can you talk about the party plan by next week and tell me about it? You can use this page to talk with me. Of course Sophia cannot see it.

Hayami [January 18th ,2022]
Hi, teacher! We talked about the party plan last week. We're sorry we were late with this. It took a long time to talk about the present. We will sing a song and give her a T-shirt. All classmates will write messages on it.

Matsui [January 18th ,2022]
Thank you, Mr. Hayami. I think the plan is good but we have about 40 minutes for the party. How about reading a letter to her? It will be a good memory. And what song are you going to sing?

Hayami [January 19th ,2022]
40 minutes? I see. So we can make a better party! I think Yumi should write the letter because she is one of Sophia's best friends. And we can have a lot of time to talk with Sophia. Can we bring snacks and drinks? About the song, Ken will choose one by Friday, the 21st.

Matsui [January 19th ,2022]
I'm sorry I didn't tell you about the time.
Yes, Yumi is good. But she is busy with club activities, so you must

ask her about it quickly.
And I'm afraid you can't eat at the party, but drinks are OK. I can prepare some drinks. You don't have to bring them.

Hayami [January 20th ,2022]
I'll ask Yumi tomorrow. If she cannot do it, I'll ask the others.
Thank you very much about the drinks. I will make the schedule sheet and give it to you after finishing it.

(1) 本文について，次の［A］～［C］の文を完成させるのに最も適切なものを，ア～エの中から一つずつ選び，記号で答えなさい。

［A］ Sophia came to Japan ________.

ア on January 10th
イ last week
ウ in 2021
エ two years ago

［B］ After this talk, Mr. Hayami will ________.

ア buy a letter
イ finish his homework
ウ make a schedule sheet
エ talk to Sophia

［C］ Sophia will ________ at the party.

ア eat snacks
イ talk with her classmates
ウ make a speech
エ write messages

(2) お別れ会についてまだ決まっていないことを，次のア～エの中からすべて選び，記号で答えなさい。

ア クラスで歌う曲
イ プレゼントとしてあげるもの
ウ 手紙を書く生徒
エ お別れ会を行う日

(3) 本文の内容についての説明として正しいものを，次のア～エの中から一つ選び，記号で答えなさい。

ア Sophia は１月末にオーストラリアに帰国する。
イ クラブ活動が忙《いそが》しく，お別れ会の準備が遅《おく》れた。
ウ 先生は初めの投稿で伝え忘れたことがあった。
エ 飲み物の準備はクラスの生徒が行う。

問８ 次のページの(1)と(2)の写真の中から一つを選び，その写真の内容を英語で説明しなさい。ただし，語数（単語の数）は15語～25語とし，選んだ写真の番号と語数を解答用紙に書くこと。

（１）

（２）

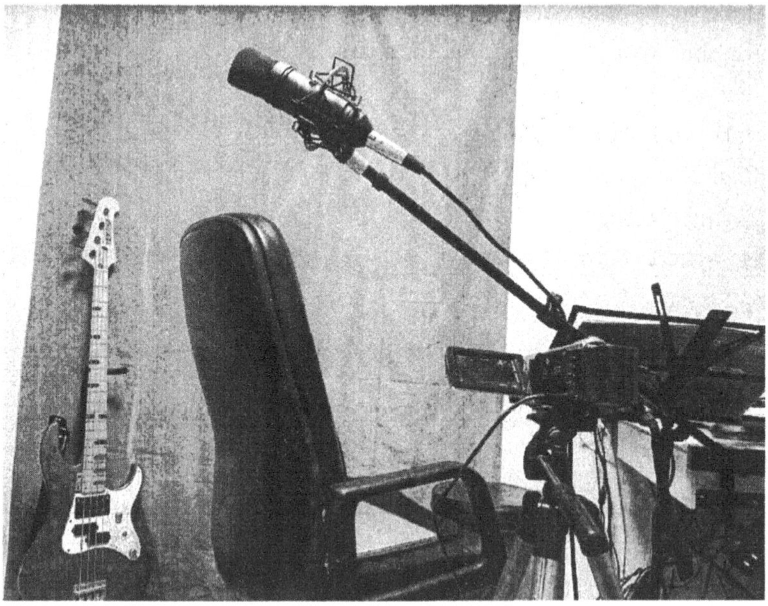

学科推薦

2022年度

解　答　と　解　説

《2022年度の配点は解答欄に掲載してあります。》

＜算数解答＞《学校からの正答の発表はありません。》

1. (1) 57　(2) $\frac{1}{12}$　(3) $\frac{8}{25}$　(4) 6　(5) 60　(6) $\frac{5}{6}$　(7) 8

2. (1) 2.7L　(2) 650円　(3) 72cm　(4) 80円　(5) 1020人

3. (1) 540度　(2) 20cm　(3) 105度　(4) $36cm^2$　(5) $216cm^2$

4. (1) 1176枚　(2) $1\frac{1}{15}$倍

5. (1) 6秒後　(2) 30秒後　(3) 5回

○推定配点○

1.・5.　各4点×10　他　各5点×12　計100点

＜算数解説＞

1. (四則計算)

(1) $2000-1964+21=57$

(2) $\frac{10}{12}+\frac{3}{12}-1=\frac{1}{12}$

(3) $\frac{12}{25}\times\frac{10}{9}\times\frac{3}{5}=\frac{36}{9}\times\frac{2}{25}=\frac{8}{25}$

(4) $20-14=6$

(5) $12\times5=60$

(6) $1.1\times\frac{2}{3}\times\frac{25}{22}=\frac{25}{3}\times\frac{1}{10}=\frac{5}{6}$

(7) $\square=200\div8-17=8$

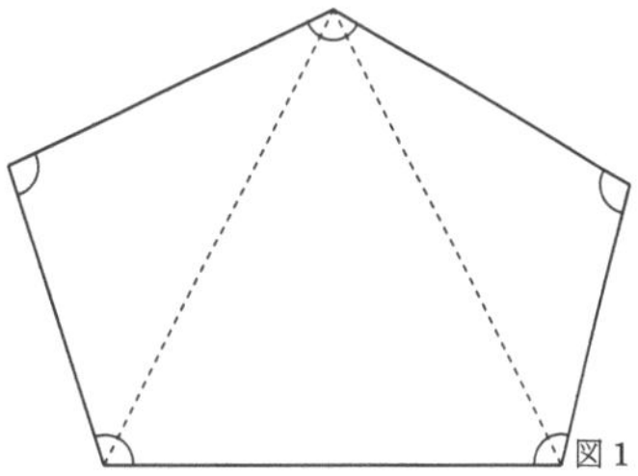

図1

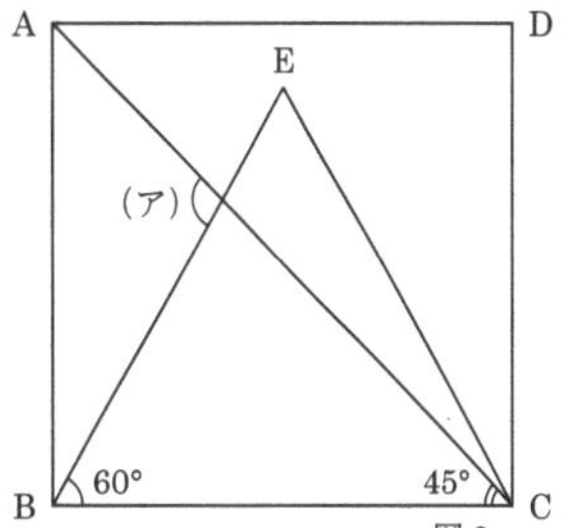

図2

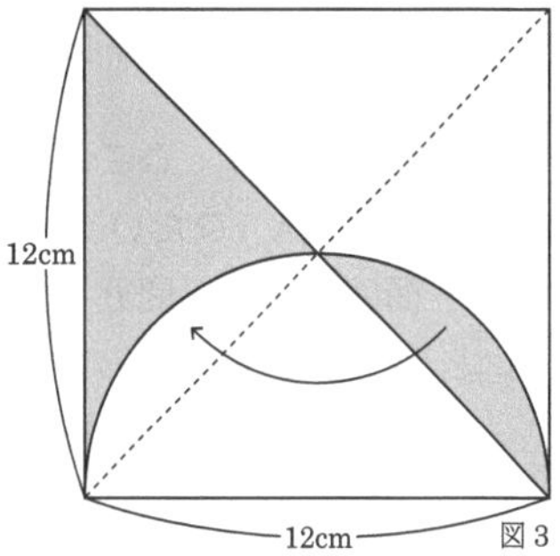

図3

2. (割合と比，平面図形，消去算)

基本　(1) $27\div10=2.7$(L)

基本　(2) $500\times1.3=650$(円)

重要　(3) $240\div2\div(3+2)\times3=72$(cm)

重要　(4) りんごとみかんを3個ずつ買うと$210\times3=630$(円)

したがって，みかん1個は$(790-630)\div(5-3)=80$(円)

重要　(5) $1530\div(1+2)\times2=1020$(人)

3. (平面図形，立体図形)

基本　(1) 図1より，内角の和は$180\times3=540$(度)

基本　(2) $125.6\div3.14\div2=20$(cm)

基本　(3) 図2より，角(ア)は$60+45=105$(度)

重要　(4) 図3より，$6\times6=36(cm^2)$

重要　(5)　図4より，アの長さは$24\times2\div8=6$(cm)
したがって，表面積は$24\times2+(6+8+10)\times7=48+168=216$($cm^2$)

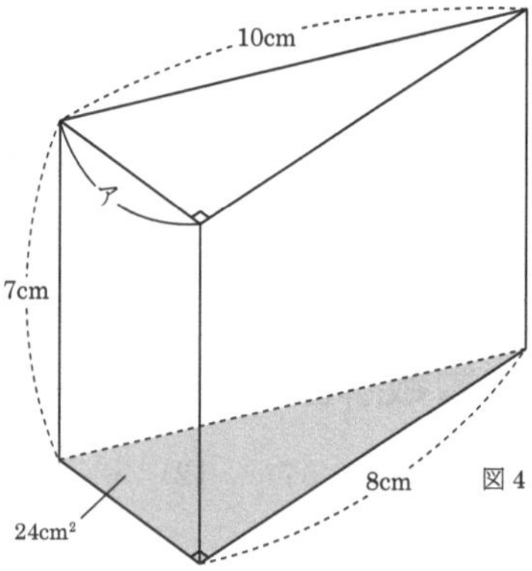

図4

重要 4. (平面図形，数の性質，割合と比，単位の換算)

(1)　10，15の最小公倍数は30　$30\times14=420$(cm)
したがって，使用したタイルは$30\div10\times30\div15\times14\times14=1176$(枚)

(2)　Bの直径が5のとき，Aの直径は$5\times1.6=8$，Cの直径は
$8\times\frac{2}{3}=\frac{16}{3}$
したがって，Cの直径はBの$\frac{16}{3}\div5=\frac{16}{15}$(倍)

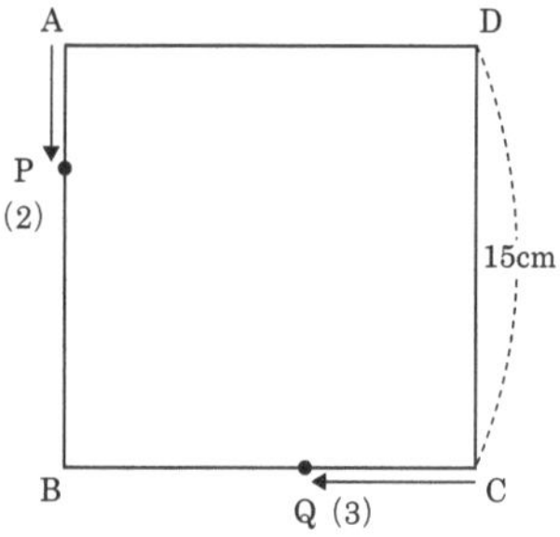

5. (平面図形，速さの三公式と比，旅人算，規則性，数の性質)

基本　(1)　$15\times2\div(2+3)=6$(秒後)

重要　(2)　Pが頂点Aに着く時刻…$15\times4\div2=30$(秒後)，60秒後，90秒後，～
Qが頂点Aに着く時刻…$15\times2\div3=10$(秒後)，$10+60\div3=10+20=30$(秒後)，50秒後，～
したがって，2点が頂点Aで初めて出会うのは30秒後，

やや難　(3)　右図より，5回出会う。

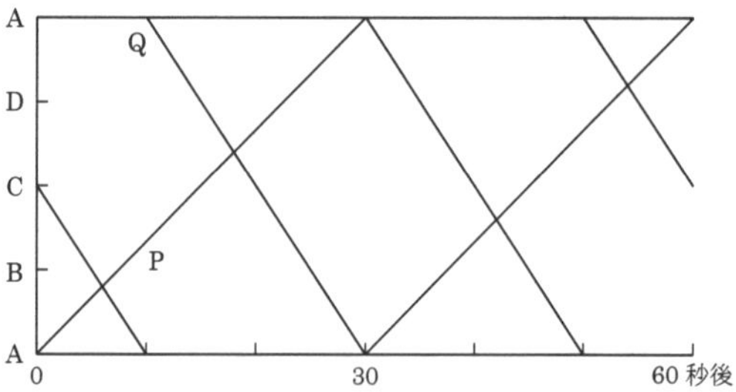

★ワンポイントアドバイス★

難しい問題はない。まず1.「四則計算」，2.「小問群」で着実に得点しよう。4.(1)「長方形のタイルと正方形」では，あわてるとミスするので注意が必要。4.(2)「3つの長さの割合」では，何が何の何倍であるのかを正確に読み取る。

＜国語解答＞《学校からの正答の発表はありません。》

一　問一　かげ　こころ　　問二　a　下　　b　さびしい　　c　じぶん　　問三　エ

二　問一　A　ひたい　　B　格　　C　興奮　　D　収まり　　問二　イ　　問三　エ
問四　イ　　問五　a　ウ　　b　オ

三　問一　1　三つ子の悪魔　　2　降矢コタ　　問二　三つ子といっしょにプレーできるくらいの実力を自分は持っていると思っていたこと。　　問三　平然　　問四　エ

四　問一　A　しさん　　B　基準　　C　視点　　D　製品　　E　失われる　　問二　イ

問三　ウ　　問四　エ　　問五　イ　　問六　エ

五　問一　1　先祖　　2　借りている　　3　負担　　4　きれいなまま　　問二　イ

問三　②　エ　　③　ウ　　問四　私の家では，できるだけ食品ロスを出さないようにしようと話し合い実行するようにしています。最後まで食べ切れる量の買い物をしたり，外食する時は残さず食べられる注文をするように言われています。

○推定配点○

一　問一・問三　各3点×2　　問二　各2点×3

二　問一　各2点×4　　他　各3点×5

三　問一　各2点×2　　問二　5点　　問三・問四　各3点×2

四　問一　各2点×5　　他　各3点×5

五　問一　各2点×4　　問四　8点　　他　各3点×3　　計100点

＜国語解説＞

一　(詩－心情・情景の読み取り，空欄補充，表現技法)

問一　みまもっているのは「スミレ」だ。二連目に「じぶんのかげ」を，「じぶんのこころを」とある。3字以内という条件なので「かげ」と「こころ」と答えよう。

問二　a「うつむいて」というのは「下」向きの様子を表現している。　b　三連目に着目する。みまもっているのは「さびしい」時ということが読み取れる。　c　みまもっているのは「じぶん」のかげや，「じぶん」のこころだから，「じぶん」である。

や難　問三「ふさわしくないもの」という条件に注意する。アは，すべてひらがなのこの詩に合っている。　イ　四行しかない一連目の2行目，4行目が「ように」で終わることでリズム感が出ているので合っている。　ウ　二連目に使われているのが，本来の語順とは逆になる，倒置法を使っているのでふさわしい。　エ　ひらがながきではあるが，文節で切っているだけで，あきさせないようにしているわけではないので，エがふさわしくない。

二　(物語－論理展開・段落構成，心情・情景の読み取り，空欄補充，ことばの用法，漢字の読み書き)

重要　問一　A「額」は，音読みは「ガク」。訓読みは「ひたい」だ。　B「格が違う」とは，ものごとの程度が大きく違い，同等に扱ってもらえる立場ではないことだ。別格とも言う。　C「興」は全16画の漢字。14画目は左右に出す。　D「収」は全4画の漢字。3画目の始点と，4画目の始点はつけない。同訓の「納まる・修まる」と混同しないようにしよう。

問二　――線①の「まるで」は，「まるで～ように」のように，組み合わせて使う使い方なのでイ以外の使い方と同じである。イの「まるで」は「まったく」という意味のことばづかいである。

問三　コタの力量が素晴らしく高いと感じたことは確かなのでアとエで迷うところである。「いや，適当な～」で始まる段落に着目しよう。コタの熱量は圧倒されるものであることを，「雪の中」という実際の気温を出すことで表現している。コタの熱量に，ついていけないという「気後れ」である。

問四「直感した」である。実際のプレーを見て感じたことではない。コタを一目見て感じたということだ。「絵里香は超能力者じゃないけれど～」とあることに着目する。「すごい」と直感したことを，確かなことのように言うために「超能力者じゃないけれどそう感じた」と展開するのだからイに入れることになる。

問五　a　実際コタのプレーを見たら，「すごい！」としか言いようがないものだったのだから，技術の高さに「尊敬」を感じたのだ。　b 「尊敬」を感じると同時に，自分など足下にもおよばないと思い「失望」してしまったのだ。

三 (物語－心情・情景の読み取り，空欄補充，類義語，記述力)

問一　1 「と呼ばれる有名選手」につながるようにぬき出すのだから，どう呼ばれていたのかを考える。――線①直前に「三つ子の選手」とあり，6字なので，入れることは可能だが，「三つ子の選手」では，上手なのかどうなのかはわからない。うまいけれど，性格は最悪という三つ子のことを「ぼくと同じで，～」で始まるツバサの発言の中に「三つ子の悪魔」という表現がある。

2　三つ子の中の一人が，今目の前ですばらしいプレーをして見せたということだから，彼の名前である「降矢コタ」と書き入れる。

やや難　問二　「どのようなことを」が問われていることだ。「思い上がる」とは，自分の能力を実際以上だと思い込み，そのつもりで行動することという意味の言葉である。この場面では実際に行動しているわけではなく，思っていたことになる。とても上手な三つ子がいると聞いて，一緒にやりたいと思っていたことが思い上がりだが，このまま書いたのでは線②を書き直しただけの解答になってしまう。一緒にやりたいと思うということは，一緒にプレーできるくらいは自分にも実力があると思ったからである。つまり，「自分には同等の力がある」と思っていたことが思い上がりなのだ。

問三　「しれっと」は，普通の人であればだれでもおどろいたり，冷静さを欠いたりする場面でもけろっとしているという様子を表す言葉なので「平然」だ。

問四　「霧が晴れた」をどのような状態になったかと説明しているのが「ここ何日か～」で始まる段落だ。後ろ向きでウジウジしていた気持ちが晴れたということになる。なぜ後ろ向きな気持ちになったのかといえば，三つ子との実力差に打ちのめされていたからだ。したがって，エを選択することになる。

四 (論説文－要旨・大意，細部の読み取り，空欄補充，ことばの意味，漢字の読み書き)

重要　問一　A 「試」は全13画の漢字。13画目に「ノ」を加えてしまい，全14画の漢字にしないようにする。　B 「準」は全13画の漢字。13画目は「隹」のたて画をそのまま伸ばしたように見えないように書く。　C 「視」は全11画の漢字。部首は「見」だが，「ネ」にしない。　D 「製」は全14画の漢字。6画目は上に出す。また，同音の「制」と混同しないようにする。　E　送りがなに注意する。

問二　「仮定」の「仮」は，「仮に(かり-に)」と読む。仮にとは，「そのようにみなす」ということだ。

やや難　問三　「問題ない」使い方を説明している選択肢を選ぶ。「使い方」について書いているのはウとエだが，エは「使うスピードを，再生力を上回るペース」ということになっている。再生力を上回ったら，地球一個分では不足してしまうので，現状の説明になってしまう。

問四　持続する，維持するの意味の言葉は「サステナブル」である。

問五　「ふさわしくないもの」という条件に注意する。「資源」について問われている。イ以外は，再生を意識した行動だが，イはお金の節約，計画的にお金を使うということになるのでふさわしくない。

問六　「この試算は～」で始まる段落と，続く「アメリカ～」で始まる段落に着目すると，挙がっている国はいずれも地球一個分より多いが，「先進国の人間が」としているので，「かたよりがある」ことが読み取れるのでエだ。

五 (論説文－細部の読み取り，空欄補充，ことばの意味，記述力)

重要　問一　1 「残してくれたものにしない」というのだから，「先祖」である。　2 「未来から」だから，「借りている」と考えようということだ。　3　借り物なのだから「負担」をかけないように心がけ，

4　本文中では，借りたハンカチでたとえている。お借りしたら「きれいなまま」お返しするのが常識だということになる。

問二　前部分の内容は，問一で考えたように，借り物なのだからきれいなままにして返すべきだということだ。後部分は，工業化以前の生活に戻ろうというのは無理だとしている。これは，きれいなままといっても，大昔の生活に戻ることは不可能だということになるので「とはいえ」を入れる。

問三　②「排出」は，どちらも，捨てる，出すという似た意味の漢字の組み立てになっているので「救う，助ける」の「救助」である。　③「節電」は，「電気を節約する」だから，下から上に読んで意味が通じる組み立てだから「山に登る」の「登山」である。

問四　「具体的な方法を挙げて」なので，一般論で書かないようにしよう。すぐ思いつくものは点線部内に挙げられているので，「それ以外」となると，なかなか思いつかないかもしれないが，身近で「もったいない」と言われるようなことを考えてみよう。

★ワンポイントアドバイス★

同じ課題文が「続き」として出てくる形は本校独特のものである。40分という制限の割には問題数が多い。時間配分に気をつけよう。

一般

2022年度

解　答　と　解　説

《2022年度の配点は解答欄に掲載してあります。》

＜算数解答＞《学校からの正答の発表はありません。》

1. (1)　20　(2)　$2\frac{1}{3}$　(3)　8.35　(4)　45　(5)　$\frac{5}{6}$

2. (1)　33分42秒　(2)　18km　(3)　15.5　(4)　1350m^2　(5)　648人

3. (1)　221　(2)　99　(3)　18度　(4)　59.04cm^2

4. (1)　8000cm^3　(2)　150cm^3　(3)　8.5cm

5. (1)　157cm　(2)　157.7cm　(3)　△3

6. (1)　94　(2)　202cm　(3)　26枚

○推定配点○

2.，6.　各5点×8　他　各4点×15　計100点

＜算数解説＞

1. (四則計算)

(1)　28－8＝20

(2)　$\frac{3}{2}\times\frac{4}{9}+\frac{10}{21}\times\frac{7}{2}=\frac{2}{3}+\frac{5}{3}=\frac{7}{3}$

(3)　5.95＋2.4＝8.35

(4)　□＝63－(56－47)×2＝45

(5)　$\frac{5}{6}\times\frac{11}{15}+\frac{4}{27}\times\frac{3}{2}=\frac{11}{18}+\frac{2}{9}=\frac{5}{6}$

2. (単位の換算，速さの三公式と比，割合と比，相当算)

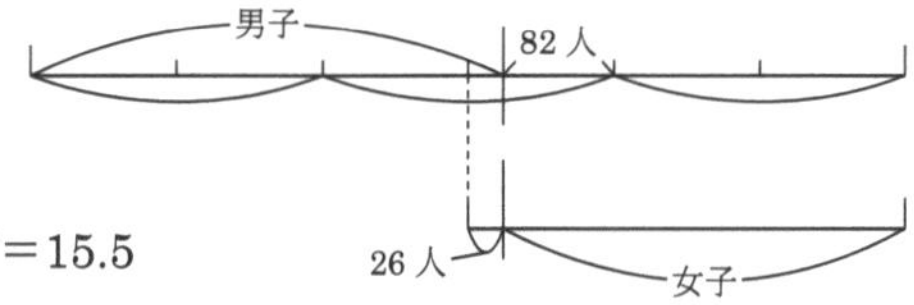

基本　(1)　2022÷60＝33…42より，33分42秒

基本　(2)　$54\times\frac{20}{60}=18$(km)

基本　(3)　5.8×□＝56.26　□＝56.26÷5.8＝9.7　5.8＋9.7＝15.5

基本　(4)　864÷0.64＝1350(m^2)

重要　(5)　$\frac{2}{3}+\frac{1}{2}-1=\frac{1}{6}$

したがって，生徒数は(82＋26)×6＝648(人)

3. (場合の数，概数，平面図形)

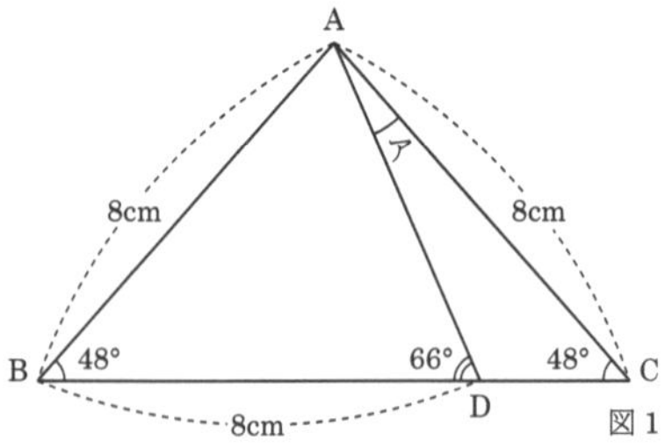

図1

基本　(1)　122，123，132，212，213，221より，6番目は221

基本　(2)　3549－3450＝99

重要　(3)　図1より，角BDAは(180－48)÷2＝66(度)

したがって，角アは66－48＝18(度)

要 (4) 図2より，6×6×3.14－6×6×2＋6×6÷2＝36×1.14＋18＝59.04(cm^2)

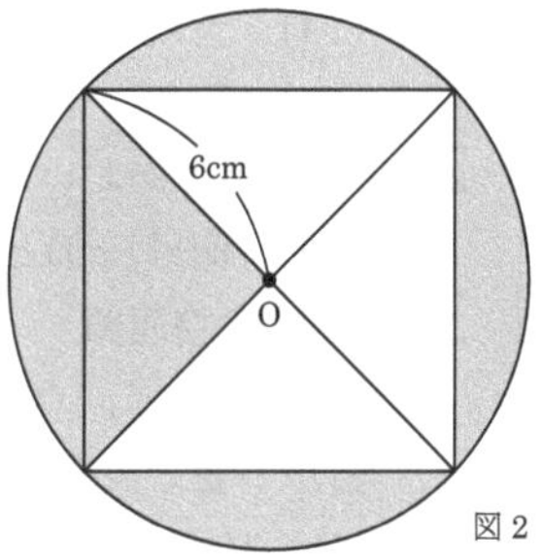

図2

4. (平面図形，立体図形，割合と比)

本 (1) 20×40×10＝8000(cm^3)

本 (2) (4＋6)×2÷2×15＝150(cm^3)

要 (3) 残った水量…(1)・(2)より，8000－150×8
＝6800(cm^3)
したがって，水深は6800÷(20×40)＝8.5(cm)

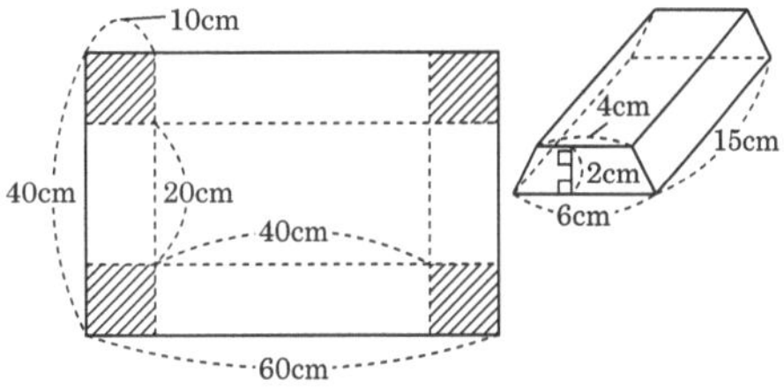

5. (統計・表，平均算，概数)

本 (1) 表より，Cさんは155＋6－4＝157(cm)

要 (2) 155cmを基準にすると155＋(0＋6＋6－4)÷3≒157.67より，約157.7cm

	Aさん	Bさん	Cさん	Dさん	Eさん
前の人との身長の差 (cm)	－	△6	▲4	〈ア〉	▲8

や難 (3) Aさんが155，Bさんが161，Cさんが157，Dさんが□，Eさんが□－8のときに，157cmを基準にすると，－2＋4＋0＋○＋○－8＝○×2＋4－10が0になればよいので○×2＋4＝10，○＝(10－4)÷2＝3　したがって，＜ア＞は△3

6. (平面図形，規則性，植木算，統計・表)

要 (1) 4枚のとき，横の長さは10×4－1×3＝37(cm)
したがって，＜ア＞は(10＋37)×2＝94(cm)

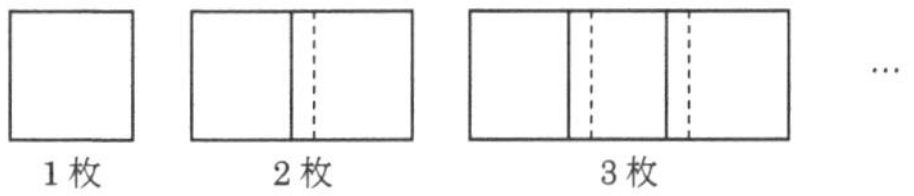

(2) (1)より，(10＋10×10－1×9)×2＝202(cm)

や難 (3) □枚のとき，横の長さは1＋9×□
周の長さが490cmのとき，横の長さは490÷2－10＝235(cm)
したがって，□は(235－1)÷9＝26(枚)

折り紙の枚数 (枚)	1	2	3	4	…
まわりの長さ (cm)	40			〈ア〉	…

★ワンポイントアドバイス★

3.(1)「4枚のカードと3ケタの整数」は，2のカードが2枚あり，注意が必要である。5.(3)「平均身長が157cmのときの＜ア＞」を求める問題，6.「周が490cmになるときの枚数」の問題は簡単なレベルではない。

＜理科解答＞《学校からの正答の発表はありません。》

1. (1) ア，イ，エ　(2) ア　(3) 蒸発　(4) 12.5%　(5) 透明で化学変化しにくく，加工しやすいから　(6) 恒温動物　(7) ア，ウ　(8) えら　(9) 青紫色　(10) 空気[酸素]　(11) 偏西風　(12) イ，エ　(13) 運ぱん

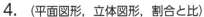

(14) 皆既月食　(15) 北　(16) 5cm　(17) 屈折　(18) 支点
(19) 音色　(20) 電池が長持ちする。片方の電池の電気がなくなっても，豆電球はつく

2. (1) 手であおいでにおいをかぐ　(2) B，C　(3) キ　(4) ア
(5) (記号) DとE　(実験と結論) 二酸化炭素を吹き込んで，白くにごった方が石灰水

3. (1) 食物連鎖　(2) A 二酸化炭素　B 酸素　(3) パリ協定
(4) ア，イ，ウ　(5) (エネルギー) 太陽光　(理由) どこでも設置でき，送電設備が不要で災害時にも使える。

4. (1) 10℃　(2) 9.4g　(3) 69%　(4) 1.6℃　(5) オ

5. (1) ① i ピサ　ii ガリレオ　② ア，オ　(2) ① ア　② エ

○推定配点○
1. 各2点×20((1)，(7)，(12)完答)　2. 各3点×5((2)，(5)完答)　3. 各3点×5
4. 各3点×5　5. 各3点×5((1)②完答)　計100点

＜理科解説＞

重要 **1.** (理科総合―小問集合)

(1) 酸素は物が燃えるのを助ける性質をもつ。無色無臭の気体で，水に溶けにくく空気より重い。

(2) アを外炎，イを内炎，ウを炎心という。最も温度が高いのは，空気が十分に供給される外炎の部分である。

(3) 液体の表面から気体に変わる変化を蒸発という。液体の内部から気体に変わる変化を沸騰という。

(4) 溶けている物質を溶質，溶かしている液体を溶媒，溶質と溶媒を合わせたものが溶液である。水溶液の濃さは，(溶質の重さ÷溶液の重さ)×100で求まる。(10÷80)×100＝12.5%

(5) 試験管やビーカーは内部での変化を観察できることが大切である。ガラスは透明で，化学変化を起こしにくく，加工しやすいのでこれらに適している。

(6) 気温の変化によって体温が変化しない動物を，恒温動物という。

(7) 葉緑素を持つプランクトンは光合成をする。ミカズキモ，アオミドロがこれにあたる。

(8) 魚はエラから酸素を取り入れる。

(9) 光合成で合成されたデンプンは，ヨウ素液によって青紫色に変化する。

(10) 植物の発芽の3要素は，水と適切な温度と空気(酸素)である。

(11) 日本付近では，西から東に向かって吹く偏西風の影響で天気が西から東に変わる。

(12) 噴火によって大量の火山灰が放出される。また，噴火口は大きなくぼ地になる。

(13) 川のはたらきには，水が土砂を削り取る侵食，削り取られた土砂が運ばれる運ぱん，運ばれた土砂がたまる堆積の作用がある。

(14) 2021年5月26日には，皆既月食が観測された。

(15) 星座早見は，自分が向いている方角を手前に持って，頭の上にかざして観測する。図では，北が手前なので，北の空を観測している。

(16) ばねの伸びとおもりの重さは比例するので，10：2＝25：□　□＝5cmである。

(17) 光が異なる物体へ進むとき，境目で折れ曲がる。この現象を屈折という。

(18) てこには，支点，力点，作用点がある。てこの支えになる点は支点である。

(19) 音の3要素は，音の大小，高さ，音色である。

(20) 並列回路にすると，電池が長持ちする。また，片方の電池の電気がなくなっても，豆電球は点灯する。直列回路では，並列のときより豆電球が明るくなる。

2. (水溶液の性質・物質との反応―水溶液の判別)

基本 (1) 試験管の口の部分を手であおいで気体の臭いをかぐ。直接試験管の口の部分に鼻を近づけて臭いをかぐと，有毒な気体を多く吸ってしまう危険がある。

重要 (2) 鼻をさすようなにおいの水溶液は，アンモニア水と塩酸である。これらは常温で気体の物質が水に溶けたものである。

重要 (3) B，Cがアンモニア水，塩酸のいずれかである。CはBTB溶液で黄色になるので，酸性の水溶液であり塩酸である。Bがアンモニア水である。また，Fも酸性なので炭酸水である。AとGは中性なので，食塩水か砂糖水である。D，Eはアルカリ性なので，石灰水か水酸化ナトリウム水溶液である。実験3より，水を蒸発させるとA，D，Eから白色固体が生じるので，Aが食塩水であることがわかる。また，Gは黒くなるので砂糖水である。

(4) うすい塩酸にスチールウールを入れると，水素が発生する。水素はマッチの火を近づけるとポンと音がして燃える。水素は無色無臭で水に溶けにくい。

重要 (5) D，Eが石灰水，水酸化ナトリウム水溶液のいずれかであるが，この実験だけでは判別できない。それで，二酸化炭素をそれぞれに吹き込んで，白くにごった方が石灰水である。

3. (生物総合―生態系・食物連鎖)

基本 (1) 生物間の「食う・食われる」の関係を，食物連鎖という。

基本 (2) すべての生物は呼吸をしており，酸素を取り入れ，二酸化炭素を放出する。植物プランクトンは，光合成をおこなう際に，二酸化炭素を取り入れて，酸素を放出する。Aは二酸化炭素，Bは酸素である。

基本 (3) この協定を「パリ協定」という。

基本 (4) 炭素を含む燃料を燃やすと二酸化炭素が生じる。石炭，石油，天然ガス(メタンが主成分)から，温室効果ガスである二酸化炭素発生する。

(5) 太陽光エネルギー　太陽光パネルはどこでも設置でき，送電設備が不要で，災害時にも利用できる。他にも，風力，地熱などの利用が考えられている。

4. (気象―フェーン現象・湿度)

重要 (1) A地点からB地点までは雲がないので，標高100mあたり約1℃温度が下がる。600mで6℃下がるので，16－6＝10℃である。

重要 (2) 10℃で雲ができはじめたので，空気中の水蒸気量が飽和量に達した。表より，10℃における飽和水蒸気量は9.4g/m^3である。

重要 (3) 湿度は，(実際の水蒸気量÷その温度における飽和水蒸気量)×100で求まる。16℃における飽和水蒸気量は13.6g/m^3であり，実際の水蒸気量は9.4g/m^3なので，湿度は(9.4÷13.6)×100＝69.1≒69％である。

重要 (4) B地点からC地点までは雲があるときの変化なので，100mあたり0.6℃温度が下がる。600mから2000mまでの標高差は1400mなので，気温は14×0.6＝8.4℃下がる。C地点の気温は10－8.4＝1.6℃である。

(5) C地点からD地点へは気温が上昇し，飽和水蒸気量も増加するので雲は発生せず，湿度は低くなり，天気は晴れ得ることが多く，気温は高くなる。この現象をフェーン現象という。

5. (物体の運動―落下運動)

(1) ① ガリレオ・ガリレイは，ピサの斜塔で物体の落下実験を行った。　② Cの重さが両方の球の合計の重さであるとすると，一番重くなりC，A，Bの順で落ちる。しかし，Cでは重い球が速く落ちようとし，軽い球がゆっくり落ちようとするので，全体の速さはその中間の速さとなるとも考えられる。この場合，A，C，Bの順に落ちる。このような矛盾が生じてしまう。

基本 (2) ① 凸レンズでできる実像は，上下左右が逆にうつる。 ② ふりこの重さやふれ幅は一往復するのにかかる時間に影響せず，糸の長さだけが関係する。エのふりこだけが15cmなので，一往復するのにかかる時間が異なる。

★ワンポイントアドバイス★

大半が基本問題である。基礎知識をしっかりと身に着けること。また，身近な科学的出来事についての質問も多いので，ニュースにも目を通しておきたい。

＜社会解答＞《学校からの正答の発表はありません。》

1. (1) B (2) 問1 ア 問2 ヒートアイランド(現象) 問3 京浜(工業地帯) 問4 イ 問5 118 問6 エ (3) 問1 ブラジル 問2 イ (4) エ (5) エ (6) 問1 ギリシャ 問2 ア

2. (1) エ (2) ア (3) ウ (4) ウ (5) 原因：(例) CO_2などの温室効果ガスが地表面から放出される赤外線を吸収し地球を暖めるから。 理由：(例) 一人一人が冷暖房の設定温度を調整し消費電力を少なくする。など

3. (1) エ (2) エ (3) エ (4) イ (5) エ (6) イ (7) ア (8) ア (9) ア (10) エ (11) ウ (12) ウ (13) ウ (14) イ (15) イ (16) エ (17) 人物：(例) 法然 出来事：ひたすら念仏をとなえれば救われると説き，一部の人だけのものだった仏の教えを庶民にも広げた。など

4. (1) 象徴 (2) ア (3) カ (4) ウ (5) ウ (6) (例) 職業軍人でない人 (7) 解散 (8) ウ (9) 具体例：(例) 老後に支払われる年金や病気などの時に支払われる健康保険など。 理由：(例) 高齢化の進展のため年金の給付が急速に拡大，医療費や介護費用の支払いも増えているから。など

○推定配点○

1. 各2点×13 2. (1)～(4) 各2点×4 (5) 各3点×2 3. (1)～(17)人物 各2点×17 (17)出来事 4点 4. (1)～(8) 各2点×8 (9) 各3点×2 計100点

＜社会解説＞

1. (地理―人口・工業・世界地理など)

(1) リオデジャネイロは1960年に内陸部のブラジリアに移転するまでの首都。

(2) 問1 首都圏には大使館や情報などが集中するため，大手の出版社や新聞社などが多い。 問2 地表面のアスファルト化や緑地の減少，車やエアコンなどによる人工排熱も多く周辺に比べると気温が高くなる。 問3 1990年代までは日本最大の工業地帯であった。 問4 アは埼玉，ウは千葉，エは神奈川。 問5 1590÷1350×100で計算。 問6 東京には会社や各種学校が集中，そのため通勤や通学する人が多く昼間の人口が夜間に比べると大幅に増える。

(3)　問1　人口が2億人を上回り世界第5位の面積を誇る大国。　問2　リオデジャネイロの標準時子午線は西経45度で，日本とは12時間異なりちょうど半日遅れている。

(4)　イギリス南東部を流れる全長338kmの川でロンドンまで外洋船が航行できる。

(5)　世界の工場となった中国では大気汚染が深刻化，とくにPM2.5㎛(マイクロメートル)以下という極めて小さな粒子による健康への悪影響が心配されている。

重要 (6)　問1　古代ギリシャの都市国家から発展した都市。　問2　夏は高温で冬に雨が降る地中海性の気候。イは南半球，ウは温暖湿潤気候，エは西岸海洋性気候。

2. (地理―環境問題・世界地理など)

(1)　15日に失われた氷の質量は平年の1日平均の7倍に上ったと記載されている。

(2)　大西洋の北部に位置し日本の約6倍の面積を有する世界最大の島。約80％は万年雪と氷床に覆われておりデンマークの自治領となっている。

(3)　色によって光の吸収は異なりすべての波長を吸収する黒は熱の吸収も大きい。

(4)　海水の蒸発量が増えても降水量も増えるため海面が低下するわけではない。温暖化により氷河や氷床がとけ，さらに海水の膨張により海面は上昇する。

重要 (5)　温室効果ガスが地表面からの赤外線を吸収するため宇宙空間へ放出する熱エネルギーが減少してしまう。国や企業だけでなく一人一人がどれだけのCO_2を排出しているかを確認し具体的な削減方法を考えることが必要である。

3. (日本の歴史―古代～現代の政治・社会・文化など)

(1)　40Ha以上に及ぶ縄文時代最大規模の遺跡で，原始的な農耕の存在も指摘されている。

(2)　濠を巡らせた環濠集落や防御のための高地性集落がみられるのは弥生時代。

(3)　米作りは水の管理など集団作業が必要でそれに伴い集落も拡大していった。

(4)　県名にもなった「さきたま古墳群」にある古墳。鉄剣に刻まれた「ワカタケル大王」は雄略天皇と考えられ，5世紀後半には大和王権の勢力が関東まで及んでいたことがわかる。

(5)　庸や調を都へ運ぶのは税を納めた農民の負担(運脚)であり，往復の食糧は自己負担のため途中で病気や飢えから死亡する者も少なくなかったといわれる。

(6)　寝殿を中心に左右対称に配置した建物を渡り廊下でつなげ前面に池を配置した様式。

(7)　清少納言が著した枕草子。イは松尾芭蕉，ウは古今和歌集，エは福沢諭吉。

基本 (8)　平治の乱で伊豆に配流，以仁王の令旨《りょうじ》を受け平家追討の兵をあげた武将。

(9)　法華経のみが唯一釈迦の教えであるとして他宗を激しく攻撃した僧侶。

(10)　水を用いず石と白砂のみで山水を表現した禅寺の庭園様式。

(11)　初めは薬用などとして用いられていたが，その後茶の湯として普及していった。

(12)　書簡や金銭などを運搬する人。幕府公用の継飛脚や大名飛脚，民間の町飛脚などがあった。

(13)　日本資本主義の父と呼ばれる経済人。2024年刷新の新1万円札の肖像に採用される。

重要 (14)　満州事変(1931年)→国家総動員法(1938年)→三国同盟(1940年)→無条件降伏(1945年)の順。

(15)　オリンピックに合わせ新幹線や地下鉄，高速道路などインフラの整備が進められた。

(16)　2019年に採用された地図記号。アは老人ホーム，イは図書館，ウは裁判所。

(17)　解答例の法然は浄土宗の開祖。

4. (政治―憲法・政治のしくみ・国民生活など)

重要 (1)　天皇は政治的権限を一切持たず，内閣の助言と承認のもとに国事行為のみを行う。

(2)　世界保健機関。イは国連児童基金，ウは国連難民高等弁務官事務所，エは世界貿易機関。

(3)　自衛権まで放棄しておらず，自衛隊は憲法で規定する戦力には当たらないと解釈。

(4)　25条では「健康で文化的な最低限度の生活を営む権利を有する」と規定している。
(5)　国民の意思をより反映しやすい衆議院を優先している。
(6)　職業軍人の経歴のない者や軍国主義思想のない者など様々な意見がある。
(7)　戦後不信任決議は4回可決されているが内閣が総辞職した例はない。
(8)　裁判は原則公開であり，政治や出版犯罪に関しては常に公開と規定されている。
(9)　社会保険や公的扶助など。日本の高齢化率は29％を突破し世界でも類を見ない超超高齢社会に突入している。こうした社会では必然的に社会保険関係費の割合は高くなる。

★ワンポイントアドバイス★

歴史の学習ではまず大きな流れをつかむことが大切である。流れがつかめたら次は土地制度史や文化史といったテーマごとにチェックしていこう。

＜国語解答＞《学校からの正答の発表はありません。》

一　①　雨宿り　②　目印　③　商店街　④　防衛　⑤　支柱　⑥　束ねる
⑦　はくちゅう　⑧　はお　⑨　くんし　⑩　ゆだ

二　問一　本来動植物の保護目的の国立公園で，オオカミを殺すということを行い続けたこと。
問二　オ　問三　悪魔　問四　X　人とオオカミという二者対立だけで考え，ほかの生き物や自然とのつながりを無視した　Y　自然界の生き物はつながっているという，自然のしくみを理解しないと大きな過ちを犯す　問五　イ　問六　④　エ　⑤　イ
問七　ウ，オ

三　問一　イ　問二　エ，オ　問三　d　問四　病弱で勤務成績が悪いため給料が少ないうえ，妻の治療代が必要になっていた事情　問五　工面　問六　ウ　問七　エ
問八　ウ　問九　イ　問十　a　立派なことをした　b　家族にもだまったまま
c　死んでからお金が返ってきた　d　何の役にも立たない　問十一　困っている人を助けても，自分の胸におさめ自慢などしない人

○推定配点○

一　各2点×10
二　問一　5点　問四　各6点×2　問二・問六　各2点×3　他　各3点×4
三　問一・問三・問六・問七・問八　各2点×5　問四　5点　問十一　6点
他　各3点×8　計100点

＜国語解説＞

一　(漢字の読み書き)

①　「宿」は全11画の漢字。「百」である。もう一本横画を書き，全12画の漢字にしない。
②　「印」は全6画の漢字。5画目の終点と6画目がつかないようにする。　③　「街」は全12画の漢字。9画目はやや右上に書く。　④　「衛」は全16画の漢字。14画目は上に出す。　⑤　「支柱」とは，物を支えるために用いる柱でつっかい棒ともいう。このことから，生活や組織の支えとなる重要な

存在，また，そういう人を意味する言葉として使う。 ⑥ 「束」は全7画の漢字。5画目は上に出す。送りがなに注意する。 ⑦ 「昼」は訓読み「ひる」。音読みは「昼食」の「チュウ」だ。 ⑧ もともとは和服の「羽織(はおり)を着る」という意味の言葉だが，現在では，衣服を体の上に軽くかけるようにして身につけること」という意味で使われることが多い。 ⑨ 「くんし」とは，学識，人格などにすぐれた人という意味の言葉である。「聖人君子」のほかに，「君子危うきに近づかず」などがある。 ⑩ 「委員」の「委」は，音読み「イ」。訓読みは「ゆだ - ねる」である。

二 (論説文－細部の読み取り，空欄補充，ことわざ，ことばの意味，記述力)

問一　直後にある「動植物を保護するための～続けました」が着目点になる。国立公園は，動植物を保護するのが目的なら，当然オオカミも保護する対象になるはずだ。しかし，その国立公園でオオカミが殺され続けたことが不思議だというのである。

重要 問二　「そうしてオオカミがいなくなると～」で始まる段落から，続く「その程度は～」で始まる段落をていねいに読む。オオカミが減少させるエルクが増加したのだから，この段階でオと答えられるが念のために確認すると，エルクの増加により植物が減少し，それが土砂崩れを増加させ，ビーバーが住めなくなるという流れなので，オを確定できる。

基本 問三　長い間，オオカミは何と呼ばれてきたかということだ。オオカミが殺され続けたのは「悪魔」というイメージが先行したからだ。「魔」は，小学校では習わない漢字だが，ぬき出すという指定なので「悪ま」と表記しないようにする。

や難 問四　着目点は，「学ぶべきことの『もうひとつは』～」で始まる段落の内容である。この段落の最終文に「～教えてくれています」とあるので，Yのほうが手早くまとめて解答できるかもしれない。教えられた内容は，「自然界はつながっているという自然のしくみを理解しないと大きな過ちを犯す」ということだ。 X Yのような過ちを犯してしまうことを，オオカミの事例で，どんなことをしてしまったのかを書くことになる。 人とオオカミという二者対立で考えてしまい，生き物のつながりという関係を無視してしまったということが述べられている。

問五　オオカミの撲滅は，ただ，悪魔と考える文化だけで行われたわけではなく，放牧家畜が襲われることを防ぐという目的もあった。その目的だけならそれは「合理的」な判断であるとも言えるというように，何が何でもオオカミを殺してはいけないと言っているのではないとしているのだ。

問六　④ 「偏見」とは，根拠もないかたよった考え方という意味であり，ふつう良い意味では使わない。エとオで迷うところだが，線④直後にある，育った文化の価値観から抜け出せないという点と，「偏見」そのものが「見方・考え方」という意味である点から「判断」ではなく「見方」としているエを選ぶ。 ⑤ 「フェアプレー」などとも言うように，正々堂々とした「公平」な態度を指し示すのでイである。

や難 問七　最終段落に着目する。ここから考えられるのは「オオカミ撲滅の悪影響に気づいたこと」と，家畜を襲った場合は駆除し，補償金を出すなどの対応も粘り強く続けているということになるので，ウとオが選べる。アの内容も「オオカミ，おかえりなさい計画」の話題で述べてはいるが，これは，オについて考えた結果，具体的にどのようにしたのかという事例であるので，「見習うべき点」ではない。

三 (物語－心情・情景，細部の読み取り，空欄補充，ことばの用法，敬語，かなづかい，記述力)

問一　手紙の冒頭に使う言葉はイの「拝啓」と，エの「拝復」であるが,「拝復」は，すでにもらった手紙に対するお返事の場合の冒頭になるのでイである。

問二　「他の人に」という表記は，「矢野内さん以外の人」ということだ。もしそうなっていたら，自分は刑務所に入り，妻や子どもは生きていけなかったと考えているので，まずはオだ。また，結局矢野内さんが，お金を渡してくれたということは，盗むことはしないですんだということになる。矢野内さんの行動は，結局は盗みを止めたということになる。どろぼうをするところだったのだということを考えれば冷や汗が出ると言うことで，今ひとつはエである。

基本　問三　dの「いつかわ」が誤りだ。正確には「いつかは」である。

重要　問四　問二で考えたように，当時の工藤さんが会社のお金を盗もうとしたのは妻の治療費が欲しかったからだ。しかし，病弱なため勤務成績が悪く給料が少ないので，そのお金がなかったのである。

問五　「都合」には色々な意味があるが，この場合での意味は，やりくりして用意してくれるというような意味合いである。同じような意味としては，「そういえば，思い出したわ～」で始まる娘さんの言葉の中にある「工面」である。なお「工面」は「くめん」と読む。

問六　当時の工藤さんは，とても大変な状況にあり，どろぼうしようというところまで追いつめられていた。そこに，だまってお金を渡してくれたのが矢野内さんということだ。とてもこわい目にあったり，たいへんな苦難におちいったときに，思いがけず助けてくれる人が現れることのたとえを「地獄で仏」と言い表す。

問七　都合してもらったお金でどろぼうはしないですんだが，生活が苦しいのは続いたので「とうとう」逃げるように妻の里に帰ったという報告である。

重要　問八　心でわびながらきょうまで暮らしていたのは工藤さんである。自分自身が暮らしてきたことをへりくだって言っているので「まいりました」が入る。

問九　ア　「情けなかった」が誤りだ。　ウ　「隠されていたことをさびしく」感じているわけではない。　エ　カメラの所在を気にしているわけではない。　オ　「悔しかった」が誤りである。イ　そうだったのですねという気持ちだ。父親の優しい心を受け止めながら，一方で，「母がこわくて」と茶目っ気のある姿を思い出しているのだから，イがふさわしい。

問十　a　感謝される行いであり，ヤッちゃんにとってみれば「けれども」と思えるような，行動が入る。ヤッちゃんの話の中で，あんな「立派なことをした」と言っている。　b　続く言葉が「で亡くなった」だから，どのようにしたまま亡くなったのかということになる。同じくヤッちゃんの話の中に「家族にもだまったまま」とある。　c　「たとえ～としても」の間に入る言葉だから，実際に起こったできごとが入る。「死んでからお金が返ってきた」だ。　d　dだけはぬき出しではないので注意しよう。ヤッちゃんの考えでは，死んでからお金が返ってきたって「なんの役にも立たねぇ」と思うのだ。ぬき出しではなく，「～ので」に続くように書くのだから「なんの役にも立たない」とする。

やや難　問十一　「研之介さんは，～」で始まる段落と，続く「そして研之介さん～」で始まる段落に着目する。ポイントは人助けをしても誰にも言わず自慢もしないという人がらに尊敬の気持ちを持つということだ。

★ワンポイントアドバイス★

ふさわしいもの，ふさわしくないもの，ぬき出し，言葉を使ってなど，条件に注意して解答しよう。制限時間の割には設問数が多いので，スピード力も必要だ。

＜英語解答＞《学校からの正答の発表はありません。》

≪リスニング問題≫
問1～問4　解答省略
≪筆記問題≫
問5　(1)　イ　(2)　ウ　(3)　イ　(4)　ア　(5)　イ
問6　(1)　友達と私は公園で遊ぼうとしたが子供が多すぎて遊べなかった。(29字)
(2)　テレビのニュースによると今年の冬はとても寒いので気をつける。(30字)
(3)　私はサッカーが一番好きだがクラスでは野球が最も人気がある。(29字)
問7　(1)　[A]　エ　[B]　ウ　[C]　イ　(2)　ア，ウ　(3)　ウ
問8　(解答例)　写真の番号　(1)　語数　22語　A group of students are in the aquarium and looking at various kinds of fish. There is a sign about fish overhead.

○推定配点○
問1～問4　各3点×13　問5・問7　各4点×10　問6　各5点×3　問8　6点
計100点

MEMO

大切なことはメモしておこうネ！

データ対応

収録から外れてしまった年度の
問題・解答解説・解答用紙を弊社ホームページで公開しております。
巻頭ページ＜収録内容＞下方のQRコードからアクセス可。

※都合によりホームページでの公開ができない内容については，
次ページ以降に収録しております。

問一　＝線部A～Dのカタカナを漢字に、漢字はひらがなに直しなさい。ただし、送りがなが必要なものは、送りがなも正しく送りなさい。

問二　——線部①のことばの意味として正しいものを、次のア～エの中から一つ選び、記号で答えなさい。

ア　文句のつけようもない
イ　どうしたらよいのかわからない
ウ　特に大きな変化がない
エ　ありふれていてつまらない

問三　【1】に入ることばを、文章中から二字でぬき出しなさい。

問四　——線部②とありますが、「地球の回転のゆらぎの原因」として筆者があげているものを、次のア～カの中から**すべて**選び、記号で答えなさい。

ア　自転軸がゆっくり回っていること。
イ　黒潮などの大きな海流の変化。
ウ　大気汚染《おせん》による地球全体の温暖化。
エ　雪や氷よりも空気の方が重いこと。
オ　地球の東西方向に吹く大きな風。
カ　大きな地震。

問五　【2】に入ることばを、次のア～エの中から一つ選び、記号で答えなさい。

ア　空中に浮《う》いている
イ　地上に転がっている
ウ　地下に埋《う》まっている
エ　水中に沈《しず》んでいる

問六　——線部③とありますが、あなたが地球の気候について関心を持っていることについて、関心を持った理由も含《ふく》めて百字以内で答えなさい。

ぶそうな軸《じく》が立っているわけではありません。もっとも南極点にはアメリカの南極基地がありますから、歓迎《かんげい》されてコーヒーや食事がもらえるかもしれません。しかしいずれにせよ、目印もないところが冒険の最終ゴールなのですから、冒険者は旗《はた》でも立てて記念写真を撮《と》って満足するわけです。

じつは、この旗は極点からどんどん動いていってしまいます。北極点の下には陸地はないので海にただよっている氷の上ですし、南極点も氷河が年に一〇メートルの速さで動いている場所にあるからです。

しかし、それを別にしても、地球はきまった場所のまわりをいつまでも回っているのではなく、地球の自転の軸は毎日少しずつ動いていき、極点のまわりを一年かかって直径《ちょっけい》一〇メートルほどの円を描《えが》きながらゆっくり動き回っているのです。

自転の軸が動くのにはいろいろな理由があります。地球は宇宙に浮《う》いている球です。このため、地球の上の重さのバランスが変われば地球が回る軸が変わるというのが、自転の軸が動く理由なのです。

地球の上のバランスをB乱す最大の理由は、なんと地球の【　1　】です。冬のあいだ、世界最大の大陸であるヨーロッパとアジアをあわせたユーラシア大陸には雪が降り、大陸は冷やされて、大陸の上の空気は冷たくなります。空気は冷やされれば重くなります。暖房《だんぼう》している部屋では天井《てんじょう》の近くだけCアツクて、床《ゆか》の近くが寒いことがあるでしょう。冷たい空気は重いから、下にたまってしまうのです。こうして重い空気が巨大《きょだい》なユーラシア大陸の上に集まってたまれば、地球の重さのD分布が変わってしまうのです。大陸に乗っている雪や氷も重さのバランスを変えてしまいますが、全体としては空気のほうが重くて影響《えいきょう》が大きいのです。もちろん夏になれば、このアンバランスは消えます。こうして地球の自転の軸は、南極点や北極点のまわりを一年がかりでゆっくり動き回っているのです。

最近の研究では、もっと細かい話がわかってきています。地球の自転の軸は、一年たってもげんみつに同じところにもどってくるわけではありません。また自転の軸が動くことのほかに、自転の速さも速くなったり遅くなったりしていることもわかってきています。

これらの②地球の回転のゆらぎの原因については、いろいろなものが考えられました。大きな地震が起きた影響だと考えられたこともあります。また、黒潮のような大きな海流の流れかたが変わる影響も考えられました。最近では＊偏西風《へんせいふう》とか＊貿易風《ぼうえきふう》という地球の東西方向に吹く風の影響も無視できない、ということになっています。

このように地球の自転の軸はいつも動きまわり、自転の速さも微妙《びみょう》にゆらいでいます。精密に見ると地球の自転はけっこうフラフラしているのです。いかにも、【　2　】球ならではの話なのです。

最近では、このように自転がゆらぐことが地球の深くにある核《かく》というものにまで影響して、それが結局は地球の気候を変えてきたのではないかという学説があります。③地球の気候やその将来を考えるときには、大気や海だけではなくて地球全体のことを考えなければならないのです。

＊ことばの意味

偏西風……中緯度《ちゅういど》地方の上空を西から東に向かって帯状に吹く風。北半球では冬に強まる傾向《けいこう》にある。

貿易風……亜《あ》熱帯《ねったい》高《こう》気《き》圧帯《あつたい》から赤道に向かって吹く風。北半球では北東の風、南半球では南東の風となる。

では重力は小さく、そして体重も小さくなるのです。しかし、場所によるちがいはそんな大きなものではありません。せいぜい〇・五パーセントほどです。五〇キロの体重だと二五〇グラムほどのちがいです。でもボクシング選手にとっては無視できない重さのちがいかもしれません。

時計には正確な時間のものさしが必要です。いまの時計は水晶《すいしょう》の結晶《けっしょう》がふるえる周波数を基準に使っていますが、いま＊アンティーク店にあるような昔の時計は振《ふ》り子を振らせて時間の基準にしていました。地球の上で場所によって重力がちがうのがわかったのは、一七世紀にパリから南米ギアナにもってきた振り子時計が一日に二分も遅《おく》れることが発見されたときでした。同じ振り子でも、重力が小さいところではゆっくり振れるのです。

じつは一七世紀になるまでは、時計は一日に一〇分も狂うものしかなかったのです。一七世紀に振り子の時計がつくられて、ようやく一日に一〇秒狂《くる》うほどの精度になったばかりだったので、その自慢《じまん》の時計が二分もちがったのは②たいへんな事件だったのです。

（島村英紀《しまむらひでき》『地球がわかる50話』）

＊ことばの意味

解析……ものごとを細かく分けて、論理的に明らかにすること。

アンティーク……古い物品。特に骨董品《こっとうひん》・古美術品・年代物の家具や装飾《そうしょく》品など。

問一 【1】・【2】に入ることばを、次のア～エの中から一つずつ選び、記号で答えなさい。

ア しかし　イ つまり　ウ たとえば

エ だから　オ また

問二 [　]の（ア）～（ウ）には、図で示された「地球上にはたらく力の名称《めいしょう》」が入ります。それぞれ文章中からぬき出して答えなさい。

問三 ――線部①とありますが、その理由を説明している一文を、――線部①より前の文章中からぬき出し、はじめの五字を答えなさい。

問四 次の文は――線部②「たいへんな事件」と筆者が言う理由を説明したものです。〈a〉・〈b〉入るふさわしいことばを、文章中から指定された字数でぬき出しなさい。

パリから南米ギアナにもってきた、〈a　十三字　〉で作られた自慢の振り子時計が、〈b　十一字　〉がわかったから。

問五 この文章の内容として正しいものを、次のア～オの中から**二つ**選び、記号で答えなさい。

ア 重力が大きくなると、遠心力も大きくなる。

イ 引力は、あらゆる物と物の間にはたらいている。

ウ 引力を測れば、どのような地層の構造も解析することができる。

エ 重力が大きくなればなるほど、振り子時計はゆっくりと振れる。

オ 北極や南極では遠心力が無くなるため、体重計の値は大きくなる。

五 次の文章は四の文章に続くものです。これを読んで、後の問いに答えなさい。

南極も北極も、世界の冒険《ぼうけん》者たちがめざす場所です。地球の両極には、人をひきつけるロマンがあるのでしょう。

南極や北極に行っても、①なんのへんてつもないだだっぴろい氷原がひろがっているだけです。もちろん、地球の自転をAササエルじょう

一つずつ選び、記号で答えなさい。

ア　金色　　イ　紫色《むらさきいろ》　　ウ　橙色《だいだいいろ》　　エ　赤紫色

問四　【X】には身体の一部を表す漢字一字が入ります。その漢字を答えなさい。

問五　次の文は――線部③の時の悠斗の気持ちを説明したものです。〈a〉・〈b〉に入るふさわしいことばを、文章中から指定された字数でぬき出しなさい。

〈a　十二字　〉という中学校生活での目標を決め、〈b　二字　〉への一歩を踏《ふ》み出していこうという気持ち。

四　次の文章を読み、後の問いに答えなさい。

身体検査で体重を測ります。わあ、六〇キロになっちゃった、と大騒ぎしている体重測定ですが、じつは私たち地球科学者からいえば、これは地球の引力を測っていることでもあるのです。

【　1　】同じ体重計をもって月に行ったとすると、体重は約六分の一になってしまいます。【　2　】垂直飛びで二メートルも飛び上がるのはかんたんなことなのです。つまり体重とは、みなさんと、みなさんが乗っている天体との引力を測っているものなのです。太陽とか地球とか天体どうしではもちろん引力がはたらいているのですが、どんなもののあいだにでも、引力ははたらいているのです。

さて地球の上でも、場所によって地球の引力の値《あたい》は少しずつちがいます。地球科学では、地球の上の引力のちがいを研究するときには、引力ではなくて、重力というものを使います。地球は回っていますから遠心力がはたらきます。その遠心力は赤道でいちばん大きく、北極や南極ではゼロです。

図

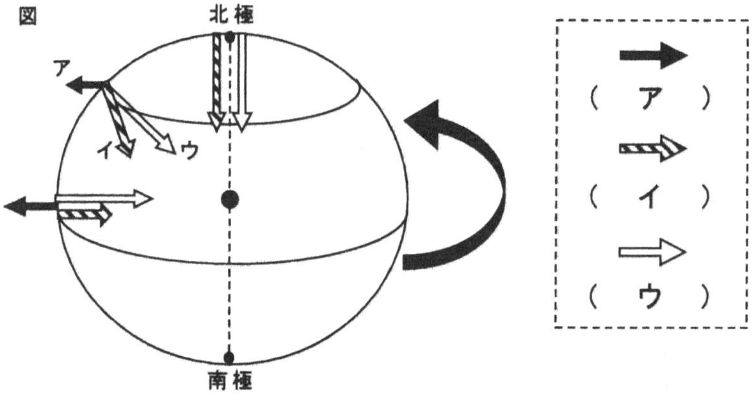

重力とは、この遠心力と引力とが合わさった力なのです。赤道では引力は地球の中心を向き、遠心力は外向きですから、重力はいちばん小さくなるのです。とはいっても、遠心力はいちばん大きくても引力の二〇〇分の一しかありませんから、引力と重力とは、じっさいにそれほどちがうものではありません。

しかし地球の研究をするときには、場所によって一〇〇億分の一とか、もっと小さいちがいを測っているので、引力ではなくて重力を使う必要があるのです。こんなにくわしく重力を測ることができれば、その場所の地下にどんな地層がどんな積み重なりかたをしているかがわかります。地下の構造を研究するためには人工地震《じしん》が使われるのがふつうですが、重力のデータも使って*解析《かいせき》することもよく行われています。

ところでさっきの体重の話にもどると、同じ体重計でも、重力が大きいところと小さいところではちがった体重をしめすのです。①赤道付近

悠斗は暗いうちに家を出た。ダイニングテーブルの上に、烏帽子に登ってくると置き手紙をしてきた。事前に言って、母に反対されるのが嫌《いや》だった。帰ったらきっと怒《おこ》られるだろう。でも、どうしても今日、山頂で日の出を見たかった。

一人黙々《もくもく》と山道を登る。怖《こわ》くはなかった。

翼と登ったよりも早い時間で山頂に着いた。

西に傾《かたむ》きかけた満月はほんのりと黄色味を帯びていた。今まで見た月の中で一番きれいな月だ。

三月とはいえ、夜はまだ寒い。手のひらに息を吹《ふ》きかけてみる。月の光を受けて、息が靄《もや》のように広がる。その中に、昨日もらった翼からのラインが浮かぶ。

［卒おめ！　おいも今日卒業式やった］

［中学入ったら何したい？］

［笑うかもしれんけど、おいは勉強］

［勉強して船医になって、人の役に立ちながら、世界中の港に行く］

①そんなこと、今まで一言も言ってなかった。毎日のようにラインをしていたのに……。

返信はまだしていない。

どう返信していいかわからない。②やりたいことはあるけど、将来なんて考えたこともない。＊既読《きどく》になっているから、どうしたのだろうと思っているだろう。

地平線に接している空が、[A]に変わり、やがて[B]から[C]へ変化していく。地平線の上の雲が[D]に輝《かがや》き始める。

間もなく日の出だ。

輪郭《りんかく》を揺《ゆ》らしながら、太陽が【 X 】を出す。

悠斗はスマホを取り出し、シャッターを切った。

この写真とともに翼にラインしよう。

［サッカーと勉強の両立］

［まだ将来はわからんけど、できることを一生懸命《けんめい》やる］

［翼もがんばれ。おいもがんばる］

そうラインしよう。

一人で夜明けの山頂に立ったことを知ったら、翼は驚《おどろ》くに違いない。

朝日が悠斗を包み込《こ》む。

立ち上がり、伸《の》びをする。九十九島に目を移す。波光のきらめきを確《かく》認《にん》し、大きく深呼吸をして、③来た道を下り始める。

悠斗の頬《ほお》を風が撫《な》でる。どことなく温かみをはらんだ春の風だ。

＊ことばの意味

既読……メッセージ機能によって送信した内容を、相手がすでに読んでいること。

問一　――線部①に表れている悠斗の心情として**ふさわしくないもの**を次のア～エの中から一つ選び、記号で答えなさい。

ア　翼からラインで打ちあけられたことへの悲しみ。

イ　翼からはじめて夢の話を聞いたことへの驚き。

ウ　翼に先を越《こ》されてしまったようなあせり。

エ　翼に置いていかれてしまったようなさびしさ。

問二　――線部②とありますが、「やりたいこと」とはどのようなことですか。文章中から十字でぬき出しなさい。

問三　[A]～[D]に入るふさわしいことばを、次のア～エの中から

「うん」

「博多に行っても、*ラインくれよ」

それから二人、何を話しただろう。

帰り道、④いつもよりはしゃぎながら帰った。そうでもしないと、寂《さび》しさに抱《だ》きすくめられそうだった。

（『山頂』本校オリジナル文章）

＊ことばの意味

烏帽子岳……長崎県佐世保市にある山。

佐世保……長崎県北部地方の中心都市。

急峻……山や坂などの傾《かたむ》きが急で険しいこと。

山麓……山地と平地の境目のこと。山のふもと。

九十九島……長崎県佐世保市から平戸《ひらど》市にかけて連なる群島で、西海国立公園に指定されている。

ライン……携帯電話で会話のやり取りができる機能のこと。

問一　＝＝線部A～Eのカタカナは漢字に、漢字はひらがなに直しなさい。ただし、送りがなが必要なものは、送りがなも正しく送ること。

問二　――線部①について、次の各問いに答えなさい。

（1）母は、何に「反対した」のですか。「……こと。」につながるように、文章中から二十三字でぬき出しなさい。

（2）母が「反対した」理由を二十五字以内で答えなさい。

問三　――線部②の理由としてふさわしいものを、次のア～エの中から一つ選び、記号で答えなさい。

ア　いつもは先生に引き連れられて烏帽子岳に登っているが、今日は自分たちだけで登っているから。

イ　いつもは暖かい時期に烏帽子岳に登るのに、今回は寒さがまだ残る時期に登っているから。

ウ　いつもは昼間に大勢で烏帽子岳に登っているが、今日は夜中に翼と二人だけで登っているから。

エ　いつもは決まった道のりで烏帽子岳に登るが、今日はいつもとは違う登山口から登っているから。

問四　次の文は――線部③の理由を説明したものです。〈a〉・〈b〉に入るふさわしいことばを、文章中から指定された字数でぬき出しなさい。また、〈c〉に入るふさわしいことばを、後のア～エの中から一つ選び、記号で答えなさい。

〈a　十三字　〉という翼の突然《とつぜん》の報告に、〈b　七字　〉悠斗を〈　c　〉と思ったから。

ア　安心させよう　　イ　勇気づけよう

ウ　楽しませよう　　エ　元気づけよう

問五　――線部④とありますが、この時の悠斗の心情としてふさわしいものを、次のア～エの中から一つ選び、記号で答えなさい。

ア　翼に対して言いたいことを言えて満足している。

イ　翼と会えなくなるさびしさを紛《まぎ》らわそうとしている。

ウ　翼と二人で烏帽子岳の山頂まで登れたことに感動している。

エ　翼とまた会えることがわかったのでうれしくなっている。

三　次の文章は二の文章の後に続く話です。これを読んで、後の問いに答えなさい。

今日は、春休みの初日。小学生でも中学生でもない、ふわふわとした休暇《きゅうか》の始まり。

ア　どの連にも、意味が対《つい》になることばが多くならべられている。
イ　作者が強調したいところは、繰《く》り返し同じことばを使っている。
ウ　詩全体を通して、七音、五音の繰り返しでリズムを整えている。
エ　イメージしやすいように、植物の特徴をていねいに描《えが》いている。

二　次の文章を読み、後の問いに答えなさい。

＊烏帽子岳《えぼしだけ》は＊佐世保《させぼ》で一番高い山だ。高いといっても五六八メートルしかない。＊急峻《きゅうしゅん》な＊山麓《さんろく》となだらかな山頂を持つこの山は、小学生が登山するにはちょうどいい。悠斗《ゆうと》たちも、小学校一年生から遠足で親しんでいる。

「悠斗、烏帽子に登らんね」

夏休みに入って間もなく、翼《つばさ》が誘《さそ》ってきた。

「烏帽子で日の出ば見んね」

「よかよ」

即答《そくとう》した。夜中に家を出発し、友達と二人だけで日の出を見るという提案は、六年生の夏休みにとってふさわしい。そんな気がした。

最初母は①反対した。

「なんば言いよっと。日の出ば見るちゅうことは、暗かうちに家ば出んといかんやろ。危なかけんだめ」

「翼に行くって言うてしもうたもん。行かせてよ」

「翼君と行くとね？」

母のAイキオイが少し弱くなった。攻《せ》め時だ。

「宿題でも手伝いでもなんでもすっけんさ」

「しょうがなかね。Bヤクソクよ」

しぶしぶといった感じで母は認めてくれた。

三時に家を出た。母はおにぎりを作ってくれていた。おにぎりには「翼君と楽しんできなさい」という付箋《ふせん》が貼《は》ってあった。

登り道、二人はいつもより大声で話し、笑い、歌いながら歩いた。小さいころからCミナレた風景が、闇《やみ》の中、②違《ちが》って見えた。

山頂には誰もいなかった。D元日でもない限り、いないのかもしれない。

日の出を待つ間、二人だけの山頂でいろいろなことをしゃべった。『鬼滅《きめつ》の刃《やいば》』、五月に行った修学旅行、釣《つ》り、ゲーム、好きな女の子……。話しているときは楽しかったはずなのに、あまり覚えていない。覚えているのは、二人で見た日の出の美しさと、翼がそのあと語ったことだけだ。

「悠斗。博多《はかた》に引っ越《こ》すことになった」

翼は、朝日に浮《う》かぶ＊九十九島《くじゅうくしま》を見つめたまま話し出した。

ことばが出ない。

「お父さんのE転勤で、三日に引っ越すことになった」

ことばを見つけられない。

「ほんとは、小学校卒業まで佐世保におりたかったばってん、しょうがなかか」

翼はお尻《しり》を払《はら》いながら立ち上がると、③笑顔を向けてきた。

悠斗は立ち上がり、生まれたての太陽に向かって腹の底からワーッと叫《さけ》んだ。ちょっとあっけにとられていた翼も同じように叫びだした。

ワーワー叫び疲《つか》れて、腰《こし》を下ろしたとき、素直《すなお》なことばが出てきた。

「さびしゅうなるね」

【国　語】（四〇分）〈満点：一〇〇点〉

【注意】＊字数制限がある問題は、原則として「、」や「。」も一字に数えます（ただし、指示のあるものはのぞきます）。

一　次の詩を読み、後の問いに答えなさい。

芝草《しばくさ》

金子《かねこ》みすゞ

名は芝草というけれど、
その名をよんだことはない。
それはほんとにアつまらない、
イみじかいくせに、そこら中《じゅう》、
みちの上までウはみ出して、
エ力いっぱいりきんでも、
とても抜《ぬ》けない、オつよい草。

＊げんげは紅《あか》い花が咲《さ》く。
すみれは葉までやさしいよ。
かんざし草はかんざしに、
＊京びなんかは＊笛になる。

けれどももしか原っぱが、
そんな草たちばかしなら、
あそびつかれたわたし等《ら》は、
どこへ腰《こし》かけ、どこへ寝《ね》よう。
青い、丈夫《じょうぶ》な、やわらかな、
たのしいねどこよ、①芝草よ。

＊ことばの意味
げんげ……れんげのこと。
京びな……ヤブカンゾウ（わすれ草）のこと。夏にユリに似たオレンジ色の花が咲《さ》く。
笛……草笛のこと。

問一　＝＝線部ア～オの中から主語が異なるものを一つ選び、記号で答えなさい。

問二　――線部①とありますが、「芝草」は「誰が」「どのようにするもの」として役立っていますか。詩中のことばを用いて三十字以内で答えなさい。

問三　作者がこの詩で伝えたいことはどのようなことですか。次のア～エの中から一つ選び、記号で答えなさい。

ア　見た目の美しさは、必ずしも人々の役に立つわけではないということ。

イ　人々の目に留まるためには、際立《きわだ》った特徴《とくちょう》が必要であるということ。

ウ　気付かぬうちに、目立った特徴が備わっていることもあるということ。

エ　普段気にかけないものの中にも、優《すぐ》れているものがあるということ。

問四　この詩の特徴としてふさわしいものを、次のア～エの中から一つ選び、記号で答えなさい。

問八　――線部⑤とありますが、あなたが人生において特に心がけていきたいと思ったものを、次の（1）～（5）の中から一つ選び、番号で答えなさい。また、それを選んだ理由を自分の体験をふまえて、百字以内で書きなさい。

(1)バカは避けよう

(2)大成功するためには、ある程度の危険をおかしなさい

(3)頼りになる後ろ盾を持て

(4)退屈なことはするな

(5)本当のことを言ってくれる人を受け入れることができないならば、科学などやめてしまえ

次は、大成功するためには、ある程度の危険をおかしなさい、ということです。誰もができるようなことをしていては、大きな成功をおさめることはできません。しかし、かといって、いつも①ホームランばかり狙《ねら》って三振《さんしん》ばかりしていてはどうしようもありません。そのあたりのバランスは難しいのですが、ここぞという時には、＊リスクを覚悟《かくご》しなければならないのです。

三つ目は、②頼《たよ》りになる後ろ盾《だて》を持て、ということです。【あ】先生でも先輩《せんぱい》でも友人でもかまいません。困難に陥《おちい》った時に助けてくれる人を持ちなさい、という教えです。【い】人はひとりで生きていけるものではありませんから、当然のことですね。【う】退屈《たいくつ》なことはするな、というのが四つ目の教えですが、これは意外と難しい。【え】

最後は、③本当のことを言ってくれる人を受け入れることができないならば、科学などやめてしまえ、という厳しい内容です。先に、日本人はディスカッションが下手だと言いましたが、《　B　》批判されても、それが正しければ喜んで受け入れるというくらいの④度量が必要だということです。

科学者として成功するために、ということは、言い換《か》えると、科学者としての正しい考え方や行動の指針であるということです。どれも、《　C　》、というところもあるのですが、なかなかいいことを教えてくれていると思いませんか？　⑤それに、この五つは、科学者としてだけでなく、普通《ふつう》に生きていく上においても、けっこう重要なことにちがいないと常々肝《きも》に銘《めい》じています。

＊ことばの意味

二重らせん…ＤＮＡが細胞《さいぼう》の中でとっている立体構造のこと。

リスク……危険。

問一　《A》・《B》に入ることばとしてふさわしいものを、次のア～エの中からそれぞれ一つずつ選び、記号で答えなさい。

ア　しっかり　イ　たとえ　ウ　ほんの　エ　なかなか

問二　――線部①は何を例えたものですか、例えられているものを文章中から三字でぬき出しなさい。

問三　――線部②を言いかえていることばを、文章中から十五字でぬき出し、はじめの三字を答えなさい。

問四　次の一文が入るふさわしいところを、文章中の【あ】～【え】の中から一つ選び、記号で答えなさい。

もちろんそうしたいのは山々なのですが、好き勝手なことばかりしていたら、周りに迷惑《めいわく》をかけかねません。

問五　――線部③について、同じ内容になるように「科学を続けるためには」という書き出しで言いかえなさい。

問六　――線部④の使い方としてふさわしいものを、次のア～エの中から一つ選び、記号で答えなさい。

ア　あなたは勝ち負けにこだわるような、度量の高いところがある。

イ　お化けが怖《こわ》いだなんて、きみは本当に度量が弱いなぁ。

ウ　彼《かれ》はおおらかで度量が広いから、みんなに信頼されている。

エ　あの人は度量が低いから、ちょっとしたことですぐに怒《おこ》る。

問七　《C》に入ることばとしてふさわしいものを、次のア～エの中から一つ選び、記号で答えなさい。

ア　馬の耳に念仏　イ　売り言葉に買い言葉

ウ　言うは易《やす》く行うは難《かた》し　エ　井の中の蛙《かわず》大海を知らず

い。ただし、送りがなが必要なものは、送りがなも正しく送りなさい。

問二　――線部①の例としてふさわしくないものを、次のア～エの中から一つ選び、記号で答えなさい。

ア　地球環境を守るために、たくさんの国が一緒《いっしょ》に対策を取り決める。

イ　あいさつの仕方や食事のマナーなどはそれぞれの国で異なっている。

ウ　インターネットを通じて、他の国の人とコミュニケーションをとる。

エ　健康に気をつける人が増え、海外でも和食の人気が高まっている。

問三　――線部②の説明としてふさわしいものを次のア～エの中から一つ選び、記号で答えなさい。

ア　歴史の流れの中で、必ずそうなるということ

イ　人類の歴史上、必ずしもそうはならないということ

ウ　歴史の流れの中で、思いがけずそうなってきたということ

エ　人類の歴史上、何度もくり返しそうなってきたということ

問四　《Ⅰ》・《Ⅲ》に共通して入ることばを、文章中から二字でぬき出しなさい。

問五　――線部③は、どのようなことをさしていますか。文章中のことばを用いて、二十字以内で答えなさい。

問六　《Ⅱ》の四字熟語の意味が「目的と手段を取り違《ちが》えてしまうこと」となるように、次の□の中のふさわしい漢字を組み合わせて、四字熟語を完成させなさい。

転　八　改　七　本　朝

問七　次の文は――線部④の理由を説明したものです。《ア》～《エ》に入るふさわしいことばを、文章中からそれぞれ指定された字数でぬき出しなさい。

科学があつかう《　ア　二字　》は、どの時代にあっても《　イ　八字　》ことがないうえに、それがたとえ他国の開発したものであっても、《　ウ　十一字　》を導入することで、《　エ　二字　》になれると誰《だれ》もが考えているから。

問八　この文章を三つに分ける場合、次のア～エの中からふさわしいものを一つ選び、記号で答えなさい。

ア　1　2―3　4　5―6　7

イ　1　2　3―4　5―6　7

ウ　1　2　3―4　5　6―7

エ　1　2　3　4―5　6―7

五

次の文章は、四の文章の後に続く話です。これを読んで、後の問いに答えなさい。

＊二重らせんを発見したうちのひとりであるワトソンは、『サイエンス』という一流雑誌に、科学者として成功するための五箇条《ごかじょう》というのを書いています。《　A　》面白いので、ひとつずつ紹介《しょうかい》してみます。まず第一条は、バカは避《さ》けよう、です。残念ながら賢《かしこ》さは伝染しませんが、アホはうつることがあります。それに、人間はともすれば、安きに流れてしまいます。完全に避けきることなどは不可能ですが、できるだけアホな人を避けないと自分がダメになっていく可能性があるのです。

という言葉で、球や地球のことをさします。グローバル化をそのまま訳したら、地球化というへんちくりんな日本語になってしまいますね。一般《いっぱん》的に、グローバル化というのは、国境がなくなったかのような状態になることをさします。

2 交通や通信が発達して、グローバル化がどんどん進んできた、そして今も進みつつあるのは②歴史の必然なのですが、必ずしもいいことばかりではありません。しかし、科学というのは、もともとグローバル化された活動であるという特徴《とくちょう》を持っています。19世紀のフランスの科学者にルイ・パスツールという人がいました。パスツールは、細菌学《さいきんがく》をはじめいろいろな分野でBギョウセキを残していますが、「科学に《 Ⅰ 》はない」という有名な言葉を残しています。ほんとうにそのとおりですし、そうでなければなりません。

3 ただし、パスツールは、その言葉の後に「しかし科学者には祖国がある」と付け加えています。理由ははっきりわかりませんが、隣国《りんごく》であるドイツには最大のライバルであるロベルト・コッホがいましたし、そのドイツ（プロイセン）とフランスが戦争をしていた時代ですから、このような言葉を残したのかもしれません。

4 かつて、ソビエト連邦《れんぽう》において、ルイセンコという人がCトナエタ誤った学説を国が大々的にとりあげて、農作物の生産量が著《いちじる》しく低下するという非常な災難を引き起こしたことがあります。しかし、それは完全に例外であって、国によって異なる科学的な真実などありえません。だから、科学がグローバルである最大の理由は、真実をあつかうからということです。もうひとつ、どの国も、豊かになるためには、科学やそれに基《もと》づく技術を導入したいと考えているということも理由にあげることができるでしょう。

5 科学における共通言語は、いまや完全に英語です。残念ながら、日本人が完全に英語を使いこなすのは難しいのですが、最終的に発表する時は、論文であっても国際学会であっても英語でなければなりません。ハンディキャップがあるので不利なこともあるのですが、文句を言ってもいたしかたありません。もし、将来、科学者になりたいと思っているのなら、何をおいても英語を勉強しておくべきです。

6 ③そういうこともあって、大学にもグローバル化の波が押《お》し寄せており、英語での教育が大事だといわれるようになってきています。もちろん大事です。しかし、英語で講義をすることには問題があります。残念ながら、一流大学の大学生であっても、それほど英語ができるわけではないのです。だから、英語で講義をすると、日本語に比べると、かなり簡単な、あるいは幼稚《ようち》な内容しか伝えることができません。そうなってしまっては《 Ⅱ 〔 〕末〔 〕倒《とう》 》です。このように、どの程度、教育を英語化するのかはDソウトウにやっかいな難問なのです。

7 ただ、科学という世界に限定すれば、グローバル化の*是非《ぜひ》などということは問題にならないことは頭にいれておいてください。④科学というのは、最初から、そして、*未来永劫《みらいえいごう》に渡ってグローバル。パスツールがいうように、《 Ⅲ 》など存在しないものなのです。

（中野徹《なかのとおる》『科学者の考え方－生命科学からの私見』）

*ことばの意味

是非……良いことと悪いこと。

未来永劫……これから未来にわたる、果てしなく長い年月。

問一 ＝＝線部A～Dのカタカナを漢字に、漢字はひらがなに直しなさ

ない。

もしかしたら京都の景観も同じことなのかもしれない。昔からある街並みを大事にするのは、歴史や文化を積み重ねるため。『景観を守る』ということは、見た目だけじゃなく『歴史や文化を大事にする』ということなのだろう。

目に見えないものを守りたいから、細かい条例を定めてみんなで古都の街並みを維持《いじ》している。私は表面的なことしか見ていなかった。変身願望が強いあまり、京都が変わることを怖《こわ》がっているようにc思えたのだ。

浅はかだった自分が恥《は》ずかしくて、心苦しくて私はまた下を向いた。バスに乗っても窓の外の景色を眺《なが》めることができなかった。今の私にはd目の毒だ。でも俯《うつむ》いていても京都人が紡《つむ》いできた想いが心に入り込《こ》んでくる。目を瞑《つむ》っても同じだ。

③直視できない街並みがバスの左右を流れていく中で、私は悔《く》い改めた。京都人の精神を見習って、もっともっと自分を大事にしよう。少しずつ④自分を肯定《こうてい》していくんだ。そうすれば、いつか自分に自信を持てるようになるはずだ。

問一　〰〰線部a～dのうち、主語が異なるものを一つ選び、記号で答えなさい。

問二　‖線部とありますが、これらはどのようなことの例として挙げられているものですか。文章中から十二字でぬき出しなさい。

問三　――線部①の説明としてふさわしいものを、次のア～エの中から一つ選び、記号で答えなさい。

ア　自分の外見が嫌で変えたいと思っていたが、舞妓になってみることで、舞妓姿の自分も悪いものではないと思えたこと。

イ　自分の外見を変えることにこだわっていたが、舞妓になってみると、内面を磨《みが》く方が大事だということに気付いたこと。

ウ　自分の外見が嫌で変わりたいと思っていたが、舞妓になってみることで、元々の自分も満更ではないことに気付いたこと。

エ　自分の外見をより良く見せることに囚われていたが、舞妓になってみたことで、自分の素顔が美しいと思えたこと。

問四　――線部②は「不」をつけることで「可能」の反対の意味を表すことばになっています。これと同じように「不」をつけることで反対の意味を表すことばになるものを、次のア～エの中から一つ選び、記号で答えなさい。

ア　解決　　イ　用心　　ウ　関係　　エ　現実

問五　次の文は――線部③の理由を説明したものです。《ア》～《エ》に入るふさわしいことばを、文章中からそれぞれ指定された字数でぬき出しなさい。

《　ア　五字　》という目に見えないものを積み重ねていくために、《　イ　八字　》を大事にしようとする京都人の想いに気付き、これまで《　ウ　六字　》だけを見て批判していた自分のことが《　エ　五字　》なったから。

四

次の文章を読み、後の問いに答えなさい。

1　すこし話を変えて、科学と世界のかかわりについて考えてみましょう。あちこちで①グローバル化が叫《さけ》ばれています。グローバルのA元になっているのは野球に使うグローブ（glove）ではなくてグローブ（globe）

「⑤応援《おうえん》してるわ。ウチはあんたのこと、忘れへんし。ずっと覚えとくさかい」

「私もです」と言ったと同時に、左目から涙《なみだ》が溢《あふ》れる。初めて人に認められた。私がずっと耳にしたかった言葉を金子さんが言ってくれた。嬉《うれ》しい。嬉しくて堪《たま》らない。右目からもあとを追うようにして涙が零《こぼ》れ、頬《ほお》を伝っていく。

（白河《しらかわ》三兎《みと》『ふたえ』）

問一　＝＝線部Ａ～Ｄのカタカナを漢字に直しなさい。ただし、送りがなが必要なものは、送りがなも正しく送ること。

問二　――線部①は、どのようなことがわかったのですか。文章中のことばを用いて、二十字以内で答えなさい。

問三　――線部②は、「思い切って物事を行うこと」の例えです。《Ｉ》に入るふさわしいことばを、次のア～エの中から一つ選び、記号で答えなさい。

ア　ひのき　　イ　銀閣《ぎんかく》　　ウ　晴れ　　エ　清水《きよみず》

問四　――線部③とありますが、「私」が「二重ちゃん」になった目的は何ですか。それぞれ十字以上十五字以内で二つ答えなさい。

問五　次の文は――線部④のさす内容を説明したものです。《ア》・《イ》に入るふさわしいことばを、文章中からそれぞれ指定された字数でぬき出しなさい。

誰かに《　ア　三字　》をしたいと考えた時に、身近な人に《　イ　三字　》することで新たなつながりが生まれていくこと。

問六　――線部⑤の金子さんのことばによって「私」はどのような気持ちになりましたか。文章中のことばを用いて、十五字以上二十字以内で答えなさい。

三　次の文章は二の文章の後に続く話です。これを読み、後の問いに答えなさい。

金子さんのお店を出てからもしばらく涙《なみだ》が引かなかった。視界がぼやける。行き交《か》う人々も街並みも歪《ゆが》む。私は潤《うる》んだ瞳《ひとみ》を隠《かく》すために極端《きょくたん》にキャップを目深《まぶか》に被《かぶ》り、足下《あしもと》を見ながらａ歩いた。

完全に涙が止まったのは、四条京阪《しじょうけいはん》前のバス停に着いた頃《ころ》だ。顔を上げ、時刻表を確認する。あと五分ほどで来る。ふと、反対車線のバス停の日除《ひよ》けが瓦調《かわらちょう》であることに気がついた。

周りを見回してみると、歩道のアーケードも、地下鉄の出入り口の屋根も瓦調だ。灯籠《とうろう》型の街灯と茶色の電柱も目に留まる。でも違和《いわ》感や嫌悪《けんお》感を抱《いだ》かなかった。自然にすっと目に馴染《なじ》んだ。

何でちぐはぐに感じないのだろう？　舞妓《まいこ》に変身した影響《えいきょう》で京都かぶれにｂなったのか？　それとも京都人の金子さんや土屋さんと知り合って京都を贔屓目《ひいきめ》に見るようになったのか？　うーん、なんか違《ちが》うような……。

舞妓体験を通じて①心境の変化があったのは確かだ。私は少しだけ自分を好きになれた。ずっと自分が嫌《いや》だった。だから『自分を変えたい』『変わりたい』と思ってばかりいた。でもそれは主に外見だった。外側を変えることに囚《とら》われていたからこそ、舞妓体験に心を鷲掴《わしづか》みにされた。

ところが舞妓になってみると、自分の素顔《すがお》が『満更《まんざら》捨てたものでもない』と思えた。ないもの強請《ねだ》りをするのも時には必要だけれど、元からあるものを大事にしなくちゃ。ベースは私なんだ。土台をそっくり変えることは②不可能。元々の私を否定したら、何も積み上げることはでき

【国語】（四〇分）〈満点：一〇〇点〉

【注意】字数制限がある問題は、原則として「、」や「。」も一字に数えます（ただし、指示のあるものはのぞきます）。

一 次の俳句を読み、後の問いに答えなさい。

菜の花や月は東に日は西に　　与謝蕪村《よさぶそん》

問一　この句の季語をぬき出し、その季語の表す季節を答えなさい。

問二　次の文は、この句の内容を説明したものです。《ア》・《イ》に入るふさわしい言葉を自分で考え、それぞれ指定された字数・ひらがなで答えなさい。

見渡《みわた》す限り一面黄色に咲《さ》き広がった菜の花畑の、東の空には金色の月が地平から《　ア　三字　》始め、西の空には赤い夕日が地平に《　イ　四字　》としている。

二 次の文章を読み、後の問いに答えなさい。

「私」は今まで容姿をほめられたことが一度もなく、自分が目立たない存在で誰からも相手にされないことを寂《さび》しく思っていたが、学校で周囲から注目されることをする勇気はなかった。修学旅行で京都を訪れた「私」は、班の自由行動を抜《ぬ》け出して一日舞妓《まいこ》体験の店を訪れ、舞妓として写真を撮《と》った。

現実では待っていても何も起こらない。未練がましい王子様が私の前に現れることはない。自分で動かなくちゃ何も始まらない。それは舞妓体験を通じて骨身に染《し》みて①わかったことだ。

私が②《　Ⅰ　》の舞台《ぶたい》から飛び降りる覚悟《かくご》で修学旅行を抜け出したから、思い切って金子さんにAキョウリョクを求めたから、左京くんとのツーショット写真が撮れたし、彼《かれ》のアドレスを手に入れることができた。

「やってみます。本当に本当にありがとうございます。どう感謝していいかわからないくらい金子さんにはおBセワになって……」

「もう感謝せんでも大丈夫《だいじょうぶ》やて」と彼女《かのじょ》は遮《さえぎ》って私にそれ以上言わせない。

「さっきも『ありがとう』ゆうたやん」

「でもなんか申し訳なくて」

「そしたら、ウチへの感謝の気持ちを自分の近くにいる人へ使ってえな。それでCカシカリはなしってことにしよ」

「私、またここへ来ます。来店して直接金子さんに恩返しをします」

「③もう二重《ふたえ》ちゃんになる必要はないんやろ？」

その通りだった。私に舞妓への憧《あこが》れはない。周囲から注目されたかっただけだ。そして一番の目的は左京くんに写真を撮られることだった。そのために舞妓体験を利用したのだ。

「ウチに恩返しをしたいんやったら、自分の周りにいる人に優《やさ》しくして。そしたら回り回ってウチのところに優しさがDトドクし。世の中ってそういうふうにできてるんやて」

「『情けは人の為《ため》ならず』ってことですか？」

「そうや。ウチは学校の先生に教わってそれを実践《じっせん》してるねん。その先生は学生時代の恩師から教わはった。意外と世の中って善意で回ってるんや。そやしあんたも④その回転に加わらへん？」

「はい」と私は穏《おだ》やかな気持ちで返事した。

MEMO

大切なことはメモしておこうネ！

解答用紙集

○月×日 △曜日　天気（合格日和）

◆ご利用のみなさまへ
＊解答用紙の公表を行っていない学校につきましては、弊社の責任において、解答用紙を制作いたしました。
＊編集上の理由により一部縮小掲載した解答用紙がございます。
＊編集上の理由により一部実物と異なる形式の解答用紙がございます。

人間の最も偉大な力とは、その一番の弱点を克服したところから生まれてくるものである。　――カール・ヒルティ――

東京学参株式会社

八千代松陰中学校(レッスンルーム学科推薦)　2024年度　◇算数◇

※ 147%に拡大していただくと，解答欄は実物大になります。

1.

(1)	(2)	(3)	(4)	(5)

(6)

2.

(1)	(2)	(3)	(4)	(5)
kg		町	歳	点

(6)
台

3.

(1)	(2)	(3)	(4)	(5)
cm	cm^3	度	m^2	cm^2

4.

(1)	(2)
時速　km	時速　km

5.

(1)	(2) A	(2) B	(2) C
段目			

(3)

◇国語◇

八千代松陰中学校（レッスンルーム学科推薦）　２０２４年度

※１４１％に拡大していただくと、解答欄は実物大になります。

一

①	②	③	④	⑤	⑥
ヤネ	ウツス	トウヒョウ	編入	発芽	肥えた
					えた

二

問一　　を見て　　を見ず。

問二

問三

問四　主語　　述語

三

問一

問二

問三

問四

四

問一

問二

問三

問四

問五

問六

問七　ア　イ　ウ　エ

問八　Ⅰ　Ⅱ

問九

五

問一　はじめ　おわり

問二

問三　ア　イ　ウ　エ

問四

問五

問六

問七

問九

問十

問八

問十一

八千代松陰中学校（ＩＧＳコース特待推薦）　2024年度　◇算数◇

※ 119％に拡大していただくと，解答欄は実物大になります。

1.

(1)

答（　　　　）

(2)

答（　　　　）

(3)

答（　　　　）

(4)

答（　　　　）

(5)

答（　　　　）

2.

(1)	(2)	(3)	(4)	(5)
m	円	cm^2	人	円

3.

(1)	(2)	(3)	(4)①	(4)②
度	cm^2	cm	個	： ：

4.

<table>
<tr><td>(1)</td><td colspan="2">(3)</td></tr>
<tr><td rowspan="2">回</td><td>記号</td><td>理由</td></tr>
<tr><td rowspan="3"></td><td rowspan="3"></td></tr>
<tr><td>(2)</td></tr>
<tr><td>回</td></tr>
</table>

【余白にはなにも書かないでください。】

5.

(1)

答（　　m^2）

(2)

答（　　時間）

(3)

答（　　m^3）

6.

(1) A店	(1) B店
答（　　　円）	答（　　　円）

(2)

答（３等　　　本，４等　　　本）

八千代松陰中学校（ＩＧＳコース特待推薦）　2024年度　◇理科◇

※ 159％に拡大していただくと，解答欄は実物大になります。

1．

(1)		(2)	性	(3)	g		
(4)		(5)		(6)			
(7)		(8)		(9)		(10)	組織
(11)		(12)		(13)	cm	(14)	

2．

(1)		(2)		(3)	
(4)		(5)			

3．

(1)		(2)					
(3)		(4)	①		②	門	綱

4．

(1)		(2)		(3)	
(4)	→ →	(5)	m		

5．

(1)		(2)	記号	理由	
(3)		(4)		(5)	A

八千代松陰中学校（ＩＧＳコース特待推薦）　2024年度

◇社会◇

※ 135％に拡大していただくと，解答欄は実物大になります。

1

（１）①		（１）②	

（２）①		（２）②	工業地域	（２）③港		（２）③記号	

（３）①		（３）②		（３）③記号	

（３）③特徴	

（３）④		（３）⑤		（３）⑥	

2

（１）		（２）	

（３）	

（４）		（５）		（６）①	→ → →	（６）②	

（７）		（８）	

（９）		（10）		（11）	

（12）					（13）	

3

（１）①		（１）②		（２）		（３）①		（３）②	

（４）	

２０２４年度

八千代松陰中学校（ＩＧＳコース特待推薦）

※１３７％に拡大していただくと、解答欄は実物大になります。

◇国語◇

一

① ドウニュウ

② マズシイ

③ ステル

④ インサツ

⑤ キケン

⑥ キコウ

⑦ 効率

⑧ 展示

二

問一　1　2

問二

問三　1　挙　得　2　刀　入

問四　1　2

問五

三

問一　Ⅰ　Ⅱ

問二

問三

問四

問五

問六

問七

四

問一

問二

問三

問四

問五

問六

八千代松陰中学校(一般)　2024年度　　◇算数◇

※ 119%に拡大していただくと，解答欄は実物大になります。

1.

(1)

答（　　　　）

(2)

答（　　　　）

(3)

答（　　　　）

(4)

答（　　　　）

(5)

答（　　　　）

2.

(1)	(2)	(3)	(4)	(5)
L	冊	点	回	正　　角形

3.

(1)	(2)	(3)	(4)
度	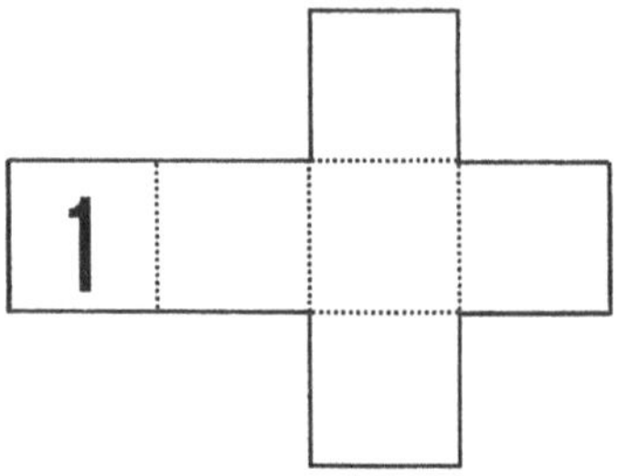	cm^2	cm^3

4.

(1)	(2)	(3)
cm^3	cm	秒後

【余白にはなにも書かないでください。】

5.

(1)

ア

答（　　　　個）

イ

答（　　　　）

ウ

答（　　　　）

(2)

答（　　番目）

(3)

答（　　　　）

6.

(1)	(2)
答（　　　　cm^3）	答（　　　　cm^3）

(3)
答（　　　　通り）

八千代松陰中学校（一般）　2024年度

◇理科◇

※ 152％に拡大していただくと，解答欄は実物大になります。

1．

(1)		(2)		(3)			
(4)	類	(5)		(6)		(7)	
(8)		(9)		(10)		(11)	
(12)		(13)		(14)	個		

2．

(1)		(2)		(3)	
(4) ①		②	倍		

3．

(1)		(2) ②		③		(3)	
(4)		(5) Ⅰ		Ⅱ		Ⅲ	

4．

(1)		(2)		(3)		(4)	
(5)							

5．

(1)		(2) ①		②		(3)	
(4)		(5) 縦の長さ	cm	下端の高さ	cm		

八千代松陰中学校(一般)　2024年度

◇社会◇

※ 132%に拡大していただくと，解答欄は実物大になります。

1

(1)①		(1)②					
(2)①		(2)②		(2)③			
(3)①		(3)②					
(3)③							
(4)①		(4)②		(4)③			
(4)④		(4)⑤					

2

(1)	遺跡	(2)		(3)		(4)	
(5)		(6)①					
(6)②							
(7)①		(7)②	→ → →				
(8)①		(8)②					
(9)		(10)		(11)			

3

(1)							
(2)							
(3)		(4)		(5)		(6)	

◇国語◇

八千代松陰中学校（一般）　２０２４年度

※１３７％に拡大していただくと、解答欄は実物大になります。

一

① カンゴ
② サガス
③ アパレル
④ カンソク
⑤ ケンサ
⑥ ジュモク
⑦ 寄付
⑧ 潮流

二

問一 1 2
問二
問三 1 2
問四 1 2
問五

三

問一
問二
問三
問四 ア イ
問五
問六
問七

四

問一
問二
問三
問四
問五
問六

八千代松陰中学校（学科推薦）　2023年度　◇算数◇

※ 122％に拡大していただくと，解答欄は実物大になります。

1.

(1)	(2)	(3)	(4)	(5)

(6)

2.

(1)	(2)	(3)	(4)	(5)
円	m	円	個	cm

3.

(1)	(2)	(3)	(4)	(5)
度	度	cm^2	cm^2	cm

4.

(1)	(2)
分後	分速　m

5.

(1)	(2)	(3)
m	m	人

◇国語◇

八千代松陰中学校(学科推薦)　２０２３年度

※１６１%に拡大していただくと，解答欄は実物大になります。

一

①シンヨウ

②シセン

③オサメル

④加　える

⑤作法

⑥効　き

二

問一 ① ②

問二

問三

三

問一

問二

問三

問四

四

問一

問二 1 2

問三

問四

問五

五

問一 1 2

問二 ↓ ↓ ↓

問三

問四 ア イ

問五

六

問一

問二

問三

問四 ができる点

問五

七

問一

問二

問三 一つ目 二つ目

問四

問五

八千代松陰中学校(一般)　2023年度

◇算数◇

※ 122%に拡大していただくと，解答欄は実物大になります。

1.

(1)	(2)	(3)	(4)	(5)

2.

(1)	(2)	(3)	(4)	(5)
L	人	時　分	点	通り

3.

(1)	(2)	(3)
度	cm^2	cm^3

4.

(1)	(2)
段目 左から　番目	

5.

(1)	(2)	(3)
分速　m	分間	時　分

6.

(1)	(2)
cm	cm

※ 130％に拡大していただくと，解答欄は実物大になります。

1.

(1)							
(2)		(3)	質量　　体積			(4)	
(5)	％	(6)		(7)			
(8)		(9)		(10)		(11)	
(12)		(13)		(14)			

2.

(1)		(2)	①		②		
(3)							

3.

(1)	cm	(2)	cm	(3)	g
(4)	cm				

八千代松陰中学校(一般)　2023年度

◇社会◇

※ 133%に拡大していただくと，解答欄は実物大になります。

1

(1)		(2)	県	(3)		(4)	
(5) A	県	(5) B	県				
(5) C	県	(5) D	県				

2

(1)	
(2)	本のタイトル

3

(1)		(2) ①		(2) ②	
(3)					
(4)		(5)			
(6) A		(6) B			
(6) C		(6) D			

4

(1)		(2) ①		(2) ②		(3)	
(4)							

◇国語◇

八千代松陰中学校（一般）　２０２３年度

※１４５％に拡大していただくと、解答欄は実物大になります。

一

① ショウワ
② ノビル
③ ワカレル
④ ギョギョウ
⑤ ハクブツカン
⑥ ソウコ
⑦ 副作用
⑧ 貯蔵

二

問一　1　2

問二　1　日　秋　2　東　文

問三

問四　1　2

問五

三

問一

問二　→　→　→

問三

問四　Ⅰ　Ⅱ

問五

問六

問七

問八

問九

問十

問十一

四

問一

問二

問三

問四

問五

問六

問七　A　B　C

問八

八千代松陰中学校(学科推薦)　2022年度　　◇算数◇

※ 122%に拡大していただくと，解答欄は実物大になります。

1.

(1)	(2)	(3)	(4)	(5)

(6)	(7)

2.

(1)	(2)	(3)	(4)	(5)
L	円	cm	円	人

3.

(1)	(2)	(3)	(4)	(5)
度	cm	度	cm^2	cm^2

4.

(1)	(2)
枚	倍

5.

(1)	(2)	(3)
秒後	秒後	回

◇国語◇

八千代松陰中学校(学科推薦)　２０２２年度

※１６１%に拡大していただくと，解答欄は実物大になります。

一

- 問一
- 問二　a　b　c
- 問三

二

- 問一　A 額　B カク　C コウフン　D オサマリ
- 問二
- 問三
- 問四
- 問五　a　b

三

- 問一　1　2
- 問二
- 問三
- 問四

四

- 問一　A 試算　B キジュン　C シテン　D セイヒン　E ウシナワレル
- 問二
- 問三
- 問四
- 問五
- 問六

五

- 問一　1　2　3　4
- 問二
- 問三　②　③
- 問四

八千代松陰中学校(一般)　2022年度

◇算数◇

※ 122%に拡大していただくと，解答欄は実物大になります。

1.

(1)	(2)	(3)	(4)	(5)

2.

(1)	(2)	(3)	(4)	(5)
分　秒	km		m^2	人

3.

(1)	(2)	(3)	(4)
		度	cm^2

4.

(1)	(2)	(3)
cm^3	cm^3	cm

5.

(1)	(2)	(3)
cm	cm	

6.

(1)	(2)	(3)
	cm	枚

八千代松陰中学校(一般)　2022年度　　◇理科◇

※ 123%に拡大していただくと，解答欄は実物大になります。

1.

(1)		(2)		(3)	
(4)	%	(5)			
(6)		(7)		(8)	
(9)	色	(10)		(11)	
(12)		(13)		(14)	
(15)		(16)	cm	(17)	
(18)		(19)			
(20)					

2.

(1)					
(2)		(3)		(4)	
(5)	記号　実験と結果				

3.

(1)		(2)	A　B
(3)	協定	(4)	
(5)	エネルギー　理由		

4.

(1)	℃	(2)	g	(3)	%
(4)	℃	(5)			

5.

(1)	①	i	ii	②	
(2)	①		②		

八千代松陰中学校(一般)　2022年度

◇社会◇

※ 164%に拡大していただくと，解答欄は実物大になります。

1

(1)		(2) 問1		(2) 問2	現象				
(2) 問3	工業地帯	(2) 問4		(2) 問5					
(2) 問6		(3) 問1		(3) 問2		(4)		(5)	
(6) 問1		(6) 問2							

2

(1)		(2)		(3)		(4)	
(5)	原因： 考え：						

3

(1)		(2)		(3)		(4)		(5)		(6)	
(7)		(8)		(9)		(10)		(11)		(12)	
(13)		(14)		(15)		(16)					
(17)	人物： 出来事：										

4

(1)		(2)		(3)		(4)		(5)	
(6)									
(7)		(8)							
(9)	具体例： 理由：								

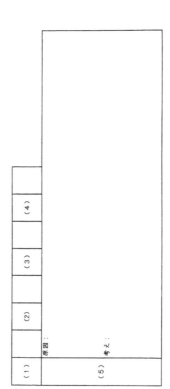

◇国語◇

八千代松陰中学校（一般）　２０２２年度

※１４５%に拡大していただくと、解答欄は実物大になります。

一

① アマヤドリ
② メジルシ
③ ショウテンガイ
④ ボウエイ
⑤ シチュウ
⑥ タバネル
⑦ 白昼
⑧ 羽織る
⑨ 君子
⑩ 委ねる

二

問一

問二　問三

問四　X　Y

問五　問六　④　⑤　問七

三

問一　問二　問三

問四

問五　問六　問七　問八　問九

問十　a　b　c　d

問十一

八千代松陰中学校(一般)　2022年度

◇英語◇

※ 111％に拡大していただくと，解答欄は実物大になります。

≪リスニング問題≫

問１　No.1　No.2　No.3

問２　No.1　No.2　No.3

問３　No.1　No.2　No.3

問４　No.1　No.2　No.3　No.4

≪筆記問題≫

問５　(１)　(２)　(３)　(４)　(５)

問６

(１)

(２)

(３)

問７　(１)　[A]　[B]　[C]

(２)　(３)

問８　写真の番号→（　　　　）　語数→（　　　　）語

MEMO

大切なことはメモしておこうネ！

MEMO

大切なことはメモしておこうネ！

MEMO

大切なことはメモしておこうネ！

〈ダウンロードコンテンツについて〉

本問題集のダウンロードコンテンツ、弊社ホームページで配信しております。現在ご利用いただけるのは「2025年度受験用」に対応したもので、**2025年3月末日**までダウンロード可能です。弊社ホームページにアクセスの上、ご利用ください。

※配信期間が終了いたしますと、ご利用いただけませんのでご了承ください。

中学別入試過去問題シリーズ

八千代松陰中学校　2025年度

ISBN978-4-8141-3218-8

[発行所] 東京学参株式会社

〒153-0043　東京都目黒区東山2-6-4

書籍の内容についてのお問い合わせは右のQRコードから　⇒

※書籍の内容についてのお電話でのお問い合わせ、本書の内容を超えたご質問には対応できませんのでご了承ください。

2024年6月28日　初版